KÖLN
Bibliothek

10

EMONS

Christian Schuh

Kölns 85 Stadtteile

Geschichte, Daten, Fakten, Namen

Von A wie Altstadt bis
Z wie Zündorf

Emons

© Hermann-Josef Emons Verlag
Alle Rechte vorbehalten
Umschlaggestaltung: Weusthoff & Rose Design
Layout: Eva Kraskes, Köln
Druck und Bindung: Clausen & Bosse GmbH, Leck
Printed in Germany 2003
ISBN 3-89705-278-4

www.emons-verlag.de

Für meine Eltern

Inhaltsverzeichnis

Die Idee

Es war eine Situation, wie sie wohl viele kennen: Ich wartete an einer Haltestelle auf die nächste Straßenbahn. Ungeduldig ging ich auf und ab, meine Zeitung hatte ich vergessen. Irgendwann blieb ich vor den Fahrplänen stehen, doch sie lohnten nur ein kurzes Studium. Den großen Stadtplan von Köln, gleich daneben, fand ich spannender, denn darauf waren nicht nur die einzelnen Tarifzonen eingezeichnet, sondern auch auf einen Blick – was mir mein alter Falt-Stadtplan bislang vorenthalten hatte – die vielen und zum Teil ungewöhnlichen Stadtteilnamen wie Bilderstöckchen, Nippes, Flittard, Deutz, Godorf oder auch Zollstock zu entdecken. Die Wartezeit verflog, Gedanken und Fragen schwirrten mir durch den Kopf.

Haben diese Namen eine Bedeutung? Wenn ja, was sagen sie uns? Wie sind sie entstanden? Warum fährt eine Straßenbahn der Kölner Verkehrsbetriebe nach Thielenbruch, wo es einen solchen Stadtteil doch gar nicht gibt? Und woher kommen die Kölner tatsächlich, die sagen, sie wären aus Wichheim oder Schweinheim? Schließlich findet man im heutigen Köln keine Stadtteile, die so heißen.

Die Fragen ließen mich nicht mehr los, und ich begab mich auf die Suche nach Antworten. Schon bald zeigte sich: Kölner Stadtteilnamen haben nicht nur Geschichte, sie erzählen auch Geschichten. Natürlich gilt nicht für jeden Stadtteilnamen »nomen est omen«, der Name sagt alles, doch die wenigsten sind wie »Schall und Rauch«. Spürt man etwa dem Namen Zollstock nach, erfährt man eine nicht alltägliche Geschichte aus längst vergangenen Zeiten. Auch Bezeichnungen wie Lindenthal, Seeberg oder Braunsfeld erzählen mehr, als man zunächst vermutet. Vergleichsweise einfache Erklärungen verbergen sich hingegen hinter Namen wie Kalk, Flittard oder auch Sülz.

Einige Stadtteilnamen wurden erst in den letzten Jahrzehnten festgelegt, andere ehemalige Dorfnamen nicht übernommen, sie verschwanden. Fast. Auf der aktuellen Karte des Amtes für Liegenschaften, Vermessung und Kataster der Stadt Köln sind zum Teil noch einige der alten Namen aufgeführt: Statt Holweide heißt es dort zum Beispiel Schweinheim-Wichheim, statt Lindenthal Kriel, und Brück wird Langenbrück genannt. Diese alten Namen und vor allem die alten Grenzen auf der »Gemarkungs- und Flurübersicht« der Stadt Köln können nicht einfach umbenannt oder verändert werden, weil das unweigerlich die Bearbeitung von Hunderten von Urkunden und Dokumenten nach sich ziehen würde.

Heute gibt es insgesamt 85 Stadtteile in Köln. Der jüngste von ihnen ist am 24. September 1992 gegründet worden: Von Brück wurde der Südwesten abgeteilt und Neubrück vom Rat der Stadt Köln offiziell als Stadtteil und Bezeichnung bestätigt. In der so genannten Hauptsatzung[1] (früher hieß diese einmal wesentlich plastischer »Stadtverfassung«) sind das Stadtgebiet, die Stadtbezirke sowie die Stadtteile und ihre Grenzen genau festgelegt. Dieses Buch widmet allen amtlichen 85 Stadtteilnamen je ein Kapitel. Mit zwei Ausnahmen: Die vier Stadtteile Altstadt Nord und Süd sowie Neustadt Nord und Süd sind als Altstadt beziehungsweise Neustadt zusammengefasst (also 83 statt 85). In einem gesonderten Kapitel am Ende dieses Buches werden ergänzend einige weitere (Stadtteil-)Namen beleuchtet – denn ist auch so mancher auf den heute gültigen Stadtplänen verschwunden, die Bedeutungsgeschichten sind es wert, nicht vergessen zu werden.

Eindeutig mehrdeutig

Die meisten Stadtteilnamen weisen Jahrhunderte zurück: Auch wenn sie sich im Laufe der Jahre verändert haben, macht allein die Endung der Namen noch heute eine zeitliche Zuordnung möglich.

Lövenich, Longerich, Meschenich oder auch Worringen und Fühlingen gelten für Sprachwissenschaftler als die ältesten Gründungen im Kölner Raum. Ihre Namen reichen in römische und keltische Zeit zurück. Die Endung -ich deutet auf eine Gründung bis circa 300 n. Chr. hin, die Endung -ingen stammt aus der Zeit der Völkerwanderung bis zum Jahr 500. In die fränkische Zeit bis 800 sind nach diesem Schema Mauenheim, Buchheim, Bickendorf, Ossendorf und Auweiler einzuordnen (-heim, -dorf, -weiler als Endungen). Vogelsang sowie Hahnwald und Dünnwald oder auch Klettenberg (-berg, -sang, -wald) deuten auf Gründungen bis etwa 1350 hin.

Die Namensendungen stehen jedoch nicht immer eindeutig für einen Zeitraum. So war die Endung -feld zwar im Mittelalter gängig, in Köln jedoch vor allem im 19. Jahrhundert gebräuchlich. Erst in dieser Zeit wurden die Dörfer Braunsfeld und Ehrenfeld gegründet und ihre Namen festgelegt. Auch Chorweiler stammt nicht aus fränkischer Zeit; Chorweiler ist ein Kunstwort, das 1964 aus Chor-, in Anlehnung an Chorbusch, und Weiler, dem Namen des Nachbarortes Weiler (Volkhoven/Weiler) gebildet wurde.

Neben einer zeitlichen Bestimmung lassen sich Stadtteilnamen auch nach ihrer Bedeutung gliedern. Grundsätzlich scheint früher wie heute wichtig zu sein, einen Ort durch seinen Namen eindeutig von anderen Orten, besonders denen in der näheren Umgebung, abzugrenzen. So greifen die Menschen bei der Namensgebung in der Regel auf das zurück, was sie beobachtet und als einzigartig und unterscheidend bewertet haben. Und wenn die Namen nicht mehr gewährleisten, wozu sie bestimmt sind, also der Abgrenzung von anderen Gebieten nicht mehr dienen, müssen sie geändert werden. Das zeigt ein Beispiel aus dem 20. Jahrhundert: Als Merheim linksrheinisch (heute Weidenpesch) und Merheim rechtsrheinisch (heute Merheim) noch in kaum erreichbarer Ferne lagen, es noch keine Rheinbrücken, Autos oder Eisenbahnen gab, reichte der Namenszusatz links- beziehungsweise rechtsrheinisch zur Unterscheidung der beiden Orte aus. Wegen der häufigen Verwechslungen im vergangenen Jahrhundert jedoch war eine Umbenennung einer der beiden Orte längst überfäl-

lig geworden. Der Rat der Stadt beschloss deshalb 1952, Merheim linksrheinisch fortan Weidenpesch zu nennen.

Welche Kriterien bei solchen Namensgebungen zum Tragen kamen und
kommen, haben die Sprachwissenschaftler erforscht, indem sie nach Ge-
meinsamkeiten einzelner Namen suchten. Zwei Umstände scheinen für
die Kölner Stadtteilnamen von besonderem Belang zu sein: Das ist zum einen die Bodenbeschaffenheit der Gebiete, die viele Namen beschreiben.
Die zahlreichen Seitenarme des Rheins, die heute noch in topographischen
Karten nachverfolgt werden können, haben für eine sumpfige Landschaft
in der Kölner Bucht gesorgt. Namen wie etwa Sülz, Kalk oder auch Sürth
zeugen davon. Zum anderen standen zahlreiche Eigentümer von Höfen mit
ihren Namen Pate. Diese haben sich bis heute unter anderem in Stadtteilnamen wie Elsdorf, Immendorf und Thenhoven verewigt.

Zur Unterscheidung der verschiedenen Stadtgebiete diente manchmal
auch die Himmelsrichtung (Ostheim, Westhoven); einige Namen deuten
auf die Höhenlage eines Ortes hin (Höhenhaus, Niehl, Raderthal), und andere beschreiben die Lage am Wasser, dem Rhein (Flittard, Ensen). In manchen Fällen beziehen sich die Namen auf Waldgebiete oder ehemalige Wälder (Buchheim, Rath, Vogelsang), wieder andere integrieren Namen von
Tierarten (Bickendorf, Ossendorf). Auch an ihren eigenen Bauwerken haben sich die Menschen bei Namensfindungen gern mal orientiert (Mülheim, Bilderstöckchen). Daher wundert es nicht, dass in vielen Reden und
Schriften Köln als die Domstadt bezeichnet wird. Nicht zuletzt gibt es
Stadtteilnamen, die auf besondere Begebenheiten oder Anekdoten zurückgehen (Ehrenfeld, Lindenthal, Zollstock).

Die Herkunft eines Stadtteilnamens ist allerdings selten eindeutig zu
bestimmen: Flittard zum Bespiel deutet nicht nur auf die Lage am Wasser
(Rhein) hin, der Name bezieht sich möglicherweise auch auf die Bodenbeschaffenheit der Gegend (»fließende Erde«, sumpfiger Boden). Mehrere
mögliche Deutungen eines Stadtteilnamens sind nicht selten. Sowohl die
systematische Einteilung nach Bedeutung wie auch die Ordnung nach Zeit
zeigt fließende Übergänge. Um möglichen Mehrdeutigkeiten Raum zu geben, wird im Folgenden jeder Stadtteil für sich betrachtet. Über die Bedeu-
tungsklärung hinaus sollen jeweils die Besonderheit und die Entstehung
des Stadtteils sowie das Leben der Menschen dort beleuchtet werden. Warum etwa sprechen die Kölner von Nippes als dem »Ausland«? Und warum
schmunzelt der Kölner, wenn man sagt, man müsse nach Ossendorf?

Absolut sicher zu bestimmen ist, seit wann es überhaupt so etwas wie
Stadtteile in Köln gibt (früher auch Ortsteile oder Stadtbezirke genannt).

Der Anfang aller Stadtteile – der 1. April 1888

Köln ist in rund 2.000 Jahren gewachsen. Für das heutige Stadtbild ist jedoch der 1. April 1888 ausschlaggebend. Bis zu diesem Tag vergrößerte sich Köln immer nur um vergleichsweise kleine Parzellen,[2] die dem »Altstadt«gebiet zugewiesen wurden; 1888 hingegen veränderte sich das Stadtgebiet von heute auf morgen explosionsartig: Die Eingemeindung mehrerer Städte und Bürgermeistereien ließ Köln um das Zehnfache anwachsen.

Mit den umliegenden Städten Ehrenfeld und Nippes sowie den Bürgermeistereien Longerich, Müngersdorf und Deutz wurden Verträge abgeschlossen. Am 28. Oktober 1887[3] stimmte die Kölner Stadtverordnetenversammlung in ihrer 35. Sitzung nach langen Debatten den Verträgen und Vorschlägen der »Eingemeindungscommission« zu. Aus Sicht der Stadtverordneten bedeuteten die Eingemeindungen einerseits immense Kosten, andererseits wurden sie als einmalige Chance für Köln betrachtet:

> *»Dagegen erlange die Stadt Köln nur durch die Eingemeindung den Vorteil, daß ihr die Möglichkeit gegeben werde, ihre nähere Umgebung so zu gestalten, wie sie der nächsten Umgebung einer Stadt von der Bedeutung, wie sie Köln mit vollem Recht für sich in Anspruch nehmen könne, würdig und angemessen sei: Man dürfe sagen, daß keine einzige größere Stadt in ihrer näheren Umgebung ein solches trostloses Bild wie Köln biete.«[4]*

In den künftigen Stadtteilen fehlten zum Beispiel Laternen, ganz zu schweigen von Straßen oder auch einer Kanalisation. Des Weiteren vermisste man Schulen, Schwimmbäder und schön gestaltete Plätze.

Die Kosten und der generelle Umfang der Eingemeindungen ließen es im Herbst 1887 nicht dazu kommen, dass auch Kalk und Vingst in das vergrößerte Stadtgebiet einbezogen wurden. Erst 1910 kam es hier zu einem entsprechenden Vertrag.[5]

Die damaligen Gebiete, die eingemeindet werden sollten, lassen sich mit dem heutigen Stadtgebilde nur schwer vergleichen. Die Grenzen verlaufen anders, einige Namen sind verschwunden, neue Bezeichnungen

sind hinzugekommen. Die Bürgermeisterei Kriel wurde 1888 beispielsweise aufgelöst, Efferen oder auch Rondorf wurden neu strukturiert. Efferen zählt heute zu Hürth, Kriel lebt lediglich als Straßenbezeichnung
und im Namen Krieler Dom weiter. Zur Bürgermeisterei Kriel wurden damals unter anderem Lindenthal, Linderhöhe, Kitschburg und Deckstein,
zu Rondorf etwa Zollstock und zu Efferen Teile von Klettenberg und Sülz
gezählt. Die damalige Ordnung der Dörfer in Bürgermeistereien und Städte
war teils komplett anders organisiert als die uns heute bekannten Stadtteile.

Nach 1888 kam es insgesamt noch dreimal zu Eingemeindungen von
Städten und Bürgermeistereien: Wie bereits erwähnt, schloss sich 1910 unter anderem Kalk der rheinischen Metropole an, vier Jahre später, 1914,
die Stadt Mülheim.[6] Mit der Landgemeinde Worringen[7] wurde eine Eingemeindung zum Jahr 1922 vereinbart.

1975 vergrößerte sich Köln zum bislang letzten Mal. Diesmal waren es
jedoch keine Eingemeindungsverträge, sondern der Landtag, der eine Neuordnung beschloss. Es war das »Gesetz zur Neugliederung der Gemeinden und Kreise des Neugliederungsraumes Köln (Köln-Gesetz)«,[8] das mit
Wirkung vom ersten Januar 1975 in Kraft trat. Porz, Weiden, Wesseling
oder auch Rodenkirchen mussten sich in die Großstadt einfügen. Wesseling gelang es ein Jahr später, diese Neuordnung und damit die Eingemeindung wieder rückgängig zu machen.

Seit 1888 rückten die alte Stadt Köln und die sie umgebenden Städte
und Bürgermeistereien näher zusammen. Die Vereinigungen bedeuteten
allerdings nicht so ohne weiteres, dass zusammenwuchs, was zusammen-
gehörte, denn die Stadtteile haben sich trotz des Wandels in den über hundert Jahren ihren eigenen Charakter bewahren können. Mehr noch: Gerade die letzten Jahre haben gezeigt, dass bei aller guten Zusammenarbeit
zwischen dem ursprünglichen Köln und den heutigen Stadtteilen auf die
Identität der ehemaligen Dörfer und Städte viel Wert gelegt wird.

Das Streben nach Wahrung der eigenen Identität wird nicht nur durch
die vielen Bürgervereine sowie die bergeweise vorhandenen Bücher über
die verschiedenen Stadtteile deutlich, sondern auch durch die neueren
Ortseingangsschilder. Hieß es früher beispielsweise »Stadt Köln – Klettenberg«, so sind die Namen heute umgekehrt angeordnet: Zunächst ist auf
den gelben Tafeln groß »Klettenberg« und darunter kleiner »Stadt Köln«
zu lesen.

Altstadt Nord & Altstadt Süd

Wie aus Cöln und Zöln schließlich Köln wurde

a ltstadt ist nicht nur die Bezeichnung eines Kölner Stadtteils, sondern vielmehr der Name für das Gebiet, das seit etwa 2.000 Jahren Köln heißt.

Köln leitet sich wahrscheinlich aus dem lateinischen »Colonia« ab. Möglich ist aber auch, dass dem Namen das niederdeutsche »kuhlen« zugrunde liegt. Köln wäre demnach nicht einfach die »Stadt«, die »Kolonie«, sondern gleichbedeutend mit »Löcher«, »Gruben«.[9]

Im 19. Jahrhundert stritt man in Köln über die Schreibung von Köln – mit »K« oder mit »C«. Während die Stadt auf »Köln« beharrte, schrieb die Post »Cöln«. Auch die Bürger lehnten die Schreibung mit »C« ab, denn »Cologne« erinnerte an die Franzosenherrschaft zu Beginn des 19. Jahrhunderts. Schließlich wurden wissenschaftliche Gutachten angefertigt, die darauf hinwiesen, dass das »C« vor Vokalen wie »Z« auszusprechen ist: »Cöln« müsse demnach »Zöln« gesprochen werden!

Alle Argumente, Proteste und Gutachten scheiterten an Kaiser Wilhelm II. Als er die Vorlage, dass Köln künftig unabänderlich mit »K« geschrieben werde, unterzeichnen sollte, tat er dies nicht ohne kurzerhand das »K« durchzustreichen und durch ein »C« zu ersetzen. Dieser Pinselstrich am 30. Oktober 1900 macht für 18 Jahre und 93 Tage Köln zu Cöln, da halfen keine Proteste, da konnte nur das Ende der Monarchie Erlösung bringen. Köln mit »K« wurde erst am 1. Februar 1919 offiziell wieder genehmigt.[10]

Zu den heutigen Stadtteilen »Altstadt Nord & Süd« gehört das gesamte Gebiet innerhalb der so genannten Ringe. Ursprünglich war die 2.000 Jahre »Alte Stadt« jedoch kleiner.

Begonnen hat es mit einem Quadratkilometer im Jahr 50 n. Chr. Etwa 20.000 Urkölsche lebten damals in dem heutigen Bereich zwischen dem Dom im Norden, den Bächen (Blaubach/Rotgerberbach) im Süden, dem Rathaus im Osten und St. Aposteln am Neumarkt im Westen. Erst um 960, über 900 Jahre später, wurde die so genannte Rheinvorstadt eingebunden, sie umfasste das Gebiet der heutigen Altstadt mit Heumarkt, Alter Markt und Martins-Insel. Im Jahr 1106 wurden die Stadtgrenzen ein weiteres Mal

ausgedehnt: Am Nordrand kamen St. Ursula und St. Kunibert hinzu, im
Süden St. Georg. Damit hatte sich das ursprüngliche Köln flächenmäßig
mehr als verdoppelt. Eine neuerliche Verdopplung wurde 1180 mit der
Großen Stadtmauer erreicht – sie verläuft in etwa parallel zu den heutigen Ringen, genauer gesagt entlang den so genannten Wällen, vom Thürmchenswall im Norden bis zum Severinswall im Süden. Diese mittelalterlichen Grenzen hatten mehr als 600 Jahre lang Bestand. In den Jahren
1799 und 1883 wurde Köln um das Gebiet der heutigen Neustadt erweitert.
Die Stadtmauer war 1881 gefallen, und zu Köln zählte nun auch das Gebiet außerhalb der Wälle bis hin zur Inneren Kanalstraße.

Die ursprüngliche Fläche Kölns hatte sich in den gut 1.800 Jahren Stadtgeschichte insgesamt verzehnfacht. Die Zahl der Einwohner[11] war in dieser Zeit von 20.000 auf 150.000 angewachsen. Während bis ins Jahr 1883
jeweils kleinere Gebiete, Parzellen sozusagen, in die Stadt einbezogen worden waren, waren alle weiteren Vergrößerungen der Jahre 1888, 1910, 1914,
1922 und 1975 Eingemeindungen – das heißt Gemeinden und Städte wurden der Stadt Köln angeschlossen. Von Stadtteilen kann man deshalb erst
seit 1888 sprechen.

Bayenthal

*Wenn der Mensch denkt und das
Brauereipferd lenkt*

Seit Mitte des vorletzten Jahrhunderts ging es wirtschaftlich steil bergauf für den Stadtteil im südlichen Köln. Die »Kölnische Maschinenbau
AG« öffnete 1856 ihre Pforten, acht Jahre danach fanden bereits rund
1.500 Menschen in der Fabrik ein Auskommen. Die Firma lieferte unter
anderem die eiserne Dachkonstruktion für den Dom, das Dach für die Flora und für den »Central-Personen-Bahnhof«. Da in der Fabrik später auch
Gasbehälter produziert wurden und man bei Gas damals als Erstes an die
Beleuchtung von Straßen sowie an Laternen dachte, hatten die Kölner
schnell den Spitznamen »Laternenfabrik« gefunden.

Für weiteren Aufschwung sorgten Bernhard Boisserés Holzschneide-
mühle und das Braugewerbe – die Kölsch-Brauereien.

Carl Göters kaufte Ende des 19. Jahrhunderts zwei Hausbrauereien auf, die nur wenige Meter voneinander entfernt an der Alteburger Straße lagen. Im Jahr 1894 stiegen die Gebrüder Steingröver in das Geschäft ein. Sie steuerten dem Unternehmen ein 14.000 Quadratmeter großes Gelände bei, das sie nach dem Bankrott der Ziegelei an der Tacitusstraße und der Goltsteinstraße erworben hatten. Unter dem Namen »Hirsch-Brauerei« florierte das Brauhaus zum Großunternehmen. Zweigniederlassungen entstanden und über zwanzig renommierte Brauereien wurden von der Bayenthaler Firma aufgekauft.

Das Hirsch-Bier wurde mehrfach prämiert. Im Jahr 1931 fusionierte die Brauerei mit der Adler-Brauerei zur Adler- und Hirsch-Brauerei AG. Während des Nationalsozialismus mussten die Hauptaktionäre, die Familie Jakob Feitel, Deutschland verlassen. Sie waren Juden. Bald darauf verschwand auch der Name Hirsch-Bier, und es wurde fortan Dom Kölsch gebraut.

Eng verbunden mit Brauereien waren damals Pferd und Wagen. Mit Pferdefuhrwerken erledigten die Menschen nicht nur die Auslieferung des Gerstensaftes, sie transportierten auch das Eis, das als Kühlmittel dafür sorgte, dass das Bier schön kalt blieb. Obwohl 1875 Carl Linde die Eismaschine erfunden hatte, nutzte man noch lange das so genannte Natureis. Wenn im Winter in der Eifel der Laacher See zugefroren war, wurden ganze Blöcke aus der Eisdecke herausgesägt und für die Kühlung des Bieres per Eisenbahn nach Köln gebracht. Auf Wagen geladen zogen die Pferde das Eis zur Kundschaft. Die hart arbeitenden Tiere wurden gehegt und gepflegt, schließlich waren sie eine Art Aushängeschild der einzelnen Kölner Brauereien.

Dass die Kölner Pferde in hohem Maße selbstständige Tiere waren, bezeugen Anekdoten. Selbst an Feiertagen benötigten sie Auslauf, wie es heißt, sodass die Kutscher ihre gewohnten Auslieferungsstrecken zu den Wirtschaften unternahmen. Manch einer von ihnen kehrte hier und da ein. Je nach Konstitution und Durst des Kutschers traten die Pferde den Heimweg dann ohne ihn an.

Nicht nur das Biertrinken lockte die Menschen aus der Umgebung, aus Rodenkirchen, Weiß, Sürth oder Köln nach Bayenthal, sondern vor allem die Möglichkeit, hier Arbeit zu finden.

Für viele wurde Bayenthal eine neue Heimat. Der Bedarf an Wohnungen ließ den Häuserbau florieren, der zunächst an der Alteburger Straße, der alten Verbindung zwischen Rodenkirchen und dem Severinstor, einsetzte. Bayenthal gehörte zu den Orten, die als erste eine Pferdebahnlinie erhielten. Der Grundstein für das spätere Kölner Netz war im Frühjahr 1877 zwischen Deutz und Kalk gelegt worden. Die Stadt Köln selbst verzichtete zunächst auf Pferdebahnen innerhalb ihrer Stadtmauern. Die Straßen der Altstadt waren den Stadtverordneten zu eng, außerdem glaubte man nicht an den wirschaftlichen Erfolg. Ein Irrtum, wie die Privatgesellschaft recht bald belegen konnte, die das Projekt schließlich auf den Weg brachte. So wurden zunächst außerhalb des mittelalterlichen Kölns Strecken von der Stadtmauer nach Nippes, Ehrenfeld, Lindenthal, Bayenthal und zum Zoo errichtet. Erst zwei Jahre nach Fertigstellen der ersten Pferdebahn außerhalb der Stadtmauer folgten dann auch die ersten Linien innerhalb der Stadt. Mit dem Schleifen der Stadtmauer 1881 wurden die Linien mit den innerstädtischen verbunden. Zu Beginn des 20. Jahrhunderts wurden die Pferdebahnlinien elektrifiziert.

Woher sich der Name Bayenthal ableitet, der im Jahr 948 erstmals urkundlich erwähnt wurde,[12] ist auf zweierlei Weise zu erklären: Zum einen könnte Bayen- auf den Namen des ersten Hofes[13] zurückweisen, zum anderen bezieht es sich womöglich auf das Lateinische »baia«, das gleichbedeutend mit Bucht oder Hafen ist.[14]

Bickendorf

und der heilige Rochus, Schutzpatron gegen Pest und Seuche

Im Laufe der Jahrhunderte haben drei Ereignisse die Geschicke dieses Stadtteils beeinflusst. Das jüngste Ereignis trug sich am 28. Oktober 1913 zu.[15] Damals wurde für Bickendorf eine wichtige Entscheidung getroffen: Zwei Essener Architekten sollten in den Folgejahren das Bild des Kölner Stadtteils Bickendorf durch ein großes Bauprojekt maßgeblich prägen. Caspar Maria Grod und Leo Kaminsky schlugen insgesamt 47 Mitbewerber aus dem Rennen. Unter dem Motto »Lich, Luff und Bäumcher« wurde ihr Entwurf für 600 Kleinwohnungen, die für einfache Leute in Bickendorf entstehen sollten, ausgelobt. Ein gutes halbes Jahr später folgte der erste Spatenstich für 360 Eigenheime und Wohnungen. Wiederum ein halbes Jahr später konnten die ersten 12 kleinen Häuschen bezogen werden. Jahr um Jahr wurden weitere Eigenheime fertig gestellt, bis in den 1920er Jahren die wirtschaftliche Krise und die steigende Wohnungsnot die Bauleitung dazu zwang, mehr und mehr vom ursprünglichen Plan abzuweichen und statt Eigenheimen Mehrfamilienhäuser zu bauen.

Schon im 19. Jahrhundert hatte Bickendorf eine Zeit des Umbruchs erleben müssen. Mit dem Jahr 1888 und der Eingemeindung nach Köln verlor der Ort seine ehemals zentrale Bedeutung. Bis dahin war das Dorf Sitz der Bürgermeisterei Müngersdorf, zu der unter anderem auch der Nachbarort Ossendorf gehörte. Dass ein Ort Verwaltungszentrum war, hieß aber nicht unbedingt, dass er auch besonders groß oder bedeutend war. Immerhin trug die damalige Bürgermeisterei nicht einmal den Namen Bickendorf. Eine Vorstellung von der Größe des Ortes liefern die Statistiker: Sie notieren für das Jahr 1843, dass in den 55 Bickendorfer Häusern 337 Menschen lebten.

Das dritte Ereignis, das Bickendorf prägte, liegt viele Jahrhunderte zurück. Wahrscheinlich im Jahr 1666 bauten die Bickendorfer das heute älteste Gebäude des Dorfes, die Rochuskapelle. Nicht, dass das Dorf damals so angewachsen wäre, dass ein eigenes Gotteshaus nötig gewesen wäre, die Bickendorfer errichteten die Kapelle wohl eher aus Dankbarkeit, denn zu dieser Zeit wütete die Pest in der Region. Die Kapelle wurde dem Schutzpatron gegen Pest und Seuche, dem heiligen Rochus, gewidmet.

Ältere Zeugnisse über Bickendorf existieren nicht. Dass es den Ort jedoch bereits damals seit Jahrhunderten gegeben haben muss, belegt unter anderem der Name des Kölner Stadtteils.

Die einen führen Bicken- auf das Spätlateinische, die anderen auf das Fränkische zurück. Nach fränkischer Lesart ist Bicken- von »beck« abgeleitet, das »Mund, Ausspruch, gerichtliches Urteil« bedeutet; das könnte darauf hinweisen, dass es in Bickendorf einst eine »Gerichtsstätte« gegeben hat.[16]

Führt man Bicken- allerdings auf das spätlateinische »baccha« zurück, aus dem in der Folgezeit »bache« und »bicke« wurden, was so viel besagt wie »wildes Mutterschwein/zahmes Hausschwein«, könnte dies ein Hinweis darauf sein, dass in Bickendorf Schweine gezüchtet wurden beziehungsweise Schweinewirtschaft betrieben wurde.[17]

Selbst wenn *beide* Erklärungen zutreffen sollten – die Gerichtsstätte und die Schweinewirtschaft –, hat sich in Bickendorf wohl niemals ein Schwein vor dem Richter verantworten müssen.

Bilderstöckchen

Kölns kleinstes Wahrzeichen auf Wanderschaft

d er Stadtteil verdankt seinen Namen einem kleinen Bilderstock (Heiligenstock), der heute an der Ecke Am Bilderstöckchen/Longericher Straße steht. Im Laufe der Jahrhunderte wechselte die Bedeutung des Bilderstocks: Erst galt er als unbedeutend, dann sogar als lästig, später avancierte er zum lokalen Wahrzeichen für die Gegend.

Erwähnt wurde der Bilderstock erstmals im Jahr 1556, als schriftlich festgelegt wurde, wo und wie die Grenzen zwischen den alten Gebieten Riehl und Merheim linksrheinisch (heute Weidenpesch, *siehe dort*) verlaufen. Bei dieser Grenzziehung war von einem »hilligen stoecksgen« am Restbüchel (vermutlich Niehler Straße) die Rede, der als Vorgänger des späteren Bilderstocks gilt. Bis auf eine Nennung im Jahr 1610 ruhte die Geschichte dieser Grenzmarkierung und Muttergottesfigur für Jahrhunderte.[18]

Doch zu Beginn des 20. Jahrhunderts kam im wahrsten Sinne des Wortes Bewegung auf. Als die Eisenbahnverbindung von Köln nach Neuss gebaut wurde, setzte der Bilderstock zu seiner ersten Wanderung an: Er stand schlicht und ergreifend im Weg und musste dem Fortschritt Platz machen. Er wurde an die südliche Ecke der heutigen Straßen Am Bilderstöckchen/Longericher Straße versetzt.

Dieser neue Standort erwies sich als wenig glücklich gewählt, denn bei einem Autounfall im Jahr 1966 wurde das Bilderstöckchen, das mittlerweile als lokales Wahrzeichen und Zeugnis der Geschichte galt, fast völlig zerstört. Seine Trümmer verschwanden hinter den Türen des damaligen Stadtkonservators.

In Windeseile versammelten sich damals die Bürger vor seiner Haustür und verlangten den Wiederaufbau des Bilderstocks. Bittbriefe, Protestnoten und Vorsprachen wechselten einander ab. Nach langem Hin und Her erreichte der Bürgerwille schließlich, dass das Bilderstöckchen wieder aufgestellt wurde. Diese dritte und letzte Wanderung führte es in die Nähe seines vorherigen Standortes zurück, es wurde wegen der bekannten Unfallgefahr jedoch auf die gegenüberliegende Straßenseite verlegt.

Mit Engagement hatten auch schon die ersten Bürger dieser Gegend ihre neue Heimat bezogen. Nach einer Idee des Kölner Stadtverordneten Gertrud Robertz setzte man am 16. Januar 1933 zum ersten Spatenstich für eine neue Kölner Siedlung an: Kinderreiche Familien sollten hier in Selbsthilfe eine neue Heimat finden.[19] Mit vereinten Kräften bauten 54 Männer verschiedenster Berufsgruppen die Hallen eines alten Militärdepots zum Teil in Wohnungen um, zum Teil rissen sie die Gebäude aber auch ab und errichteten aus den Hölzern und den Steinen neue Häuser. Wie man sieht, ist Recycling lediglich als Wort eine moderne Erfindung. Bereits im Zweiten Weltkrieg wuchs die Siedlung geradezu rasant. Im Jahr 1950 zählte Bilderstöckchen rund 3.500, zwanzig Jahre später 11.000 Einwohner.[20]

Von dem Gemeinschaftsgeist der ersten Siedler sei heute bis auf eine gute Nachbarschaft nicht mehr allzu viel übrig geblieben, behaupten berufene Stadthistoriker, denn im Gegensatz zu anderen Stadtteilen entstanden hier weder Schützen-, noch Sport- oder Heimatvereine. Auch das äußere Bild ist nicht von Zusammenhalt geprägt, im Gegenteil, die Schienenführung der KVB zerschneidet entlang dem Gürtel den Stadtteil förmlich. Möglicherweise konnte sich trotz Bilderstock und vereintem Protest auch deshalb kein großer Gemeinschaftsgeist entwickeln, weil die Stadt Köln sich einfach viel zu viel Zeit ließ, dem Stadtteil einen offiziellen Namen zu geben. Bis zum April 1969 gab es Bilderstöckchen auf dem Kölner Stadtplan nämlich nicht.

Bilderstöckchen wurde erst 36 Jahre nach dem ersten Spatenstich gegründet, der südliche größere Teil hatte bis dahin zu Nippes, der nördlichere kleinere Teil zu Ossendorf gehört.

Blumenberg

Kinder an die Macht! oder Kölns größter Spielplatz

blumenberg ist neben Neubrück *(siehe auch dort)* einer der beiden jüngsten Stadtteile Kölns. Neubrück kann diese Ehre insofern für sich in Anspruch nehmen, da der Rat erst am 24. September 1992 entschied, einen gleichnamigen Stadtteil zu gründen, obwohl schon seit mehr als zwanzig Jahren Menschen dort lebten und eine komplette Infrastruktur mit Geschäften, Schule und Kirche längst geschaffen war.

In Blumenberg war die Situation genau umgekehrt: Auf den Kölner Stadtplänen ist Blumenberg bereits seit Oktober 1963 verzeichnet. Im Rahmen des Projektes »Neue Stadt« hatte der Rat die Verwaltungs- und Stadtteilgrenzen für Blumenberg im Kölner Norden festgelegt. Jedoch erst in den 1980er Jahren wurde mit dem Bau des Stadtteils begonnen. Ein erster Vorbote der noch fehlenden Infrastruktur war die S-Bahn. Jahrelang war auf den Stadtplänen zu lesen: »S-Bahn – im Bau«. Dieser Bau zog sich bis zum 27. September 1997 hin. Am Tag darauf wurde die S-Bahnstation eingeweiht, und damit war die Kölner Innenstadt auch von Blumenberg aus mit dem Zug erreichbar.[21]

Die ersten Siedler hatten ihre Häuser und Wohnungen in Blumenberg erst 1988, also 25 Jahre nach der verwaltungstechnischen Gründung, bezogen. Auch wenn bis Ende 2002 die Zahl der Blumenberger auf über 5.000 angestiegen ist, so ist der neue Stadtteil noch immer nicht fertig, es wird weiterhin gebaut.

> »Die fast ›unendliche Geschichte‹ der Entwicklung von Blumenberg ist ein Aspekt, der sich sehr negativ auf den Stadtteil – aber noch mehr auf die Sicht auf den Stadtteil ausgewirkt hat. Es ist wirklich überfällig, die Stadtteilentwicklung zügig, systematisch und koordiniert weiterzuführen mit dem Ziel, Blumenberg so schnell wie möglich den Charakter der ›ewigen Baustelle‹ zu nehmen.«[22]

So beschreibt der Bürgerverein »Leben in Blumenberg« die Situation in dem Bürgerantrag »Lösung von Verkehrs- und Lärmproblemen in Blumenberg«. Die Planer und Stadtentwickler erhalten insgesamt nicht allzu gute Noten von den Blumenbergern. Der Stadtteil liege zwar verkehrsgünstig im Grünen, innerhalb von Köln und in der Nähe von Erholungsgebieten, aber das sei auch alles.

> »Zwölf Jahre Stadtteilentwicklung haben es nicht vermocht, diesem Profil irgendeinen zusätzlichen Aspekt hinzuzufügen. Relativ leicht wäre z.B. die Eigenschaft ›kinderfreundlich‹ erreichbar gewesen. Die jahrelange Planungsphase des Grünzuges um Blumenberg unter Beteiligung von Kindern und Jugendlichen, die heute schon Erwachsene sind und zum Teil nicht mehr in Blumenberg leben, ist ein ›Bände sprechendes‹ Beispiel für eine bisher völlig verpasste Chance.«[23]

Immerhin lebten im Jahr 2001 in keinem anderen Stadtteil Kölns prozentual so viele Kinder wie in Blumenberg. Jeder vierte Bewohner (knapp 28 Prozent) ist jünger als 14 Jahre. Im Durchschnitt liegt die Quote in Köln nicht mal halb so hoch (knapp 13 Prozent). Die Altstadt kann im Vergleich zu Blumenberg mit weniger als 7 Prozent fast als kinderfreie Zone gelten.[24]

Architektonisch hat Blumenberg allerdings etwas vorzuweisen: Auf einer Fläche von 4.600 Quadratmetern wurden elf alternative, verwinkelte und mit Holz verkleidete Reihenhäuser gebaut. Die auffälligen Häuser wurden in so genannter Leichtlehmtechnik und mit schadstoffarmen Baustoffen errichtet, um den Wärmedämmstandard zu erhöhen. Außerdem erhielt jedes Haus Regenwasserzisternen, Grauwasser- und Solaranlagen.[25]

Seinen Namen erhielt der jüngste bewohnte Kölner Stadtteil durch einen Ratsbeschluss vom 7. Oktober 1963. Weil keine Flurbezeichnung für das Gebiet vorhanden war, hat man sich am Blumenbergsweg orientiert. Zur Begründung meinte der Stadtrat, die Bezeichnung sei vorteilhaft und werde sicherlich Anklang finden.

Der Name Blumenbergsweg wiederum geht vermutlich auf den heute nicht mehr existierenden Bloemberger Hof zurück, der sich nachweislich ab dem Jahr 1602 auf diesem Gebiet befand. Mag der Name des historischen Hofes mittlerweile auch in Vergessenheit geraten sein, in der Mundart hat sich der altdeutsche Wortstamm retten können: Blumen heißen auf Kölsch »Bloemscher«.

Bocklemünd/Mengenich

Eine Straße macht den Stadtteil bundesweit bekannt

doppelt hält bekanntlich besser: Was mal mit zwei Höfen und zwei Namen begann, ist heute durchs Fernsehen bundesweit beliebt, zum einen durch die Fernsehserie »Lindenstraße«, zum anderen durch die Live-Show »Hollymünd«.

Über tausend Jahre liegt die erste Erwähnung des heutigen Stadtteils Bocklemünd/Mengenich zurück. In einer Urkunde des Kölner Erzbischofes Wiegfried heißt es im Jahr 941:

»Wir schenken Ihnen (den Nonnen von St. Cäcilien) ebenfalls in dem Orte, welcher Bugchilomunti heißt, die Kirche mit dem dazugehörigen Ackerland und zwei Höfe mit je 100 Morgen Land.«[26]

Der eine Hof, der Aufzeichnungen eines früheren Pfarrers zufolge Cäcilienhof genannt wurde, wird dem Gebiet Bocklemünds, der andere, der Dohmenhof, dem Gebiet Mengenichs zugeordnet.

Während die Sprachforscher mit aller gebotenen Vorsicht Mengenich auf eine spöttische Form des lateinischen »Magniniacum« zurückführen, was so viel wie »die Siedlung des Magninus« bedeutet, ist die Erläuterung des Namens Bocklemünd etwas schwieriger.[27]

Über die Jahrhunderte sind die Schreibweisen Bugchilomunti, Buggilmonte, Biggilmonti, Buchelmun(d)t oder auch Pocklemünd des heutigen Stadtteilnamens Bocklemünd zu finden. Für die Deutung des Namens in all seinen Schreibweisen werden in der Forschung immer wieder zwei Begriffe herangezogen: zum einen der Buckel, zum anderen die Mündung. Beide Begriffe legen eine topographische Erklärung nahe. Der Buckel (zu Bockle-) gilt als Synonym für Hügel und -münd als Hinweis auf einen alten Rheinarm. Diese Deutung wird jedoch von einem Sprachforscher[28] der 1940er Jahre stark angezweifelt; wenn man Bocklemünd so herleiten wolle, müsse der Stadtteil sprachgeschichtlich eigentlich Büchel- oder Böchelmünd heißen. Außerdem gäbe es im Gebiet von Bocklemünd keine topographischen Merkmale, die die Begriffsbestimmung Hügel und Mündung rechtfertigen würden. Wilhelm Kaspers[29] führt deshalb den Namen auf den mittelhochdeutschen Begriff für »Heckenschutzwehr« zurück: ein starkes Flechtwerk auf der einen Seite (Bockle-), auf der anderen Seite Schutz (-münd).

Eine sinnvolle Erklärung sieht der Sprachforscher auch in der Übersetzung »Schutz(gehege) für Ziegenböcke«.[30] Aus dem althochdeutschen »boc«/»bocch«, was Ziegenbock bedeutet, würde sich der erste Teil des Namens herleiten lassen. Bei einer Betrachtung des Gebietes und seiner näheren Umgebung erscheint dieser Ansatz recht plausibel, denn im westlichen Köln lassen sich mehrere Namen aus der Tierwelt anführen: Ochse (»ohso«) bei Ossendorf, Widder (»widar«) bei Widdersdorf und Pferd (»mahar«) bei Marsdorf.

Bocklemünd und Mengenich überdauerten jahrhundertelang als kleine, beschauliche Nachbardörfer, daran änderte auch die Eingemeindung nach Köln im Jahr 1888 nichts. Von dem Wachsen der Großstadt Köln und dem Siedlungsbau in vielen Stadtteilen blieben die beiden Orte bis Ende der 1950er Jahre beinahe unberührt. Nur vereinzelt zogen Bürger zu, die sich in neuen Häusern ansiedelten. Das hatte zur Folge, dass der Stadtrat im Juli 1954 die beiden Dörfer aufgrund ihrer geringen[31] Größe zusammenfassen ließ.

Die Beschaulichkeit fand erst in den 1960er Jahren ein Ende, als die Stadt Köln das Großbauprojekt Bocklemünd zu verwirklichen begann. Den Kölnern sollte hier modernes Wohnen in Stadtrandlage angeboten werden. Auf den Getreidefeldern nahe des kleinen Dorfes Bocklemünd, das mittlerweile auf eine tausendjährige Geschichte zurückblicken konnte, wurden Eigenheime, Mietwohnungen und Geschäfte gebaut.

Es wundert nicht, dass viele Kölner einerseits von Bocklemünd und andererseits von Alt-Bocklemünd sprechen, wahrscheinlich, um das unrühmliche Großbauprojekt von dem angestammten Dorf abzugrenzen. In der Folge gab es jedoch ein weiteres Großunternehmen, das sich weitaus erfolgreicher zeigte und das einen entscheidenden Beitrag für den Ruf Kölns als Medienstadt leistete. Das riesige Produktionsgelände des Westdeutschen Rundfunks erhielt, angelehnt an die amerikanische Traumfabrik und bezogen auf den verträumten Kölner Stadtteil, den Namen »Hollymünd«. Shows und Fernsehen zum Anfassen (WDR-Publik) haben so den Namen Bocklemünd im ganzen Land bekannt gemacht. Hier ist die Kulisse der Fernsehserie »Lindenstraße« aufgebaut, die dem Drehbuch nach in München spielt, obwohl in Köln selbst zwei real existierende Vorbilder zur Wahl gestanden hätten. Eine Lindenstraße befindet sich in der Neustadt (Nähe Rudolfplatz), eine zweite in Auweiler – ganz zu schweigen vom Lindenweg und dem Lindenhof, die es auch jeweils zwei Mal gibt, sowie einer Lindenallee.

Braunsfeld

oder der kürzeste Weg zur Arbeit

noch Mitte des 19. Jahrhunderts lagen beidseitig der Aachener Straße – bis auf einige wenige Häuser und Güter – weite, einsame Felder. Auf der einen Seite der Straße stand der Maarhof, auf der anderen der Morsdorfer Hof. Beide findet man noch heute in Straßennamen verewigt. Dem Stadtteil gab allerdings weder der eine noch der andere Hof seinen Namen – Braunsfeld war in aller Munde.

In den frühen Jahren der Industrialisierung war die Not groß, viele Menschen suchten Arbeit. Immer mehr von ihnen standen in einer der zahlreichen Ziegelbrennereien außerhalb von Köln in Lohn und Brot, eine davon wurde 1852 im heutigen Braunsfeld gegründet.

Doch der Weg dorthin, verfolgt man ihn anhand des Stadtplans, war weit: durchs Hahnentor über die heutige Innere Kanalstraße, an Melaten vorbei und über den Gürtel. Das Auto war noch nicht geboren, ein Fahrrad nicht vorhanden, und die KVB schaukelte auch noch nicht über die Aachener Straße. Dem kilometerlangen Fußmarsch ihrer Arbeiter setzten schließlich die Besitzer der Ziegelei, die Familie Ferdinand Braun, ein Ende. Das Familienunternehmen zimmerte auf ihrem Feld an der heutigen Ecke Schinkelstraße/Friedrich-Schmidt-Straße schnell einige Häuschen und Hütten.

Die Arbeiter waren froh, dass sie auf dem Feld der Familie Braun, oder wie die Kölschen sagen »dem Braun sein Feld«, einen Unterschlupf fanden.[32] Die Siedlung an der Aachener Straße wuchs bis ins Jahr 1869 auf knapp 300 Einwohner, 20 Jahre später hatte sich die Zahl schon fast verdreifacht. Wo auch immer die Menschen, die in der Siedlung der Familie Braun wohnten, hinkamen, sie sprachen von dem »Feld der Brauns« oder von »Brauns Feld«. Dem konnte sich auch die Stadt Köln nicht verschließen. Als das Gebiet im Jahr 1888 nach Köln eingemeindet wurde, hörte man im Rathaus der Stadt Köln auf die Menschen aus dem Vorort: Die Häuschen an der Aachener Straße erhielten offiziell den Namen Braunsfeld.

Brück

Nicht alles deutet auf eine Brücke hin

e s gibt drei mögliche Erklärungen, wie Brück zu seinem Namen kam. Der Topographie folgend könnte er von Bruch abgeleitet worden sein, was so viel wie baumbestandener Sumpf bedeutet. Obwohl Brück im 12. Jahrhundert urkundlich erwähnt wird, gehen die Forscher davon aus, dass die ersten Brücker vor weit mehr als 1.000 Jahren genau an der Grenze zwischen Nieder- und Mittelterrasse der Kölner Bucht siedelten. Auf der Niederterrasse hatte sich im Laufe der Jahrtausende immer wieder der Rhein ausgebreitet, wodurch eine Sumpflandschaft in diesem Gebiet entstanden ist. Zwischen Bruch und Mittelterrasse liegt ein Höhenunterschied von zwölf Metern. Am oberen Rand dieser Böschung liegt der Mauspfad, ein Verbindungsweg, den es schon vor der Römerzeit gegeben haben muss. An diesem Weg, in Höhe der heutigen Olpener Straße, müssen die ersten Häuser von Brück gebaut worden sein, sowohl auf der Nieder- wie auf der Mittelterrasse. Daher unterschieden die Menschen bald zwischen dem Unter- und dem Oberdorf. Obwohl es in der Gegend nachweislich Sumpflandschaft gegeben hat, lässt sich der Name Brück wahrscheinlich dennoch nicht auf dieses topographische Merkmal zurückführen.[33]

Eine andere Interpretation der Namensforscher besagt, dass sich Brück vom Namen der bergischen Familie Brugge ableite. Ihr gehörte der Herrenhof, der im Jahr 1166 erstmals urkundlich erwähnt und Brücker Hof genannt wurde.[34] Gegen diese Erklärung sprechen jedoch die Abwandlungen des Namens. Wenn die Familie Namensgeber gewesen wäre, müsste Brück eigentlich Brückheim heißen oder zu Brückem verkürzt worden sein. In Urkunden des 12. Jahrhunderts ist jedoch lediglich von Bruche, Brughe oder Brucge die Rede, eine Rückführung auf Brückheim also nicht zwingend. Oder sollten die Brücker sprachfaul gewesen sein, das -heim unterschlagen haben, während alle Nachbarn in Merheim, Ostheim, Stammheim oder Buchheim ihm treu blieben? Da man für Brück auch vielfach die Bezeichnung Langenbrück findet, ist es ebenfalls als unwahrscheinlich anzusehen, dass Brück auf Brückheim zurückzuführen ist.

Die dritte Erklärung ist simpel und nahe liegend. Brück kommt von Brücke. Eine Brücke, ähnlich einem Damm, der über Sumpfgebiet führt. Tatsächlich fand man Teile einer Brücke, als zu Zeiten Napoleons die heutige Olpener Straße ausgebaut wurde. Diese Erklärung passt auch zum Namen Langenbrück für Brück. Die Differenzierung diente möglicherweise zur Unterscheidung von einem Dorf in der näheren Umgebung, das eine kurze Brücke besaß. Wo sich ein solcher Ort allerdings genau befunden haben könnte, ist nicht bekannt.

Brücke, Familienname oder Bruch/Sumpfgebiet - Brück entstand langsam entlang der heutigen Olpener Straße und nutzte den Handelsweg zwischen Rhein und Bergischem Land. Im 16. und 17. Jahrhundert wird berichtet, dass Brück der wohlhabendste Ort in der Landgemeinde Merheim - zu ihr gehörte Brück - gewesen sein soll: Weber und Gerber hatten sich hier niedergelassen. Bis Ende des 19. Jahrhunderts die Eisenbahn kam, verdingten sich außerdem viele Brücker als Fuhrleute.

Seit 1914 gehört Brück zu Köln. In diesem Jahr wurde die Landgemeinde Merheim nach Köln eingemeindet.[35]

Buchforst

Der Name »Kalker Feld« lässt einem Heimatforscher keine Ruhe

J edes Jahr am 25. Oktober kann der Stadtteil Buchforst den Geburtstag seines Namens feiern, denn an diesem Tag im Jahr 1932 beschloss der Rat der Stadt Köln, das Gebiet links und rechts der heutigen Heidelberger Straße für eigenständig zu erklären und es künftig Buchforst zu nennen. Doch der Namensgebung waren einige Diskussionen und Proteste vorangegangen.

Die Stadt hatte zunächst einen anderen Namen für das Gebiet vorgesehen: »Kalker Feld« sollte es heißen, so lautete schließlich auch der ehemalige Flurname. Den Menschen, ob sie nun aus Köln stammten oder Zugezogene waren, gefiel der Name nicht. Für seine Wahl sprach allerdings, dass die Stadtverwaltung im April 1931 die neue Siedlung dem Stadtteil Kalk angegliedert hatte.

Wahrscheinlich fand der Name Kalker Feld deshalb keinen Gefallen bei den Bürgern, weil er in der Regel in abfälliger und verächtlicher Absicht benutzt worden war. Die Mülheimer kannten das Gebiet an der heutigen Heidelberger Straße, das in Richtung Kalk lag, noch aus Zeiten, als es aussah wie »ein großes Ziegelfeld, das hier und da von Kiesgruben unterbrochen war.«[36]

Ein Heimatforscher ließ dem Wunsch der Bürger des Kalker Feldes Taten folgen, er forschte, klopfte die Geschichte ab und suchte nach Argumenten gegen den ungeliebten Namen sowie einer angemessenen Alternative. Am 14. August 1932 legte er dem damaligen Oberbürgermeister Konrad Adenauer eine geschichtliche Abhandlung vor, die begründet, dass das Kalker Feld künftig Buchforst heißen solle.

In seinem Vorwort macht der Heimatforscher (E. Platz) drei weitere Vorschläge, die aber bald verworfen wurden.[37] Nach diesen Vorschlägen hätte man Buchforst auch Lünink nennen können. Denn im 17. Jahrhundert war in der Gegend der Lüninkhof gebaut worden, der nach seinem Besitzer benannt wurde. Aus dem Jahr 1848 ist bekannt, auf welch ungewöhnliche Weise der Lüninkhof veräußert wurde. Es existieren von dieser Transaktion keinerlei Akten, das heißt, es hat anscheinend nie welche gegeben.

>*»Bei den Verhandlungen über den Kauf des Hofes sei eine Kerze ange-
zündet worden und als die Kerze ausgebrannt war, wären die Verhand-
lungsteilnehmer einig gewesen. So habe der Kauf auch ohne schrift-
lichen Vertrag gegolten.«[38]*

Neben Lünink wurde auch die Flurbezeichnung Kozal als Name für das
Kalker Feld vorgeschlagen. Seit dem 17. Jahrhundert wird die Bezeichnung
in unterschiedlichen Schreibungen wie Korzal und Kuhzell für einen Bereich nordwestlich der heutigen Bergisch Gladbacher Straße auf Holweider Gebiet genutzt.

Nicht nur Lünink und Kozal, auch Rottfeld hatte schließlich keine Chance, den Namen Kalker Feld zu ersetzen. Rottfeld dürfte jedoch als erste Alternative gegolten haben. Rott- oder Rodtfeld sollte daran erinnern, dass
es große Wälder im Süden von Mülheim gegeben hatte, die im Laufe der
Jahrhunderte allerdings gerodet worden waren. Am Ende des 18. Jahrhunderts vollendeten die Franzosen die Rodungen im Gebiet rund um die heutige Heidelberger Straße mit einem Kahlschlag. Was bis dahin immer wieder aufgeforstet worden war, erhielt nun endgültig das Aussehen eines
kahlen Feldes.

Unter anderem im heutigen Buchforst hatten bis zur Ankunft der Ein-
dringlinge die letzten Bäume des großen, rechtsrheinischen Waldes gestanden. Dieser Wald wurde, so belegt der Heimatforscher E. Platz in einer
geschichtlichen Abhandlung, immer wieder als Buchenforst bezeichnet;
außerdem habe, argumentierte er, das Gebiet zu keiner Zeit zu Kalk gehört.[39] Daraus schließt der engagierte Bürger, dass es nur einen Namen
für die neue Siedlung südwestlich von Buchheim geben kann.

Der Einsatz des Heimatforschers für den Namen Buchforst fand Unterstützung beim Stadtschulrat, bei der Gemeinnützigen Akteingesellschaft
für Wohnungsbau in Köln, dem Zweckverband rechtsrheinischer Vororte,
dem Bürgerverein Köln-Buchforst und dem Stadtverordneten H. Richter.

Es dauerte 2 Monate und 11 Tage von der Eingabe mit der Bitte um Umbenennung, bis es so weit war: Der Rat entsprach dem Wunsch der Menschen vom Kalker Feld und machte sie zu Bürgern von Buchforst.

Buchheim

Ein kleiner Berg schützt nicht vor dem gewaltigen Rhein

m an geht davon aus, dass es im Rechtsrheinischen seit mindestens 5.000 Jahren Buchenwälder gegeben hat.[40] Doch in den letzten 1.000 Jahren sind die Menschen den Bäumen immer weiter zu Leibe gerückt, sie holzten sie nach und nach ab. Vielfach wurde das gewonnene Holz für den Bau von Schiffen und Häusern gebraucht. An den Wald selbst erinnert der alte Flurname Buchforst, an die Besiedlung der letzten Jahrhunderte der Name Buchheim, der erstmals im Jahr 1003 in einer Schenkungsurkunde des Erzbischofs Heribert von Köln als Bocheim angeführt wird.[41]

Was in der Urkunde als uralte Ortschaft bezeichnet wird, muss man sich als eine Ansammlung weniger Häuser vorstellen. Sie waren einerseits von Wald umgeben, andererseits an der heutigen Kreuzung Alte Frankfurter Landstraße und der Straße von Deutz nach Wipperfürth gelegen. Im Laufe der Zeit vergrößerten die Siedler ihr Land, es wurden einige Höfe gebaut, von denen der Buchheimer Hof (zumindest vom Namen her) als der wichtigste galt.[42] Er ist vermutlich noch in der ersten Hälfte des 11. Jahrhunderts errichtet worden. Wahrscheinlich hat der Hof auf einer kleinen Insel in einem Weiher gestanden,[43] wo er mehrere Jahrhunderte bis ins Jahr 1784 überdauerte.[44]

Zu Beginn des Jahres 1784 war der Pegel des Rheins beständig angestiegen. Als nach einer Woche Frost einsetzte, fror der Rhein von Westhoven bis Mülheim zu. An der oberen Stelle des Flusses bei Westhoven stauten sich Eisschollen, da es Richtung Bonn keine geschlossene Eisdecke gab. Es dauerte eine Woche, bis der Rhein durch diese natürliche Staumauer aus Eis ins Rechtsrheinische einbrach und sich einen zusätzlichen Flusslauf suchte. Zunächst entstanden zwei Wasserläufe an Buchheim vorbei. Als diese Wasserläufe die Wasser- und Eismassen nicht mehr fassen konnten, rissen sie auch den Buchheimer Hof mit sich fort. Die Eis- und Flutkatastrophe von 1784 gilt als eine der größten, die das Rheinland je heimgesucht hat.[45]

Schon im nächsten Jahr wurde der Buchheimer Hof an der Ecke der heutigen Heidelberger Straße und Frankfurter Straße wieder aufgebaut. Um eine zweite Katastrophe wie die Eisflut zu verhindern, errichtete man ihn auf einer leichten Anhöhe. Zunächst mag der neue Hof weit sichtbar über Buchheim gethront haben, doch als die heutige Heidelberger Straße angelegt wurde, erhöhte man die neue Straße wie auch die Frankfurter Straße an dieser Stelle um einen Meter, womit sich der Höhenunterschied von Hof und Straße nivellierte.

Als die Franzosen um 1800 das Gelände des heutigen Stadtteils rodeten, waren es die Besitzer des Buchheimer Hofes, die hier ihr Getreide anbauten. Ende des 19. Jahrhunderts verkauften sie Teile des Landes an die Mülheimer Bau- und Spargenossenschaft, die begann, dort die ersten Wohnhäuser zu errichten. Als im Zweiten Weltkrieg der Buchheimer Hof endgültig zerstört wurde, war der Landbesitz längst verkauft und der Stadtteil Buchforst entstanden.

Chorweiler

Als die Kölner eine Pyramide bauen wollten

d ie Idee einer neuen Stadt für rund 100.000 Menschen, die im Kölner Norden entstehen sollte, wurde 1957 konkret: Nach umfassenden Planungen folgte 1961 der Baubeginn in Heimersdorf. Später schlossen sich Seeberg und das künftige Zentrum Chorweiler an. Während des Baus der »Neuen Stadt«, so der Titel des Projektes, wurde am 7. Oktober 1963 über ihren Namen beziehungsweise die Namen der einzelnen Stadtteile entschieden. Es waren neue Gebiete festgelegt worden, einige zusammengelegt, andere neu geschaffen. Offen blieben im Oktober 1963 nur die Namen zweier Stadtteile: des Zentrums der neuen Stadt und des künftigen Seebergs *(siehe Seeberg)*.

Hätte man den Flurnamen übernommen, hieße Chorweiler heute Hoven. Doch der Rat hielt den Namen wegen der Ähnlichkeit mit Volkhoven für nicht eindeutig genug, zumal er den ganzen Stadtbezirk sechs benennen sollte.

Der Name Chorweiler wurde durch eine Wortverbindung gebildet. Von Chorbusch – im nordwestlichen Zipfel Kölns gelegen – wurde das »-busch« gestrichen und dem »Chor-« der Name des Nachbarortes Weiler angehängt. Weiler bedeutet so viel wie Gehöft *(siehe Volkhoven/Weiler)*, das

Chor- soll aus dem Indogermanischen stammen und wird mit feucht, wässrig[46] übersetzt. Der Chorbusch wäre also ein feuchter, sumpfiger Wald.

Gleichgültig, ob es dort früher ein solches Waldgebiet gab oder nicht, Chorweiler ist eine Schöpfung der 1960er Jahre; am 30. April 1964 beschloss der Rat der Stadt den Stadtteil- und Stadtbezirksnamen.

Was die Menschen in den 1950er Jahren als Idee noch begeistert hatte und in der Ausführung in den 1960er Jahren bejubelt wurde, stimmte sie im Laufe der 1970er Jahre zunehmend bedenklich. In den 1980er Jahren sprach man dann sehr bald von einem Negativimage der Gegend. Heute ist der Name Chorweiler offiziell ein Synonym für Bausünde, oder anders gesagt, was man in Sachen Stadtplanung falsch machen kann, trägt in und um Köln herum den Namen Chorweiler. Selbst die Stadt Köln schreibt auf ihrer Internetseite:

> »Die als eigenständige »Stadt« geplante neue Ansiedlung für rund
> 100.000 Menschen in Hochhausbauten ist eine städtebauliche ›Sünde‹
> wie andere Großsiedlungen der (19)60er und (19)70er Jahre.«[47]

Chorweiler war im wahrsten Sinne des Wortes als der Höhepunkt der »Neuen Stadt« geplant. Die Gestaltung sollte einer Pyramide gleichen, zur Mitte, zum Zentrum hin sollten die Häuser höher gebaut werden.

Als 1972 die ersten Bürger in den Stadtteil Chorweiler zogen, waren die Bauarbeiten noch in vollem Gange. Fred Kirfel, einer der ersten neuen Siedler, engagiert sich seit damals für seine neue Heimat:

> »Am Anfang war hier einfach nicht viel. Ein paar Hochhäuser, ansonsten
> viel Matsch. Da war es abends schon von Vorteil, wenn man Gummi-
> stiefel trug. Die Infrastruktur kam erst später. Die neuen Wohnungen
> hatten zunächst einige Mängel. Die Leute mussten sich zusammen-
> schließen und für anständige Wohnungen kämpfen. Doch das hat sich
> gelohnt.«[48]

Hier mag der Wunsch Vater des Gedankens gewesen sein, der Blick zurück auf die (eigene) Vergangenheit mag wohl manches verklärt haben. Nach 15 Jahren war das vielversprechende Projekt der 1950er Jahre gescheitert. Dies wird deutlich in der Entscheidung des Rates von 1987, ein Sanierungsprogramm in Höhe von 45 Millionen Mark (circa 23 Millionen Euro) für Chorweiler zu bewilligen.

Als wichtig erachtete man zunächst, die Bürger selbst zum Sanierungsbedarf zu befragen, weshalb man ein entsprechendes Büro einrichtete. Man unterstützte Vereine, Mieterbeiräte und die Stadtteilzeitung »Aufzug«. Danach standen verschiedene ökologische, soziale und kulturelle Projekte im Vordergrund. Da Chorweiler nun doch nicht für 100.000 Menschen Wohnraum bieten musste, war die geplante Infrastruktur zu groß dimensioniert. So wurde beispielsweise statt der sechsspurigen Elbeallee der Olof-Palme-Park gebaut, und die Chorweiler Selbsthilfe zog in ein umgebautes Schwimmbad ein. Es entstand eine kombinierte Fahrrad-, Rollstuhl- und Nähwerkstatt. Als weiterer Schritt wurde das Wohnumfeld verbessert, zusätzliches Grün und Spielplätze angelegt, und neue Gewerberäume wurden geschaffen. Auch mit der Verkehrssicherheit setzte man sich auseinander.

Die Bauarbeiten in Chorweiler reichten bis in die 1990er Jahre hinein. Am Athener Ring entstanden zum Beispiel 66 Wohnungen in Mehrfamilienhäusern. Vor allem fällt ihre Farbe auf, die sich von den umliegenden grauen Hochhäusern abhebt. Ob jedoch die Farbe ausreichen wird, auf Dauer einen »gewachsenen und lebendigen« Eindruck von Chorweiler zu vermitteln, sei dahingestellt.

Dellbrück

Nur einer von vier Namen überlebte Bürokratie, Post und Eisenbahn

die Strunde als rauschenden Bach oder gar Fluss zu bezeichnen, mag dem heutigen Spaziergänger mit Blick auf das Gewässer schwer fallen. Auch wenn der Name Strunde auf das Wort »fließen« beziehungsweise »Strom« zurückzuführen ist, erscheint der Bach eher klein und ruhig – zu klein, als dass man ihn für einen wichtigen Wirtschaftsfaktor halten könnte. Dabei war die Strunde entscheidend an der Entwicklung von Dellbrück beteiligt. Dutzende Mühlen gab es einst an dem Bach. Mühlen, die Mehl mahlten, Tuch walkten oder Öl pressten. Des Weiteren gab es Papier-, Tabak- und Pulvermühlen. Es gab die Thurner Mühle, die Holz verarbeitete, und die Fellmühle, in der Felle gegerbt wurden. Im heutigen Dellbrücker Gebiet steht noch die Strundener Mühle, die von einem Architekten als Wohnung und Büro genutzt wird; die Hardtmühle oder Gipsmühle ist für ihren medizinischen Gips bekannt, der dort produziert wird.

Um die Mühlen herum siedelten damals Menschen, fanden ein Auskommen und lebten in relativem Wohlstand. Für diese Menschen war der Bach von sehr großer Bedeutung; selbst im Winter war er von Nutzen, wenn er zufror, konnte man das Eis brechen und in Schollen den Kölner Brauereien als Kühlmittel liefern.

Die Strunde musste also geschützt werden. Dafür setzten die Besitzer des Landes, die Grafen von Berg, so genannte Bachgrafen ein. Ihre Aufgabe war es, über den Wasserlauf zu wachen. So legten sie zum Beispiel fest, wie viel Wasser jeder Bauer dem Bach für seinen Acker entnehmen durfte.

Einmal im Jahr spielten die Bachgrafen sozusagen »Prinz Karneval«. Sie ritten zur heutigen unterirdischen Mündung der Strunde nach Mülheim und warfen Geldstücke in das Gewässer und in die Zuschauermenge. Nicht unbedingt aus Wohltätigkeit, sondern vielmehr, um zu demonstrieren, wer hier Herr des Baches war.

Über das Ende der Herrschaft der Grafen von Berg hinaus gab es eine »Ordnung für den Strunder Bach«, selbst im Eingemeindungsvertrag von 1914 musste die Stadt Köln den Anliegern zusichern, deren Nutzungsrechte zu wahren.[49]

Neben der Strunde waren für Dellbrück im 19. Jahrhundert die Eisenbahn und die Post entscheidend. Sie gehören zu dem, was man auf Neudeutsch eine gute Infrastruktur nennt. Am 15. Dezember 1868 war die Bahnstrecke zwischen Mülheim und Bergisch Gladbach fertig gestellt worden, seit 1870 hielt die Eisenbahn auch im neuen Bahnhof »Dellbrück«. Einige Jahre später stand Dellbrück wiederum im Mittelpunkt der umliegenden Ortschaften. Am 1. Juli 1881 wurde in der »Ahl Dellbrück« eine Kaiserliche Postagentur eingerichtet.

Beides war für die Ansiedlung neuer Unternehmen entscheidend, zumal der Grund und Boden in Dellbrück preiswert zu erstehen war. Neben der Salpeterfabrik Traine & Hellmers (1875) kamen die Farbenwerke Wagner (1897), die Firma Möhl aus Mülheim (1900) und die Firma Walther aus Kalk (1904) nach Dellbrück.

Die Entscheidung, den Bahnhof und dann auch die Post mit dem Namenszusatz Dellbrück zu versehen, gab den Ausschlag für den Stadtteilnamen. Dellbrück war im 19. Jahrhundert ein Ort, der aus den vier Dörfern Thurn, Strunden, Hagedorn und Dellbrück bestand. Anfang des 20. Jahrhunderts führte diese Namensvielfalt oft zu Verwirrung. Zwar wollte der Gemeinderat der Bürgermeisterei Merheim, zu der die vier Dörfer gehörten, den Stadtteil zunächst Thurn oder zumindest Thurn-Dellbrück nennen, doch da spielte der Regierungspräsident nicht mit. »Diese Ortsbezeichnung ist vom Regierungspräsidenten mit Rücksicht darauf, dass es im Deutschen Reich viele ähnliche Ortsbezeichnungen gibt, nicht genehmigt worden.«[50] Außerdem gab es schon den Bahnhof und die Post mit dem Namenszusatz Dellbrück. Der Gemeinderat der Bürgermeisterei Merheim fügte sich und beschloss am 23. Juni 1905, »dass die Ortschaften Thurn, Dellbrück, Hagedorn und Strunden die einheitliche Ortsbezeichnung ›Dellbrück‹ führen sollten.«[51]

Von den vier Ortsnamen war Dellbrück der jüngste. In den Aufzeichnungen der Bürgermeisterei Merheim aus dem Jahr 1841 kommt er noch nicht vor. Erst im Jahr 1850 ist von einem »Haus Dellbrücke« die Rede. In den zahlreichen Büchern und Arbeiten über Dellbrück wird auf den Namen selbst nicht eingegangen. Die einzige auffindbare Erklärung zieht die Verbindung zu Tal und Brücke, Dellbrück hieße somit die Brücke am Tal.[52]

Deutz

die »Schäl Sick«: Für den einen Spott, für den anderen Stolz

das rund 1.700 Jahre alte Deutz geht, wie könnte es anders sein, auf die Römer zurück. Als Kastell diente Deutz der jungen römischen Stadt Köln zur Verteidigung der Rheinbrücke, als strategisches Quartier für Feldzüge gegen die Germanen. Rund 1.000 im Kastell stationierte Legionäre, die Divitenser genannt wurden, gaben der Festung ihren Namen.

Aus dem ursprünglichen »Castrum Divitia« wurde im Laufe der Jahrhunderte Diutia, Divicia, Diuzia, Tuitium, Teutsch und schließlich Duyz und Deutz.

Deutz ist der einzige Kölner Stadtteil, der dem Volksmund nach einen zweiten Namen hat. Bis heute spricht der Kölner gern von der anderen Rheinseite und von Deutz als der »Schäl Sick« – der blinden Seite. Eine mögliche Erklärung für diesen Ausdruck reicht bis ins 8. Jahrhundert zurück, als die alte Römerbrücke zwischen Deutz und Köln abgerissen wurde.

Der breite und brückenlose Strom trennte die Menschen dies- und jenseits des Rheins. Ihr Austausch lief nur noch mittels Fähren. Unberührt von dieser neuen Situation blieb der Handel auf dem Rhein, auf dem Waren stromabwärts und stromaufwärts transportiert wurden. Damit die

Schiffe den Weg von Düsseldorf in Richtung Bonn überhaupt antreten konnten, mussten sie geschleppt werden. Sie wurden von so genannten Treidelknechten und ihren Pferden gezogen. Entlang des Kölner Ufers, dem Leinpfad (auf Kölsch: Lengepaat), verrichteten die Pferde diese schwere Arbeit. Um zu verhindern, dass die Tiere erschraken und bockten, wurde ihnen auf ihrem Weg rheinaufwärts das linke Auge mit einer Scheuklappe versehen. Schließlich fordert der gewaltige Rhein nicht nur dem Menschen, sondern auch den Tieren seinen Respekt ab. Die Pferde hatten somit bei ihrer Arbeit eine blinde Seite, auf Kölsch eine »schäl Sick«.

Wer den Begriff von der »schäl Sick« auf das rechtsrheinische Deutz übertragen hat, ist nicht überliefert. Irgendwann und irgendwo im alten Köln wird der oder die große Unbekannte die Bezeichnung für den Ort Deutz verwendet haben. Immerhin gab es jahrhundertelang keine Rheinbrücke. Deutz war nur mit einer Fähre erreichbar und das Leben auf der anderen Rheinseite den Kölnern wenig bekannt, ebenso wenig wie umgekehrt. Es war wie ein blinder Fleck, lag im Dunkeln verborgen. Was einmal scherzhaft oder vielleicht ängstlich geäußert worden war, hatte das Empfinden der Kölner anscheinend getroffen – und Deutz hatte seinen Spitznamen weg: »Schäl Sick«.

Womit in langer Tradition respektlos und dennoch freundschaftlich auf echt kölsche Art »gefoppt« wurde, das störte die Deutzer wohl wenig. Als Köln Ende des 19. Jahrhunderts durch Eingemeindungen größer werden sollte, ließen sich die Deutzer nicht einschüchtern. Dem Einigungsvertrag gingen zähe Verhandlungen voraus. Zwei Stadtverordnete von der »Schäl Sick« sollten nach der Vereinigung 1888 im Kölner Rat vertreten sein.[53]

Die besondere Rolle von Deutz wurde 1975 noch einmal bestätigt. Seitdem gehört Deutz offiziell zur Kölner Innenstadt und wurde damit, wenn man so will, ein zweites Mal eingemeindet.

Seit Februar 1952 ist auch der Name »Schäl Sick«, zumindest in der fünften Jahreszeit, offiziell etabliert. Die erste erfolgreiche Deutzer Karnevalsgesellschaft zeigt unter dem Namen »Schäl Sick vun 1952«,[54] dass man in Sachen Frohsinn den linksrheinischen Kölnern in nichts nachsteht. Außerdem: Wie sollte man jemanden foppen können, der sich selbst mit dem Spottnamen bezeichnet. Ein klarer Beweis dafür, dass die Deutzer echte Kölner geworden sind.

Dünnwald

und die Geschichte von einem Mönch,
der übers Wasser wanderte

d ie Geschichte des Kölner Stadtteils Dünnwald, der 1914 nach Köln
eingemeindet wurde, ist eng mit dem Dünnwalder Kloster verbunden. Ohne die christliche Einrichtung würde es heute wahrscheinlich nicht einmal den Namen Dünnwald geben.

Über Jahrhunderte war das Kloster Zentrum und Lebensader der kleinen Gemeinde am Rand des rechtsrheinischen Kölns. Bei den Mönchen
fanden die Dünnwalder Arbeit und konnten sogar einen kleinen Wohlstand erreichen. So manche Geschichte rankt sich um dieses Kloster.

Es sollen dort zum Beispiel drei Mönche gelebt haben, die eher dem leib-
lichen Wohl als der geistigen Erquickung zugetan waren. Beim Studium im
Obstgarten lockten sie vor allem die Früchte an den Bäumen. Die Breviere
waren schnell zugeklappt, die Äpfel ebenso schnell gepflückt und die Mün-
der bereit, den einen oder anderen der köstlichen Äpfel zu verzehren.

Eines Tages fühlten sich die drei Leckermäuler beobachtet. Am anderen Ufer des Klosterteiches wandelte ein ihnen unbekannter Bruder,
scheinbar vertieft in einem Brevier. Die drei riefen ihm zu und lobten das
Aroma der Früchte - sagen wir aus christlicher Nächstenliebe und nicht
aufgrund ihres schlechten Gewissens. Der fleißig Studierende verharrte
jedoch unbeirrt in der Lektüre, sodass die drei Mönche erneut riefen. Die
Reaktion blieb auch dieses Mal aus. Dieser Bruder schien, salopp gesprochen, ein Hardcore-Mönch gewesen zu sein. Die drei Apfelgenießer mussten ihm ihr Angebot regelrecht zuschreien.

Ohne den Kopf zu heben, kam der Mönch dann doch auf sie zu. Auf di-
rektem Weg über das Wasser des Teiches geschritten! Er segnete stumm
sowohl die Brüder als auch die Obstbäume, nickte dann freundlich und zog
sich über den Teich auf Nimmerwiedersehen zurück. Seit diesem Tage sollen die drei Mönche zu den bravsten des Klosters gehört haben. Wahrscheinlich - so meinen die Forscher - sei diese Sage erst nach 1644 entstanden, da bis zu diesem Jahr lediglich Nonnen in dem Kloster lebten.[55]

Gegründet wurde das Kloster Dünnwald gemäß einer Urkunde aus dem
Jahr 1117 unter dem Namen »Duneloe«.[56] Rund 100 Jahre später findet man
auch einen Hinweis auf eine Siedlung mit dem Namen Soelthovin nahe des
Klosters. Der erste Teil des Namens steht für Lohn oder Sold, der zweite

für (Bauern)hof. Auf den Bauernhöfen lebten demnach Menschen, die sich für das Kloster verdingten und Lohn erhielten. In abgewandelter Form wird der Name Soelthovin ein weiteres Mal im Jahr 1454 erwähnt, Selkoren heißt er nun.[57] Damit schienen die Menschen allerdings nicht viel anfangen zu können, sie nannten sowohl das Kloster wie auch die Siedlung immer häufiger Dünnwald. Der Name Dünnwald (Donewalde, Duonewald, Dunwaldt, Dunewalt) geht einerseits auf den Wald zurück, der 1956 – dank der Stadt Köln und der Schutzgemeinschaft Deutscher Wald – ein umfangreiches Aufforstungsprogramm erfuhr, andererseits deutet der erste Teil des Namens auf sandige Hügel, Dünen hin. So meint man zumindest landläufig. Möglich ist allerdings auch die Deutung aus dem Indogermanischen, wonach Dünn- auf »duna« zurückzuführen ist, das schlichtweg »Wasser« bedeutet; somit wäre Dünnwald also der Wald am Wasser.[58]

Letztere ist zumindest für unsere Tage eine recht passende Erklärung, schließlich stehen Wald und Wasser in Dünnwald mehr oder minder auch für ein besonderes Denkmal der Selbsthilfe
Im Jahr 1923 bauten die Dünnwalder nach Feierabend ihr viel beachtetes Waldbad.

Ehrenfeld

Karnevalisten bauten die größte Stadt außerhalb von Köln

g enau 30 Jahre, vier Monate und 14 Tage dauerte es, bis aus einem kühnen Gedanken eine Stadt geworden war: Ehrenfeld war in dieser Zeitspanne sozusagen aus dem Nichts aufgebaut worden und zu einer aufstrebenden modernen Stadt westlich vor den Toren Kölns gewachsen.

Im Jahr 1845 saß im »gemütlichen Kneipzimmer der alten Brauerei ›Zum Kaiser‹«[59] in der Ehrenstraße 86 ein bunter Haufen Kölner zusammen, dem eines gemein war: ein Herz für den Karneval. Doch die Vorbereitungen für das närrische Treiben wollten nicht recht gelingen, die Alaaf-Stimmung wollte nicht aufkommen. Plötzlich überraschte der bekannte Antiquar und Buchdrucker Franz Anton Kreuter seine Freunde mit einer Idee, die ihn schon längere Zeit beschäftigte: Köln müsse größer werden, man solle vor den Toren der Stadt eine neue Stadt bauen. Kreuter erntete zunächst Gelächter, doch unbeirrt setzte er fort, er wolle für den Wohnungsbau eine Gesellschaft gründen, damit ja kein Verdacht aufkomme, man wolle mit dem Land im Kölner Westen spekulieren. Je länger Kreuter erklärte, von der neuen Stadt fabulierte, desto mehr steckte er die Gesellschaft an, bis er schließlich restlos jeden auf seiner Seite hatte.

So wurde im Februar 1845 die Gesellschaft gegründet, binnen Jahresfrist standen die ersten Häuser zwischen der heutigen Venloer Straße und der Subbelrather Straße. Kurz darauf entstand das erste Industriegebäude in dem neuen Stadtteil, die Tapetenfabrik von Philipp Hoffmann.

Abgesehen von einigen Querelen unter den Gründungsvätern bei der Durchführung ihres Planes »Wir bauen eine Stadt«, herrschte doch in einem sehr schnell Einigkeit: Noch im Jahr 1845 legte man einstimmig den Namen Ehrenfeld für die neue Stadt fest. Erstens, so die Begründung, sei die Initiative von jemandem ausgegangen, der auf der Kölner Ehrenstraße wohne, und zweitens würde das Feld vor den Toren von Köln oft auch das Ehrenstraßer Feld genannt.

Einfach, logisch und prägnant, trotzdem stellten sich die Behörden erst einmal quer. So antwortete etwa der Landrat Simons generell auf Baugesuche mit folgender Standardformulierung:

»*Mit Bezug auf Ihre Eingabe betreffend ein Baugesuch auf dem Terrain Ehrenfeld Flur … Nro. … bemerken wir Ihnen, daß uns ein Terrain Ehrenfeld gänzlich unbekannt ist, sollten Sie jedoch die Stelle in der Nähe des Ziegelfeldes gemeint haben, so eröffnen wir Ihnen (…)*«[60]

Dort, wo die Siedlung Ehrenfeld entstehen sollte, gab es schon einige Häusergruppen. Neben Melaten und dem Hof Subbelrath lag das so genannte Ziegelfeld, das seinen Namen aufgrund der ansässigen Ziegelbrennereien erhalten hatte.

Nicht nur der Name Ehrenfeld setzte sich schließlich durch, die ganze Siedlung wurde ein solcher Erfolg, wie es die Gründungsväter wohl nie erwartet hätten: 18 Jahre nach der Gründung hielten die ersten Güterzüge in Ehrenfeld, zahlreiche Betriebe und vielfältiges Gewerbe fanden hier eine Heimat.

Seit 1865 konnten die Bürger ab Ehrenfeld mit dem Zug reisen. Nur fünf Jahre nach dem Bau der Pferdebahn wurden 1882 bereits rund 1,3 Millionen Fahrgäste gezählt.

Im Grunde genommen platzte die Siedlung schon 1871 aus allen Nähten. An der Ottostraße wurde der Grundstein für weitere Wohnhäuser ge-

legt. Mit diesen Bauten wurde die Geburtsstunde von Neuehrenfeld ein-
geläutet. Aufschwung, Erfolg und Lob kannten für Ehrenfeld im letzten
Jahrhundert keine Grenzen.

Die letzte und wichtigste Ehrung während des rasanten Aufstiegs erfolgte am 28. Mai 1875. In einem Schreiben teilte Kaiser Wilhelm der Kölner Regierung mit, »dass die im Landkreise Cöln gelegene Gemeinde Ehrenfeld fortan auf dem Provinzial-Landtage der Rheinprovinz im Stande
der Städte vertreten sein werde.«[61]

Die Selbstständigkeit dauerte jedoch nur knapp 13 Jahre, denn am 1. April 1888 kehrte Ehrenfeld sozusagen zurück nach Köln – zurück zu dem Ort,
wo die Idee der Gründung am 14. Januar 1845 geboren worden war.

Eil

und die Hochzeit der armen Besenbinder

der Stadtteil ist etwas Besonderes, zumindest für diejenigen, die ihr
Auto mögen und gleichzeitig gern ins Kino gehen. Im Jahr 1967 wur-
de hier das dritte deutsche und landesweit erste Autokino eröffnet.
Von den anfangs rund 1.200 Stellplätzen ist heute jedoch nur noch ein Drit-
tel vorhanden; die Flaute der Branche machte auch vor dem »Drive-in-
Kino« nach amerikanischem Vorbild nicht Halt.

Früher war Eil der breiten Öffentlichkeit kaum bekannt. Nur in den
Nachbarorten Urbach und Porz scheint der Ort jahrhundertelang im Gespräch gewesen zu sein. Vor allem dann, wenn Hochzeit in Eil gefeiert wurde. Die Trauungen in Eil wurden Besenbinderhochzeiten genannt, denn es
waren meist Hochzeiten armer Leute. Die Eiler hatten kein Geld für einen
schwarzen Anzug und ein gutes Wollkleid

*»Der Mann mit der Tonpfeife im Munde, mit einem Taschentuch um
den Hals und die Frau im einfachen Linnenkleid gingen auf den
sogenannten Kirchberg, das heißt nach der Urbacher Kirche zur Trau-
ung. Von dort schickte der Mann seine ihm dann angetraute Frau nach
Eil, von wo sie die Schürreskarre zu holen hatte. In der Zeit zog er quer
übers Feld in den Wald, um die Heide zu schneiden. Wenn dann die
Frau mit der Schürreskarre in den Wald kam, konnte man die geschnit-*

*tene Heide gleich aufladen. Das war die Besenbinderhochzeit, an die
sich die Brautnacht anschloß.«*[62]

An diese Zeit, an das 19. Jahrhundert, erinnert heute noch die Besenbinderstraße. Hier, nahe der heutigen Frankfurter Straße, der Bergerstraße
und der Leidenhausener Straße, haben die ersten Eiler Bürger gelebt. Trotz
der Armut wuchs Eil im Zeitalter der Industrialisierung stark an. Wohnten
1797 noch 240 Menschen in dem ehemaligen Porzer Stadtteil, so waren es
am Ende des 19. Jahrhunderts bereits 8.857. Verständlich, dass die Landwirtschaft, von der man seit Menschengedenken gelebt hatte, nicht mehr
allen Auskommen bieten konnte, die Ackerfläche war einfach zu klein.

Zwei große Höfe sind besonders erwähnenswert: Zum einen Schloss
Röttgen, das erstmals 1698 in einer Urkunde genannt wurde, zum anderen das Gut Leidenhausen. Die Bezeichnung Schloss Röttgen ist allerdings
irreführend, denn ursprünglich war das Anwesen ein Gutshof und kein
Schloss. Erst durch Umbauten im 19. und 20. Jahrhundert wurde daraus
ein schlossartiges Anwesen. Lange Zeit verdingten sich viele Eiler als Ta-
gelöhner auf Schloss Röttgen wie auch auf dem zweiten großen Hof am Ort,
dem Gut Leidenhausen.

Dieser Gutshof war noch in einer zweiten Hinsicht ein Anziehungspunkt für die Eiler und ihre Nachbarn aus den umliegenden Dörfern. Vor
dem Gut wurde 1756 ein 2,5 Meter hoher Bildstock errichtet, der bei der
Fronleichnamsprozession als Segensstation diente.[63]

Dass die Menschen in Eil arm gewesen sein müssen, belegt auch ein
Elternprotest aus den 1890er Jahren. Der Lehrer hatte seine Schüler an-
gehalten, ihre Schuhe zu putzen. Die Eltern reagierten entrüstet, wenig di-
plomatisch und knapp: »De Lehrer sollen Euch och de Wichs gebe.«[64]
Schuhcreme besaß man nicht, man war ja froh, überhaupt Schuhwerk für
die Kinder zu haben. Noch in den 1870er Jahren war es üblich, dass die
Kinder im Sommer barfuß gingen. Erst in der Folgezeit hatte man die Eltern dazu bringen können, Kindern auch für die wärmere Jahreszeit Schuhe anzuschaffen.

Auch wenn es seit der ersten urkundlichen Erwähnung 1227 verschiedene Schreibungen für Eil gegeben hat, wie Eyle (1268), Ele (1318) oder Ehl
(1790), so ist die heutige Schreibung doch schon auf einer alten Landkarte von 1780 zu lesen.[65] Ein Blick auf diese Karte hilft auch bei der Deutung
des Namens. Die Sprachforscher übersetzen den Namen nämlich mit
»längliche Furche« oder »Rinne«. Und eine solche ist auf der Karte von damals verzeichnet, ein See zieht sich wie ein langgezogenes Oval vom Gut

Maarhausen bei Heumar in Richtung Eil. Möglicherweise hatte man dieses längliche Gewässer bei der Namensgebung im Blick.

Eine andere Deutung will Eil in allen Schreibvarianten auf Eiland zurückführen, da der Ort etwas erhöht auf einer Rheininsel lag. Östlich vom jetzigen Rheinverlauf gab es damals noch drei zum Teil wasserführende Rheinarme.

Elsdorf

Von Sargträgern und vergrabenen Löffeln

e lsdorf gehört zu den kleineren Orten der ehemaligen Stadt Porz und dem heutigen Köln. Im Gegensatz zu den Nachbardörfern Urbach und Eil war das Leben der Menschen hier weniger von Armut geprägt. Im Jahr 1797 wohnten 60 Menschen in Elsdorf, 200 Jahre später waren es 1204. Neben einigen wenigen Häusern gab es früher vor allem größere Höfe wie den Leyenhof, den Kapitelshof, den Nonnenhof und den Bergerhof, der noch heute existiert. So verwundert es nicht, dass der Ort nach einem Hofbesitzer benannt wurde. Die Sprachforscher vermuten, dass hinter Eygelstorp (so schrieb sich Elsdorf 1371) der Eigenname Eigil steht.[66] Möglicherweise war dieser Eigil einer der ersten Hofbesitzer überhaupt in der Gegend. Um den Hof herum und in seiner Nähe standen einige Häuser, deren Bewohner auf dem Gut arbeiteten und so ihr Auskommen fanden. Darauf weist zumindest das lateinische »turba« hin, was Trupp, Schar bedeutet und aus dem sich das Wort »Dorf« gebildet hat.

Weil eben nur wenige Menschen in Elsdorf lebten, hatte man keine eigene Kirche und war deshalb auf die Pfarre Urbach angewiesen. Der nur wenige Kilometer lange Weg in die Nachbargemeinde war über Jahrhunderte hinweg nicht nur lästig, sondern auch beschwerlich. Ohne Pferd und Wagen oder Auto zeigte sich dies vor allem bei Todesfällen. Wegen der Schwere des Sargs mussten für die Träger Ruhepausen geplant und ermöglicht werden. Bei einem Trauerfall stellte man deshalb auf dem Weg nach Urbach in einigen hundert Metern Abstand Stühle an den Straßenrand. Sie dienten jedoch nicht zur Verschnaufpause für die Träger, sondern waren für den Sarg reserviert. Nach jeder Pause wurden die Trageseiten gewechselt.

Diese Praxis fand Weihnachten 1895 ein Ende. Die Pfarre Urbach hatte einen Leichenwagen – sozusagen aus zweiter Hand – von Merheim gekauft. Als Kutscher wurde der Elsdorfer Bauer Melchior Schunk bestimmt. Ob von Beginn an alle Verstorbenen mit diesem Wagen gefahren wurden, ist nicht bekannt, jedoch eher unwahrscheinlich, denn diese letzte Fahrt war nicht kostenlos. Der Kutscher verlangte für den Transport fünf Mark, von denen er eine Mark an die Kirche abgab.

Da die Kindersterblichkeit recht hoch war, wurden verstorbene Kinder sicherlich in der ersten Zeit noch nach altem Brauch zur Kirche getragen. Das letzte Geleit übernahmen dann ein Pfarrer, der Küster, einige Nachbarinnen und eine Jungfrau. Das verstorbene Kind lag in einem kleinen braunen Sarg, den die Jungfrau – freihändig – auf dem Kopf trug. Die Mutter verblieb zu Hause und trauerte. Waren Schüler verstorben, so übernahmen die Klassenkameraden die Aufgabe der Sargträger, teilweise waren Erwachsene darunter, wenn die Last zu schwer für die Kinder war.[67]

Noch ein weiterer Brauch des 19. Jahrhunderts ist überliefert. Die Männer aus Elsdorf und ihre Nachbarn aus Urbach trafen sich alljährlich zum so genannten »Kocher Mocher Fest«. An einem Sonntagnachmittag beförderten die Männer ein riesiges Fass Bier auf einer Karre in den Wald, ein Harmonikaspieler und ein Trommler folgten ihnen. Zu diesem Anlass hatte jeder Elsdorfer und Urbacher einen Löffel im Knopfloch stecken. Und eben um diesen Löffel ging es!

> »(…) es war ja so, dass die Militärzeit überhaupt das Ereignis im Leben eines Dorfbuschen war. Die Männer erzählten noch, wenn sie 70 bis 80 Jahre alt waren und sich trafen, immer wieder von der Militärzeit. Am letzten Biwaktage des dritten Wehrdienstjahres, wenn sie entlassen wurden, dann wurden in der Erde feierlich die Löffel begraben, verbunden mit viel Trinkerei; denn die Kompanie stiftet viel Rum.«[68]

Das Löffelbegraben wurde mit Bier und viel Spott auf Majore, Offiziere und Hauptmänner im Wald gefeiert, bis man schließlich am späten Abend wieder nach Hause wankte. »Ausgestorben ist das Kocher-Mocher-Fest bestimmt nach 1871, weil damals die Kriegervereine wie Pilze aus der Erde schossen und das alte Fest verdrängten.«[69]

Ensen

Wie hoch ist eigentlich ein Hochhaus?

d ie Anfänge von Ensen liegen im Dunkeln. Weder Urkunden noch Bodenfunde lassen eine genaue zeitliche Bestimmung zu, seit wann dort Menschen gelebt haben. Trotzdem geht man davon aus, dass das Gebiet von Ensen schon vor unserer Zeitrechnung besiedelt war. Die ersten Ensener müssen etwas abseits vom Rhein, an den höheren Stellen des Stroms, gewohnt haben. Das legt zumindest der Name nahe, der keltischen Ursprungs sein soll. Demnach leitet sich Ensen von »anisa« ab, der Bedeutung nach »fließendes Wasser«.[70]

Trotz der Schwierigkeit, den Stadtteil zeitlich einzuordnen, gibt es zumindest vier Ereignisse, die Ensen im Laufe der Jahrhunderte über seine Ortsgrenze hinaus bekannt gemacht haben. So war Ensen schon frühzeitig zur selbstständigen Pfarre geworden. Aus dem Jahr 1322 wird berichtet, dass die Bruderschaft des heiligen Laurentius ihren Schutzpatron (am 10. August) dort feierte. Außerdem heißt es, dass um das Jahr 1640 die Reliquien des Heiligen nach Ensen gebracht wurden.

Ein zweites Mal rückte Ensen Anfang des 20. Jahrhunderts ins Licht der Öffentlichkeit, als die »Alexianerbrüder von Aachen« 1904 das Gut »Rotes Haus« kauften. Bislang hatten sie in Lindenthal, das 1888 nach Köln eingemeindet worden war, ein »privates Haus für psychisch Kranke« unterhalten. Die Bebauungspläne der Stadt Köln sahen aber schon bald keinen Platz mehr für ein solches Krankenhaus in Lindenthal vor, sodass die Alexianer das Kaufangebot aus Ensen annahmen und bis 1908 ihr Krankenhaus in Ensen errichteten.[71]

Ein entscheidender Aspekt für die Geschichte von Ensen ist darüber hinaus die enge Beziehung des Ortes zum Nachbarort Westhoven. Zu Beginn des 19. Jahrhunderts zählte man in Ensen 330 Einwohner, in Westhoven 220. Ensen reichte kaum bis zur heutigen Gilgaustraße, Westhoven kaum weiter als bis zur Schönen Aussicht. Bereits 60 Jahre später war die Ortsgrenze überbaut worden und die Orte zwischen heutiger Ober- und Gartenstraße zusammengewachsen. Ein damals einmaliger Zustand in den beiden Bürgermeistereien Heumar und Wahn, die seinerzeit flächenmäßig in etwa das heutige Porz (mit Ausnahme des Statdtteils Rath/Heumar) bildeten.

Als die Gemeinnützige Wohnungsbaugesellschaft (GeWoG) die so genannte Vogelsiedlung (unter anderem Amselstraße, Drosselstraße sowie

Elsterweg) nach dem Zweiten Weltkrieg baute, verwischte die Stadtteil-grenze noch mehr.

Dass Ensen erneut über die Dorfgrenze hinaus ins Gespräch kam, lag wiederum an der Bautätigkeit der Menschen. An der Ecke Gilgaustra-ße/Kölnerstraße wurden nämlich die ersten Hochhäuser gebaut. In und um Ensen herum staunten die Bürger über diese Häuser, die Ende der 1950er Jahre entstanden. Mit fünf Stockwerken waren sie weit und breit die höchsten Wohnhäuser. Die Bewohner sprachen deshalb von sich selbst als von denen aus den Hochhäusern. Dies ist bis heute so geblieben: Der Name Ensener Hochhäuser ist noch oft zu hören, und man mag erstaunt sein, da heute für uns Häuser mit fünf Stockwerken doch eher klein sind.

Esch/Auweiler

Zwei Dörfer, denen die kommunale Gebietsreform gleichgültig ist

nicht die alteingesessenen Escher, sondern die Imis waren die treiben-de Kraft, die die Dorfgemeinschaft Anfang der 1970er Jahre mobili-sierte. Ein rundes Dutzend Zugezogene setzte sich mit den Plänen für die kommunale Gebietsreform auseinander. Man gründete in der Dorf-gemeinschaft den »Arbeitskreis kommunale Interessen«, überlegte, wie man mit dem Wechsel umgehen könne, was mit den Eschern passieren werde.

Aus dieser Initiative ist die bis heute erscheinende Dorfzeitung »Esch Aktuell« entstanden. In der ersten Ausgabe, die im Dezember 1974 erschien, waren die Vorbehalte und Befürchtungen in Sachen Eingemeindung groß, sie schien einem Weltuntergang gleich:

> *»Jetzt haben die uns geschluckt, (…) höhere Steuern, Müllabfuhr schlechter (…) Und dann setzen die uns chemische Fabriken nach Esch, die Kiesgruben werden zu Müllkippen, und die Verkehrs-verbindungen werden noch schlechter (…)«.*[72]

Diese Ängste konnten nicht zuletzt durch den Arbeitskreis und die Dorf-zeitung abgeschwächt werden, vieles hat man gegenüber der Stadt Köln erfolgreich darstellen und von ihr fordern können, so urteilt die Dorfgemeinschaft heute.

Trotzdem muss die Eingemeindung ein harter Schlag für die Escher gewesen sein, denn das über 1.000 Jahre alte Dorf wurde 1975 sozusagen halbiert. Es wurde mit Auweiler zu Esch/Auweiler zusammengefasst.

Erstmals im Jahr 989 erwähnt als Ascha, später auch Aske – beide Formen sind auf den Baum Esche zurückzuführen – spielte Esch im Laufe der Jahrhunderte keine geringe Rolle im Kölner Westen. Immerhin tagte hier für Jahrhunderte ein Schöffengericht, das alle 14 Tage Recht für Esch und die Ortschaften Longerich, Bocklemünd, Weiler, Merkenich und Fühlingen sprach. Das Gericht war einerseits für die Beglaubigung von Urkunden, Kaufverträgen, Testamenten, Verpfändungen und ähnlichen Dokumenten zuständig, andererseits wurden Streitigkeiten, Eigentumsdelikte und sogar »Criminalsachen« in Esch entschieden. Davon gehen die Geschichtskenner zumindest aus. Ob auch die schweren Fälle, die mit Strafen »an Leib und Leben« geahndet wurden, in Esch vor Gericht kamen, ist jedoch unklar.[73]

Neben der Gerichtsbarkeit war über Jahrhunderte die Landwirtschaft und der Hofbesitz für die Gegend von entscheidender Bedeutung. Seit der ersten Nennung spielte für Esch besonders das Kölner Kloster Groß St. Martin die herausragende Rolle. Groß St. Martin konnte eine Grundherrschaft aufbauen, die insgesamt 28 Höfe in Esch, Auweiler, Thenhoven, Weiler und Fühlingen umfasste. Der Haupthof soll der Fronhof in Esch gewesen sein, an den alle anderen Höfe ihre Abgaben für das Kloster entrichten mussten.

Eine Ansammlung von Höfen, allerdings in kleinerem Umfang, scheint es auch in Auweiler gegeben zu haben. Hier lag vermutlich der Haupthof des Kölner Stifts St. Andreas. Zu ihm gehörten einige Höfe in Auweiler, aber auch einige in Esch, Pesch, Sinnersdorf und Orr. Der Haupthof sowie weitere Höfe sollen sich rund um den zentralen Dorfplatz in Auweiler befunden haben. Für diesen Dorfplatz haben die Auweiler Bürger angeblich kleine Teiche und Weiher zugeschüttet. Dieser Umstand klingt in gewisser Weise auch im Namen wider.

Die erste Erwähnung von Ourwiler (Auweiler) reicht zurück ins Jahr 1312. Weiler *(siehe Weiler)* bezieht sich auf das mittellateinische Wort »villare«, Gehöft.[74] Die Bedeutung von Au- kann auf unterschiedliche Zeitepochen hindeuten: »ouwa«, »auga« oder auch »oye«.[75] Gleichgültig von welcher Schreibung abgeleitet, bezeichnet der erste Teil des Namens Wasser oder wasserreiches Wiesenland. Die ersten Auweiler Bürger waren also recht pragmatisch: Wir bauen unseren Hof (Weiler) an wasserreichem, fruchtbarem Wiesenland (Au).

Auch wenn Esch und Auweiler aufgrund ihres ländlichen und dörflichen Charakters bis heute durchaus vergleichbar sind, so sind sich die beiden Orte anscheinend nach wie vor recht fremd. Und das, obwohl keine 200 Meter das eine Dorf vom anderen trennen. Als im Jahr 1816 der Landkreis Köln gegründet wurde, schlug man die 190 Escher Bürger der Bürgermeisterei Stommeln zu. Die 126 Einwohner von Auweiler gehörten verwaltungsmäßig zum mehrere Kilometer entfernten Geyen. Die beiden Nachbarorte hatten demnach nichts miteinander zu tun. Das änderte sich erst am 1. September 1960, als Auweiler umgemeindet wurde. Esch und Auweiler waren nun beide Teil der Gemeinde Sinnersdorf, die wiederum im Januar 1964 selbstständig wurde.

Obwohl die kommunale Gebietsreform vom 1. Januar 1975 mittlerweile fast drei Jahrzehnte zurückliegt, hat sich der Doppelname noch immer nicht richtig einbürgern wollen. Für die Bürger ist nach wie vor selbstverständlich, ob Verein, Dorfzeitung oder Internetauftritt, man ist entweder aus Esch oder aus Auweiler.

Flittard

Nachbarschaftsrivalität macht erfinderisch

V ielleicht nicht ganz von ungefähr wird man bei der Dorfgeschichte Flittards an Kleinbonum, Asterix, Obelix und die ebenso streitbaren wie liebenswürdigen gallischen Helden erinnert. Fernab vom großen Köln feier(te)n die Flittarder einzigartige Dorffeste und leb(t)en mit den Nachbarn – in Dünnwald und vor allem in Stammheim – nicht immer im Einklang.

So widersprachen die Flittarder bis zuletzt auch der Eingemeindung nach Köln. Im Jahr 1912 unterschrieben von 162 Versammelten 130 im Flittarder Hof eine dementsprechende Petition:[76] Wenn schon eine Eingemeindung, sagten sie sich, dann nach Wiesdorf, dem heutigen Zentrum der Nachbarstadt Leverkusen. Die streitbaren Flittarder unterlagen jedoch. Seit 1914 gehören sie zur Stadt Köln.

Im Zusammenleben – vor allem mit ihren Nachbarn in Stammheim – bewiesen die Flittarder im guten wie im weniger guten Sinne ihre Eigenständigkeit wie auch ihre Eigenwilligkeit. Einerseits gab es zwischen den Stammheimer Murreköpp (Möhren-Köpfe) und den Flittarder Ooßeköpp (Ochsenköpfe, will heißen Dummköpfe) manch freundschaftliche Zusammenkunft, nicht selten auch Vermählungen, andererseits trafen sich im Laufe der Jahrhunderte zahlreiche zerstrittene Nachbarn erst vor dem Richter wieder. Der stete Streitpunkt war das Weideland und seine Grenzziehung. Wenn diese Streitigkeiten heute auch längst vergessen sind, bleiben die Stammheimer für die Flittarder Murreköpp und umgekehrt die Flittarder für die Stammheimer Ooßeköpp.

Der Hintergrund für diese an sich typisch kölsche Rivalität – im schnellen Wechsel von bierernster Anfeindung und biergeselliger Versöhnung – ist simpel: Die Stammheimer bauten früher für ihre Ochsen Möhren an, was ihnen den Spott der Flittarder einbrachte, die sie fortan »Murreköpp« schimpften. Die Retourkutsche der Stammheimer ließ nicht auf sich warten. Für die Stammheimer waren die Flittarder kurzerhand Dumm- oder eben Ochsenköpfe. Trotz Schimpf und Spott gilt damals wie heute: Bei einem Kölsch sind sich die Flittarder und Stammheimer wieder einig.

Grundsätzlich spielt das gesellige Miteinander für die Flittarder eine wichtige Rolle. Sie pflegen die nachbarschaftlichen Kontakte besonders in ihrem Dürpelverein. Der Dürpel, für dieses Wort gibt es keine hochdeutsche Entsprechung, ist der Stein oder die Stufe vor der Haustür. Früher saß man im Sommer auf einer Bank oder eben auf dem Dürpel vor dem Haus und unterhielt sich über Gott und die Welt. Diese Tradition ließen die Flittarder wieder aufleben. Eine nicht so schöne Ecke an der Flittarder Hauptstraße/Egilmarstraße wurde erkoren, um dort zwei Bänke und zwei Bäume für die Dürpelisten aufzustellen.

Viel Beachtung findet besonders der Deichlauf, den der Turnverein Flittard 1971 ins Leben rief. Eine Strecke von wahlweise 400 Metern bis hin zu 10,5 Kilometern gilt es bei diesem festlichen Ereignis, bei dem bis zu 1.000 Läufer an den Start gehen, zurückzulegen. Die Idee zu dem Fest kam sicherlich nicht von ungefähr, denn bis Ende des 19. Jahrhunderts war das Leben in Flittard nicht gerade leicht gewesen. Mit fast garantierter Regelmäßigkeit sorgte der Rhein über die Jahrhunderte etwa alle zehn Jahre für große Überschwemmungen. Entschärfung brachte erst ein Deich, der die Menschen vor den Wassermassen schützte.

Der Name macht anschaulich, wie es vor dem Deichbau um den Boden dieser Gegend beschaffen war: Flitherthe, Vlitterde, Flittard hat seinen

Ursprung in den beiden Wörtern »fließen« und »Erde«:[77] fließende Erde oder Flussinsel, also ein unsicheres Pflaster, das verteidigt werden muss – am besten gemeinsam, vielleicht rührt daher der stark ausgeprägte Gemeinsinn der Flittarder.

Fühlingen

Wo heute die Regattabahn verläuft, fuhr einst die Einschienenbahn auf Stelzen

fühlingen gehört zu den bekanntesten Stadtteilen von Köln, spätestens seit 1998, als auf der Regattabahn die Ruder-Weltmeisterschaften ausgetragen wurden. Neben der 2,3 Kilometer langen, schnurgeraden Bahn sind bis 1978 im südöstlichen Teil von Fühlingen sieben Teilseen angelegt worden. Diese Seen sind wie eine Perlenkette miteinander verbunden, und wenn die Merianstraße den Rundkurs nicht unterbrechen würde, könnte man (inklusive der Regattabahnstrecke) beinahe im Kreis schwimmen. Allerdings werden die Teilseen für unterschiedliche Sportarten genutzt, neben einem See zum Tauchen gibt es zum Beispiel noch einen zum Angeln, einen zum Surfen und einen zum Schwimmen.

Die Anfänge des Fühlinger Sees und des Naherholungs- und Sportgebietes gehen bis ins Jahr 1912 zurück. Auf dem Gelände des heutigen Strandbades wurde damals Kies ausgebaggert, der für Bauarbeiten benötigt wurde. Das entstandene Baggerloch füllte sich mit Grundwasser und diente schon damals den Kölnern als Ziel sommerlicher Badeausflüge.

Bevor jedoch die heutige Seenlandschaft entstehen konnte, wurde in den 1950er Jahren in Fühlingen noch moderne Verkehrsgeschichte geschrieben. Der schwedische Millionär Axel L. Wenner-Gren ließ eine 1,8 Kilometer lange Versuchsstrecke für eine Einschienenbahn auf Stelzen bauen. Benannt wurde dieses System nach seinem Finanzier Axel L. Wenner-Gren, ALWEG. Die Bahn auf Stelzen war billiger als zum Beispiel jede U-Bahn, außerdem Platz sparender als die Straßenbahn, so der schwedische Millionär. Obwohl der damalige Bundeswirtschaftsminister Ludwig Erhard und sogar der damalige Bundeskanzler Konrad Adenauer die ALWEG-Bahn besuchten, war ihr kaum Glück beschieden. Die längste Strecke,

die ein ALWEG-Zug heute zurücklegt, ist mit 13 Kilometern der Flugha-
fenzubringer der Stadt Tokio. Ansonsten gibt es die ALWEG-Bahn lediglich
in einigen Vergnügungsparks, unter anderem im Brühler Phantasialand.
Die Zukunft der ALWEG-Bahn endete 1967, als der letzte Betonpfeiler der
Bahn zugunsten der Seenlandschaft abgerissen wurde.

Das Dorf Fühlingen liegt an der Nordspitze der Regattabahn zu beiden
Seiten der Neusser Landstraße. Der heute von der Einwohnerzahl her
kleinste Stadtteil im Kölner Norden geht vermutlich bis in die Zeit der
Franken zurück, davon zeugt zumindest die Endung -ingen. Sprachforscher führen Fühlingen auf Faulungen[78] zurück, was wiederum so viel bedeuten soll wie Siedlung am Faulwasser. Bedenkt man die Nähe zum Worringer Bruch und andere Landschaftsabschnitte in und um Köln, dann ist
diese Übersetzung einleuchtend.

Im Jahr 1969 sah es so aus, als seien die Tage von Fühlingen gezählt.
Der Flächennutzungsplan 218 der Stadt Köln sah vor, parallel zum Rhein
von Merkenich bis Worringen eine ein Kilometer breite Industriezone einzurichten. Zum Schutz sollte zusätzlich eine etwa 1,5 Kilometer breite
Wald- und Parkzone zwischen dem neuen Industriegebiet, Seeberg und
Chorweiler eingerichtet werden. Nachdem am 18. März 1969 die Pläne
den Fühlinger Bürgern vorgelegt worden waren, war die Empörung groß.
Die Bürger verfassten Protestschreiben, legten alternative Vorschläge vor
und demonstrierten schließlich. Jung und Alt, Fühlinger und Nicht-Füh-
linger wanderten am 2. September 1971 zum Kölner Rathaus. Es half nur
zum Teil, die Stadt setzte sich in vielen Punkten durch, und der Nachbarort Feldkassel musste einem Gewerbegebiet weichen, die Menschen wurden umgesiedelt. Fühlingen selbst überlebte den Kahlschlag.[79]

Waren es in den 1960er und 1970er Jahren viele, die sich lautstark für
Fühlingen einsetzten, so war es Jahre zuvor ein Einzelner gewesen, der
nachhaltig Einfluss genommen hatte. Der spätere Erzbischof von Köln,
Kardinal Josef Frings, leistete in jungen Jahren als Pfarrektor in Fühlingen seinen Dienst. Schon damals muss der später bei den Kölnern sehr
beliebte Kirchenmann recht genau gewusst haben, was er will:

»In der ihm eigenen Art ›knöpfte‹ er während seiner sieben Amtsjahre
(1915–1922) der Mutterpfarrei nach und nach immer mehr Privilegien
ab, so dass man seit 1922 de facto von Rheinkassel losgelöst war.«[80]

Kardinal Josef Frings hat sich für Fühlingen wohl auch deshalb so engagiert, weil er sich hier sehr wohl gefühlt haben muss. Immerhin hat er 1917
ein Gedicht mit dem Titel »Fühlingen heißt das Fleckchen« geschrieben.[81]

Godorf

*Rastplatz auf der Tagesreise zwischen
Köln und Bonn*

Jahrhundertelang prägte das Leben der Godorfer neben der Fischerei und der Landwirtschaft vor allem der Verkehr. An der alten römischen Heerstraße zwischen Bonn und Köln, der heute in etwa die Godorfer Hauptstraße entspricht, siedelten die ersten Godorfer. Und das muss wesentlich früher als die erste urkundliche Nennung des Dorfes im Jahr 1197 gewesen sein, wie man aus archäologischen Funden schließen kann. Nutzten die Römer die Heerstraße noch vor allem strategisch, erhielt die Strecke im 16. Jahrhundert ihre herausragende Bedeutung als Reise- und Transportweg. Damals plante und baute man auf der Pferde- und Pferdewagenstrecke zwischen Köln und Bonn in Godorf eine Rast- und Versorgungsstelle.

Für die Strecke von Köln nach Bonn, die der Intercity heute in 19 Minuten fährt und die KVB planmäßig in 49 Minuten, benötigte man im 16. Jahrhundert noch eine Tagesreise. Morgens ging es mit der Postkutsche los, und kurz vor Mittag erreichte man Godorf, wo die Pferde getränkt wurden. Das Mittagsmahl nahm man in Wesseling ein, und am späten Abend erreichte man schließlich Bonn. Auch der Dichterfürst Johann Wolfgang von Goethe legte so 1774 auf seiner Deutschlandreise die Strecke zwischen den beiden Städten zurück. Aus dem Dichter und Denker wurde sozusagen in Godorf ein Pichler und Tränker.

Erst mit dem Bau der Eisenbahn zwischen Köln und Bonn über Brühl im Jahr 1844 verloren die Pferdestrecke und der Rastplatz Godorf ihre Bedeutung. Lediglich am Südrand von Köln, an zwei so genannten Fachwerk-Laubenhäusern an der Godorfer Hauptstraße, ist noch heute die geschichtsträchtige Bedeutung des Stadtteils für den Verkehr von einst zu erkennen. Es sind Häuser mit einem vorgebauten Obergeschoss, das auf starken Holzstützen ruht. In eben diesen Unterständen wurden die Pferde getränkt, in den Häusern selbst waren Gastwirtschaften untergebracht. An die alte Reiseverbindung erinnert noch der Name der Bonner Landstraße, die die Godorfer Miel, hochdeutsch Meile, nennen.

In unserem Jahrhundert wurde der Verkehr für das kleine Dorf im Kölner Süden abermals bedeutend. 1901 stellten die »Cöln-Bonner-Kreisbahnen« eine Eisenbahnstrecke zwischen Brühl und Godorf fertig, damit die

Kohle zum Rhein und zum Godorfer Hafen transportiert werden konnte. 1967 hatte Godorf den Ruf, der größte Umschlagplatz für Braunkohle in Europa zu sein. Die Verkehrsanbindung war sicherlich ein Grund für die Industrie, sich gerade hier anzusiedeln.

So entstanden rund um den Godorfer Hafen nach dem Zweiten Weltkrieg die großen Werke der Petrochemischen Industrie. Das kleine ehemalige Straßendorf mit vier großen Höfen und einigen Häusern wuchs zum modernen Industriestandort heran.

Wer nun vermutet, der Name Godorf ließe sich aus dem englischen »go – gehen« ableiten, der täuscht sich. Auch wenn viel Verkehr durch Godorf fließt, die Historiker sind sich einig, dass der Name seinen Ursprung im Personennamen Georg hat.[82] Um welchen Georg genau es sich bei diesem Namensspender gehandelt hat, ist allerdings ungewiss. Was man hingegen sagen kann, ist, dass der Name des unbekannten Georgs im Laufe der Jahrhunderte sprachlich sehr abgewandelt wurde. Eine erste Urkunde aus dem Jahr 1197, von der man meint, dass sie sich auf Godorf bezieht, bezeichnet den Ort als »Gorgendorp«.[83] 1359 spricht man von Goirdorf, weitere 150 Jahre später schreibt man Gurdorf, im Jahr 1599 schließlich Goirdorff.

Mit der Gebietsreform von 1975 wurde die Gemeinde Rodenkirchen, zu der Godorf damals gehörte, Köln angegliedert.

Gremberghoven

Keine Chance für »Ensen-Ost«, »Porz-Nord« und »Hochkreuz«

d er alte Spruch, dass der Mensch denkt und Gott lenkt, erhält in Gremberghoven seine eigene Dimension. Während man in der Gemeindeführung noch über einen endgültigen Namen für die Siedlung nachdachte, hatten sich die Bürger längst für Gremberghoven entschieden. Doch bis zur offiziellen Benennung war ein weiter Weg.

Der große Güterbahnhof Gremberg wurde schon im Jahr 1913 geplant, doch der Krieg verhinderte zunächst den Baubeginn. Nicht zuletzt militärische Gründe machten einen Verschiebebahnhof im Kölner Osten aber dringend erforderlich, sodass trotz des Ersten Weltkriegs 1917 mit dem Bau des Rangierbahnhofes Gremberg begonnen wurde. Die Nachkriegszeit und die Inflation verzögerten die Fertigstellung des Güterbahnhofes dann bis in das Jahr 1924. Der 4,5 Kilometer lange Bau mit seinen rund 130 Kilometern Gleis bot Hunderten von Menschen einen Arbeitsplatz – in Schichtdiensten rund um die Uhr. Für die Arbeiter mussten eine Heimat gefunden und Häuser gebaut werden. Östlich der Gleise, südlich der heutigen A 559 sowie westlich der Steinstraße wurde so zu Beginn der 1920er Jahre eine neue Siedlung geplant und errichtet. Den Arbeitern und den Nachbarn in Westhoven, Ensen, Porz und Heumar war sofort klar: Hier entsteht die Eisenbahnersiedlung. Diese Bezeichnung konnte sich offiziell jedoch nicht durchsetzen.

Nahe des Verschiebebahnhofs und der Siedlung wurde 1921 auch ein kleiner Haltepunkt mit einer »schmucken Bretterbude«[84] eröffnet, der Name, den die Eisenbahner der kleinen Station gaben, war Gremberg. Der Gemeinderat Porz befürchtete Verwechslungen mit dem schon vorhandenen Köln-Gremberg und lehnte den Namen des Bahnhaltepunktes für die Siedlung ab. Ähnlich äußerte sich auch der Haus- und Grundbesitzerverein Vingst-Gremberg. Während nun das große Hin und Her im Gemeinderat begann, die Bezirksregierung ihren Kommentar dazu gab, feierte man derweil in der Eisenbahnersiedlung am 1. Juli 1921 Einweihung. Das Porz-Urbacher Volksblatt schrieb:

> »Nachdem eine Reihe von Eisenbahnerfamilien einige Tage vorher die ersten fertig gestellten Wohnungen in der ›neuen Kolonie‹ am Bahnhof Gremberg bezogen hatten, fand am 1. Juli eine Besichtigung dieser Gartenstadt statt. Kaum beachtet von der Umwelt, verdeckt durch hohe Bahndämme, war sie in wenigen Monden aus der Erde gewachsen. (…) Gebaut wurden im ersten Bauabschnitt zweihundertzehn Wohnungen, denen noch fünfundvierzig weitere folgen sollten. Der ganze Plan sah siebenhundert Wohnungen vor (…)«[85]

Während sich so die ersten Familien in der Eisenbahnersiedlung einrichteten, kam man Ende Januar 1922 endlich zu einem Ergebnis. Der Gemeinderat Porz entschied sich für den Namen »Ensen-Ost«; abgelehnt wurden »Neu-Ensen« sowie »Ost-Ensen« und »Hochkreuz«.

Als die Entscheidung im Porz-Urbacher Volksblatt veröffentlicht wurde, meldete sich der Porzer Rektor Carl Breuer zu Wort. Er beabsichtigte die Wahl des Gemeinderates mit ein paar Argumenten zu Fall zu bringen. Man habe die Menschen selbst überhaupt nicht gefragt, meinte er. Außerdem sei die neue Siedlung durch den riesigen Rangier-Bahnhof von Ensen getrennt, habe also rein gar nichts mit dieser Siedlung zu tun. Da sei Porz-Nord schon nahe liegender. Vor allem aber gab der Rektor zu bedenken, dass der Verschiebebahnhof, wo die Menschen arbeiteten und in dessen Nähe sie auch wohnten, Gremberg heiße *(siehe Bedeutung des Namens, Humboldt/Gremberg)*. Unter den Anwohnern habe sich neben der Bezeichnung Eisenbahnersiedlung innerhalb weniger Wochen und Monate der Name Gremberghoven eingebürgert.[86]

Nach diesem Plädoyer vergingen einige Monate in tiefem Schweigen, bis am 2. Mai 1922 erstmals in einer Zeitung von der Mietergenossenschaft Gremberghoven geschrieben wurde. Eine Woche später wurde Bürgers Stimme auch von höchster Stelle bestätigt; der Regierungspräsident in Köln genehmigte mit Zustimmung des preußischen Ministers des Innern den Namen Gremberghoven.

Nachdem die ersten Gremberghovener im Juni 1921 ihr neues Heim bezogen hatten, bekamen sie bis zum Ende 1922 noch viele Nachbarn. Damals feierten schon 645 Menschen ihr Weihnachtsfest in Gremberghoven.

Grengel

Monatlich eine unentgeltliche Arbeitsstunde für einen neuen Stadtteil

Im Dezember 1949 kamen die ersten Möbelwagen dort an, wo der jüngste Stadtteil im Bezirk Porz entstehen sollte. Es hatte zwar schon Pläne für eine Bebauung des Grengels vor dem Zweiten Weltkrieg gegeben, doch diese hatten nicht verwirklicht werden können.

Erst nach dem Krieg hatte man sich aufgrund der herrschenden Wohnungsnot wieder an dieses Gebiet erinnert. Die »Notgemeinschaft zur Behebung der Wohnungsnot in der Gemeinde Porz« wurde gegründet. In der Sitzung vom 17. Dezember 1948 machte man mobil und beschloss, für den Siedlungsbau »Am Grengel« Spenden zu sammeln, mit Erfolg. Unter anderem leisteten die Arbeiter in den Fabriken eine unbezahlte Extrastunde pro Monat, die Arbeitgeber legten die gleiche Summe dazu. Außerdem spendeten Kaufleute, Handwerker und freiberuflich Tätige.

Dem ersten Bauabschnitt, zwölf Häuser, folgten ein halbes Jahr später weitere 18 Häuser. Bis Mitte Juni 1951 folgte ein Bauabschnitt nach dem anderen. Zur Stadtwerdung von Porz am 16. September 1951 zählte man bereits rund 800 Einwohner, eine Zahl, die sich innerhalb weiterer zehn Jahre verdreifachen sollte.[87]

Streng genommen waren die ersten Siedler in Grengel eigentlich Urbacher. Einen Stadtteil namens Grengel gab es in der Gemeinde Porz bis zur Stadtwerdung nämlich nicht. Das Gebiet, in dem lediglich drei so genannte Schlagbäume und ein Zaun standen, der ein Jagdgebiet abtrennte, war unbewohnt.

Erstmals erwähnt ist Grengel 1757. Der Name leitet sich von dem alten rheinischen Wort »Grindel«[88] ab, das einen Schlagbaum beziehungsweise einen Grenzposten bezeichnet. Vermutlich spricht der Volksmund deshalb davon, »im Grengel ...« oder »auf dem Grengel zu wohnen«, also im Gebiet des ehemaligen Jagdreviers.

Nachdem Porz 1951 Stadtrechte verliehen bekam, erhielt Grengel nicht nur seinen offiziellen Namen, sondern zur Freude der Siedler wurde noch im gleichen Jahr der erste Bauabschnitt für eine Grundschule begonnen. Im Jahr 1955 wurde die katholische Kirche St. Mariae Himmelfahrt eingeweiht; in den 1960er konnte die Kanalisation für den gesamten Stadtteil fertig gestellt werden.

Nach der Eingemeindung von Porz nach Köln 1975 wuchs Grengel flächenmäßig um mehr als das Doppelte. Der ehemalige Porzer Stadtteil Flughafen, zu dem der Großteil der Start- und Landebahnen sowie die Abfertigungshallen gehörten, wurde dem Stadtteil Grengel zugeordnet.

Wer also heute vom Köln/Bonner Flughafen oder Konrad Adenauer Flughafen in Wahn redet, müsste eigentlich korrekt vom Flughafen in Grengel sprechen.

Hahnwald

Ein Wald ohne Bäume und ein Hahn,
der vermutlich kein Vogel ist

den ersten Nachweis von Hahnwald findet man bereits im Jahr 1231 als »Hanen by Sorden« (… bei Sürth); in einer weiteren Urkunde aus dem Jahr 1335 heißt es »Hanen an der Bunre straissen« (… an der Bonner Straße). Hanen lässt sich sprachlich auf das gleichnamige Federvieh, den »Hahn« beziehen, doch ist fraglich, welche herausragende Bedeutung der Vogel dort gespielt haben soll. Da es im Kölner Süden im ersten Jahrtausend ein großes Waldgebiet gegeben hat, von dem nur Teile erhalten blieben, liegt es näher, Hanen mit einem geschlossenen Waldstück in Verbindung zu bringen, auch wenn die Verwandtschaft mit dem althochdeutschen »hagan« (und später Hain), also dem Dornstrauch beziehungsweise im übertragenen Sinne einem Zaun, einer Abgrenzung, eher willkürlich erscheint. Als 1951 der neue Stadtteil gegründet wurde, hat sich die Gemeinde Rondorf (ab 1961 Rodenkirchen) jedenfalls an diese Herleitung gehalten. »Der Name geht zurück auf die Flurbezeichnung ›Zum Hendtgen‹, das ist Hainwald, denn früher hat hier ein Buchenwald (Hainbuche) gestanden.«[89]

Eine andere Erklärung des Namens ist mündlich überliefert. Sie besagt, dass ein Herr von Hahn große Teile des heutigen Gebietes von Hahnwald besessen hat. An ihn soll der Name erinnern.

Die Besiedlung von Hahnwald vollzog sich in drei Schritten: Das erste Gebäude und lange Zeit das einzige ist zu Beginn des 19. Jahrhunderts errichtet worden: Es war der Hermannshof (früher auch Zehnpfennigshof), der heute noch bewirtschaftet wird. Die Äcker des Bauern liegen inzwischen jedoch in Rondorf und Immendorf, da Hahnwald vollständig bebaut ist.

Zum Wohnort – besser gesagt – Villenviertel wurde Hahnwald bereits in den 1920er Jahren erkoren. »Initiiert von Ernst Leybold und Theodor Merrill wird ab 1926 der Hahnwald für eine Villenbebauung erschlossen – ein zweites Marienburg ist geplant.«[90]

Die weitere Bebauung, der zweite Schritt, erfolgte jedoch erst nach dem Zweiten Weltkrieg. Damals hatte Hahnwald seinen Namen eigentlich gar nicht verdient; zumindest den zweiten Teil nicht, die Bezeichnung Wald. Dort, wo einmal das Villenviertel errichtet werden sollte, stand kein Baum weit und breit. Der Waldbestand war längst abgeholzt worden. Erst mit den neuen Bewohnern wurden wieder Bäume gepflanzt. Nördlich der Siedlung wurde zudem der Forstbotanische Garten angelegt. Verwaltungstechnisch gehört er heute zum Stadtteil Marienburg. Im Süden wird der Hahnwald von Industrieanlagen abgegrenzt, die mittlerweile zu Godorf zählen.

Durch die Bebauung nach dem Zweiten Weltkrieg und die steigende Einwohnerzahl – 1950 sind 234 Einwohner nachgewiesen – kommt es dann 1951 zur Gründung eines eigenen Stadtteils. Der Bau immer neuer Villen lässt die Zahl der Bewohner im Jahr 1967 auf 805 ansteigen.

Schließlich setzt sozusagen der dritte Schritt der Besiedlung ein: Die meisten Villen, die ursprünglich auf einer Fläche von 2.000 Quadratmetern gebaut werden sollten, wurden erst in den letzten 30 Jahren errichtet. Ende 2000 lebten knapp 2.200 Menschen in Hahnwald.

Für Furore haben in den letzten Jahren einige eigenwillige Villenbauten gesorgt. In die Geschichte eingegangen ist vor allem die Villa von Peter Neufert. Nach den Plänen des Architekten entstand 1961 das Haus X1 (Am Zehnpfennigshof 9). Es ist ein zweistöckiger Glasbau, dessen Dach im Halbrund über das ganze Gebäude reicht. Das untere Ende des grauen Daches läuft in einem spitzen Winkel aus und steht so schräg nach oben ab. Dies wirkt fast wie eine Hutkrempe.

Wer seiner Phantasie freien Lauf lässt, könnte an ein Nonnenhäubchen denken.

Heimersdorf

und das »Tonnenviertel« im Schatten der »Neuen Stadt«

aller Anfang heißt Heimersdorf, denn dort begann man das zu bauen, was eine »Neue Stadt« für 100.000 Menschen werden sollte. 1957 hatte der Rat der Stadt Köln beschlossen, dass die Verwaltung entsprechende Planungen vorlegen solle. Einerseits war die durch den Zweiten Weltkrieg bedingte Wohnungsnot noch immer nicht behoben, zum anderen sollte Köln nach dem Willen der Stadtverordneten eine moderne Großstadt mit überregionaler Bedeutung bleiben. Man begriff sich als Kern der »Rheinischen Stadtlandschaft«, was mit der »Neuen Stadt« untermauert werden sollte.[91]

Die Idee zu einer neuen Stadt im Norden von Köln geht bis in die 1920er Jahre zurück. Der ehemalige Oberbürgermeister Konrad Adenauer hatte die Eingemeindung von Worringen gerade deswegen vorangetrieben, weil es dort noch viel Boden gab, der bebaut werden konnte. Erste Pläne waren entworfen, doch schließlich in Schubladen abgelegt und vergessen worden.

Beinahe 40 Jahre nach der Eingemeindung, im Jahr 1961, setzte man endlich zum Spatenstich für den ersten Bauabschnitt der neuen Stadt an: Dieser »Bauabschnitt« erhielt am 7. Oktober 1963 per Ratsbeschluss[92] seinen Namen: Heimersdorf.

Trotz Wachsen, Gedeihen und Werden wurde knapp 14 Jahre später, am 8. Februar 1977, der südöstliche Teil von Heimersdorf zwischen der Autobahn 57 und der Bahnstrecke selbstständig. Lindweiler wurde von Heimersdorf abgegrenzt. Sowohl Lindweiler wie auch Heimersdorf hat es jedoch bereits vor den 1960er und 1970er Jahren gegeben.

An der heutigen Pulheimer Straße, dem Froschacker und dem Volkhovener Weg war in den frühen 1920er Jahren eine erste Siedlung gebaut worden, die seinerzeit zu Longerich gehörte. Zu Beginn der 1930er Jahre folgte am Stallagsweg das so genannte »Tonnenviertel«, das damals allerdings noch zu Volkhoven gehörte.

»Bei den alten Volkhovern hatte die neue Siedlung den Spitznamen ›Tonnenviertel‹, weil es dort keine Toiletten mit Wasserspülung gab. Die Siedler vergruben den Inhalt ihrer Tonnen nach Bedarf in ihren Gärten.«[93]

Nichtsdestotrotz waren die einfach angelegten 122 Doppelhäuser, die in Eigenleistung gebaut worden waren, recht beliebt. Das Konzept sah vor, dass sich Familien hier selbst versorgen konnten. Der geringe Preis machte die Häuser auch für die zahlreichen Arbeitslosen zu Beginn der 1930er Jahre erschwinglich. Zu den Häusern mit 4 Zimmern auf 48 Quadratmetern gehörten 600 Quadratmeter Land sowie ein Schwein, Hühner und Kaninchen. Außerdem gab es zum Komplettpreis von 3.600 Reichsmark noch Obstbäume, Kartoffel- und Gemüsepflanzen. Die monatliche Belastung lag bei 18 Reichsmark. Der Erfolg des Siedlungsprojektes führte dazu, dass weitere 106 Doppelhäuser ab 1935 gebaut wurden.

Die Bautätigkeit riss in Longerich und Volkhoven/Weiler bis Ende der 1950er Jahre nicht ab. Zählte man 1949 rund 450 Wohngebäude im heutigen Gebiet von Heimersdorf, so waren es 1968 mit 1.151 Häusern mehr als doppelt so viele. Die überwiegende Zahl der Häuser war allerdings seit 1961 im Rahmen des Projektes »Neue Stadt« gebaut worden.

Der Name Heimersdorf lässt sich bis ins 12. Jahrhundert zurückverfolgen: Der erste schriftliche Beleg stammt aus der Zeit um 1178 bis 1183. Es ist dort die Rede von einem Jordan de Heimersdorp. Wer dieser Mensch war, ist nicht bekannt, man schließt jedoch daraus, dass es einen Ort mit diesem Namen gegeben hat. Tatsächlich erwähnt wurde ein solches Dorf, ein Hof mit einigen Häusern im Umfeld, einhundert Jahre später. In der Folgezeit schreibt man damals Hemersdorf, Hyemerstorp oder auch Heimersdorp (wie sich auch oben genannter Jordan schreibt).

Der Namensteil Heimers- lässt zwei Bedeutungen zu. Einerseits kann er auf den Personennamen »Heimwart«[94] zurückgeführt werden, andererseits könnte er im übertragenen Sinn für Kaserne stehen. Heimers- wäre demnach aus dem zusammengesetzten »haimar-haris« entstanden, wobei der erste Teil (nach »haime«) so viel wie Haus oder Wohnstatt und der zweite Teil (nach »harja«) Heer bedeutet.

Höhenberg

Mülheim, Merheim, Vingst –
wem gehörte das Dorf?

m an weiß zwar, dass es im Jahr 1840 vier Einwohner waren, mit denen alles begann, doch unbekannt ist, wo genau sie im Kreuzungsbereich der heutigen Olpener und Frankfurter Straße wohnten.[95] Handelte es sich um eine Familie, wohnten dort zwei Ehepaare oder waren gar Singles unter den Bewohnern? Mit Sicherheit werden sie sich, so allein auf weiter Flur, gut gekannt haben.

Andererseits, und das macht die Frage nach den ersten Siedlern so wichtig, wenn sie östlich entlang der Frankfurter Straße lebten, dann gehörten sie zur Bürgermeisterei Merheim. Wohnten sie allerdings nördlich von der heutigen Münchener Straße, so wurden sie zu Mülheim gezählt. Hatten sie ihre Heimstatt mehr südlich der Olpener Straße, so waren sie Vingster Bürger.

Diesen ersten vier Bürgern in der Mitte von Kalk, Buchheim, Merheim und Vingst folgten in den zehn Jahren bis zum Jahr 1850 sechs weitere. Auch die folgenden zwanzig Jahre gingen für die Höhenberger eher beschaulich ins Land, ab und an gesellte sich ein neuer Nachbar dazu.

Wahrscheinlich interessierte sich kaum einer für die Dreiteilung des Ortes nach Mülheim, Merheim und Vingst. Für die mittlerweile 61 Höhenberger Bürger des Jahres 1870 dürfte nach kölscher Manier klar gewesen sein: Lass die da in den Amtsstuben aufteilen, wie sie wollen, wir gehören zusammen. Wir sind wir!

Da sich der Kreuzungsbereich Frankfurter Straße/Olpener Straße auf einer leicht ansteigenden Höhe befindet, wohnt man auf dem Berg, auf der Höhe – eben auf dem Höhenberg.[96] Je mehr sich die Siedlung ausbreitete, auch über die Höhenlage hinaus, dieser Name blieb erhalten. Daran änderten Amtsstuben, die Eingemeindung nach Köln von 1914[97] und die Stadtentwicklung nichts.

Dem langsamen und beschaulichen Werden wurde in den 1920er Jahren ein Ende gesetzt: Die GAG Wohnungsbau Köln begann mit der Errichtung der Germaniasiedlung. Die ersten Häuser entstanden an der Germaniastraße und Meiniger Straße, von 1920 bis 1928 wurde die Siedlung fertig gestellt. Eine stürmische Entwicklung setzte ein, Höhenberg wuchs und wuchs. Der auf der Höhe liegende Mittelpunkt von Merheim, Vingst, Buchheim/Buchforst und Kalk verschmolz sozusagen mit den vier anderen Stadtteilen.

Die Höhenberger schafften es, trotz der Entwicklungen ihre Identität zu bewahren: Vielleicht ist ein Grund dafür das rege Vereinsleben: Kaum hatte Höhenberg die 100-Einwohner-Grenze überschritten, gründeten die Bürger 1879 den ersten Verein, den Höhenberger Männergesangsverein »Sängerbund«. Im Jahr 1891, also nur zwölf Jahre später, Höhenberg zählte schon 251 Bürger, war die Stunde für den zweiten Gesangsverein gekommen: Der »Sängerkreis« stimmte zur ersten Probe an.

Im Jahr 1920 wurde eine dritte Vereinsgründung gefeiert: Der »Bürgerverein Köln-Höhenberg e.V.« machte es sich fortan zu seiner ersten Aufgabe, Lösungsmöglichkeiten für das Problem der steigenden Motorisierung in Höhenberg zu erarbeiten, außerdem kümmerte er sich um diverse andere Belange, die mit Entstehen der Germaniasiedlung verbunden waren.

Höhenhaus

*Nur die Häuser auf der Höhe verdienten
den Namen*

d er Name Höhenhaus ist in einem Satz erklärt: So wurden die Häuser
auf der Höhe nördlich vom heutigen Mülheim benannt. Schwieriger
gestaltet sich die Beantwortung der Frage, wer die Häuser auf dieser
Höhe einst besiedelt hatte. Eine mündliche Schilderung über die Zeit des
ausgehenden 19. Jahrhunderts ist überliefert. Ein Bauer erzählt über das
alte Höhenhaus:

> *»Das ganze Höhenhaus bestand aus der Bergischen Löwenbrauerei,
> neben dieser die Schnapsbrauerei (später Deckers Villa geheißen),
> gegenüber die Leimfabrik von Wilhelm Loosen und unterhalb dieser,
> den Hügel herunter, die Wirtschaft von Bardelfort. Das war Höhenhaus
> in meinen jungen Jahren. Was sonst da stand, auch schon vor dieser
> Zeit, wurde nicht Höhenhaus genannt, weil es nicht hoch genug lag.«*[98]

Der Ursprung von Höhenhaus war demnach – wie man mittlerweile klas-
sifizieren würde – ein Gewerbegebiet.

Die Menschen an der heutigen Berliner Straße zwischen der Autobahn
und der Bahnlinie nach Bergisch Gladbach bezeichneten damals das Gebiet
beziehungsweise Teile davon mit verschiedenen Namen: Höhenfeld etwa
nannte man das Land ab der Honschaftstraße bis zur Eisenbahnlinie Richtung Bergisch Gladbach.[99] Es gab zudem den Rodderhof, das Gut Schönrath
und den Hof Neurath. Nach letzterem wurde die Siedlung Neurath (im süd-
westlichen Höhenhaus) benannt, die 1930 und 1931 in dem ehemaligen Gewerbegebiet gebaut wurde. Offiziell gab es damals den Namen Höhenhaus
nicht, der wurde erst 1934 festgelegt.[100] Weder die drei Hofnamen noch die
Benennung Höhenfeld hatten sich durchsetzen können.

Vermutlich hatte die ehemalige Löwenbrauerei an der Entscheidung
für den Namen Höhenhaus einen maßgeblichen Anteil. Ihre Gründung
muss zwischen 1880 und 1891 gewesen sein, die Quellenlage dazu ist widersprüchlich.[101] Belegt ist hingegen, dass das Bier der Löwenbrauerei sehr
beliebt war. Noch heute soll der Werbespruch bekannt sein, der da lautete »Willst du morgens frisch heraus – trinke abends Höhenhaus.« Auch auf
dem Briefkopf der Brauerei ist der Name des heutigen Kölner Stadtteils
genannt. Dort heißt es allerdings »Höhenhaus by Mülheim a(m) Rh(ein)«.

Diese Bezeichnung war nur bis 1914 »richtig«. Damals wurde die Stadt Mülheim am Rhein (und damit Höhenhaus) nach Köln eingemeindet .

Für den Namen Höhenhaus spricht auch das Gebiet, dem die Menschen in den 1920er Jahren ihre erste Kirche zuordneten, die genau genommen, der Erinnerung des oben zitierten Bauers zufolge, nicht auf Höhenhauser Land, sondern in Höhenfeld stand. Doch zunächst galt die Ortsbezeichnung Höhenhaus-Höhenfeld für die Kirche. Dabei ist Kirche eigentlich zu viel gesagt, es war der Wirtschaftssaal des alten Sporthauses am Jungbornweg, der der katholischen Kirche und ihren Gläubigen ein erstes gemeinsames Dach über dem Kopf bot.[102]

Seit den 1920er Jahren ist das heutige Höhenhaus beständig gewachsen, vor allem durch den Siedlungsbau. Zunächst entstand am Emberg die Carlswerksiedlung, dann die schon erwähnte Siedlung Neurath sowie Anfang der 1930er Jahre die so genannte Randsiedlung zwischen Mainweg und Wupperplatz. Schließlich errichtete man noch die so genannte »Pastorssiedlung« (offiziell Köln-Höhenfeld genannt), mit deren Bau 1933 begonnen wurde. Der Pfarrrektor Jakob Maybaum hatte Bauwillige in ihrem Vorhaben unterstützt, was im Herbst 1934 zu der Zeitungsschlagzeile führte: »Hier baut sich ein Seelsorger seine Gemeinde selbst auf«.[103] Weil der Geistliche seine Meinung über den Nationalsozialismus sagte und er mit seiner Verhaftung rechnen musste, zog er 1935 in die Niederlande. Die Verbindung zwischen den Siedlern und dem Seelsorger brach jedoch nicht ab.

Wie Namen entstehen und welche Entwicklungen sie nehmen können, zeigt auch das Beispiel des Katzenbuschwegs zwischen Mainweg und Im Rottfeld. Der Heimatdichter und Heimatforscher Franz Peter Kürten schreibt 1950, der Name sei irrtümlich entstanden. Ein Beamter des Katasteramtes habe sich einfach verhört. Einen Katzenbusch habe es dort nie gegeben, sehr wohl aber den in der Nähe gelegenen Kratzenberg.[104]

Holweide

Bürger bauen einen Bahnhof für die
Deutsche Bundesbahn

i m Jahr 1828 gab es im Rechtsrheinischen drei Orte namens Schweinheim, Wichheim und Schnellweide. Zusammengenommen lebten in den
drei Nachbardörfern 551 Einwohner, 86 in Schnellweide, 314 in Schweinheim und 151 in Wichheim. Etwa in der Mitte der Dörfer lag eine vierte Ortschaft oder besser gesagt eine Häusergruppe mit 10 Einwohnern.[105] Niemand dieser zehn Menschen hat damals wohl geahnt, dass 82 Jahre später,
im Jahr 1910, der Name ihrer Häusergruppe die Bezeichnung für eine ganze
Gemeinde und 1914 sogar für den Kölner Stadtteil werden sollte: Holweide.[106] Entscheidend für den Zusammenschluss der vier Ortschaften unter dem Namen Holweide waren schlicht und ergreifend verwaltungstechnische Erwägungen sowie die wachsende Zahl der Einwohner.

Bis zum Ende des 19. Jahrhunderts erledigte ein Bürgermeister mit einem Sekretär die Geschäfte für die vier Dörfer. Wegen neuer Gesetze und
Steuerverordnungen wurden ab 1899 ein Obersekretär, drei Gemeindese-
retäre, zwei Kassengehilfen, vier Büroassistenten und etliche Bürogehil-
fen eingestellt; entsprechende Räumlichkeiten waren erforderlich. Ein
neues Gemeindehaus wurde an der heutigen Johann-Bensberg-Straße geplant, gebaut und im Jahr 1900 eingeweiht. Im Zweiten Weltkrieg sollte es
zerstört werden.

Die zentrale Lage der kleinen Häusergruppe gab den Ausschlag: Das
neue Verwaltungsgebilde erhielt den Namen Holweide. Doch wenn die Bürokraten lenken, die Bürger sich ihren Teil denken. Noch heute sagen einige ältere Menschen, die hier leben, sie kämen aus Wichheim, Schweinheim oder Schnellweide.

Eine Gemeinsamkeit bewiesen die Bürger aller vier Dörfer im Jahr 1950
dennoch. Die Holweider wollten zum Fußballspiel, um die Deutsche Meis-
terschaft ihres Nachbarortes »Preußen Dellbrück« zu feiern. Die Fußball-
freunde waren es, die forderten, dass die Deutsche Bundesbahn doch auch
in Holweide halten solle. Die Bundesbahn ihrerseits verlangte, dann müsse man ihr einen Bahnsteig auf der Strecke an der Buschfeldstraße bauen.
Das sei kein Problem, befanden die Bürger. Unter der Leitung von Willy
Röhrig packten die Holweider gemeinsam an und errichteten einen provi-
sorischen Bahnsteig. Damit wurde nicht nur der Grundstein für den Bahn-

hof gelegt, sondern auch Geschichte geschrieben. Noch heute ist unter den Holweidern der Bahnhof als »Willy-Röhrig-Gedächtnisbahnhof« bekannt.

Wenig bekannt hingegen ist über die Namensfindung Holweide. Im Jahr 1612 wird die ehemalige Häusergruppe »Holler Weidt« erstmals erwähnt,[107] wenige Jahre später heißt sie »An der hohlen Weide«. Dieser Name ist bis ins letzte Jahrhundert immer mal wieder überliefert. Da bislang keine wissenschaftliche Erörterung vorliegt, nicht einmal in einem Heimatbuch über den Namen Holweide spekuliert wird, gibt es entweder keine oder diese selbstverständliche Erklärung: Noch heute findet man an der Strunde zahllose hohle Weiden, an denen wohl bereits die ersten Holweider lebten.

Humboldt/Gremberg

Naherholung und Arbeit auf einem Fleck

die Ursprünge der beiden Orte, die als Humboldt/Gremberg zusammengefasst wurden, könnten nicht unterschiedlicher sein. Während in Humboldt die Industrie vorherrschte, galt Gremberg als beliebter Ort für Freizeit und Naherholung. Außerdem gehörte die Humboldtkolonie zu Deutz und damit ab 1888 zu Köln, Gremberg hingegen zu Vingst, es wurde erst 1910 Stadtteil von Köln. Die Grenzlinie verlief entlang der heutigen Rolshover Straße.

Zunächst zu Humboldt (oder auch der so genannten Humboldtkolonie): Mitte des 19. Jahrhunderts lagen auf dem Gebiet südlich und nördlich der heutigen Gremberger Straße Äcker und Wiesen. Erst in den 1860er Jahren wurden zwischen der Esser- und Nassaustraße südlich von der Odenwaldstraße einige ländliche Häuser gebaut, wobei nur die Odenwaldstraße existierte. Angesiedelt hatte man sich dort, weil wenige Jahre zuvor auf dem Gelände des heutigen Humboldtparks eine kleine Fabrik zur Herstellung von Sprengmaterial errichtet worden war, die den Menschen Arbeit bot. Zumindest bis zum Jahr 1870, da explodierte die Pulvermühle. Menschen sind vermutlich nicht zu Schaden gekommen, denn es fehlen nähere Angaben in der Literatur zu dem Unglück. Heute erinnert der Straßenname »An der Pulvermühle« an diese Fabrik.

Seinen richtigen Anfang nahm Humboldt allerdings erst nach diesem Unglück. Nördlich der Eisenbahnlinie hatte sich in Kalk die Maschinenbau AG Humboldt niedergelassen. Der Industriebetrieb kaufte Grundstücke in Humboldt, um dort für seine Arbeiter Unterkünfte zu errichten. Anfang der 1870er Jahre wurden zwischen den Straßen An der Pulvermühle und Rolshover Straße die ersten Eigenheime gebaut. Bereits 1875 waren 42 Eigenheime mit Nutzgärten fertig gestellt. Die Planungen der Maschinenbau AG sahen eine rechtwinklige Bebauung vor, lediglich durch eine Diagonale, die Gremberger Straße, durchbrochen. Obwohl das Engagement nach dieser ersten Bautätigkeit zunächst erlosch, hatte das Unternehmen es doch geschafft, sich in dem ersten Teil des Doppelnamens Humboldt/Gremberg[108] zu verewigen. Es sollte rund 30 Jahre dauern, bis Anfang des 20. Jahrhunderts die alten Pläne für die Humboldtkolonie wieder ausgegraben wurden. Man rückte vom einstigen Vorhaben ab, Straßen im rechten Winkel anzulegen. So weit wie möglich sollten die Straßen nun einen geschwungenen Verlauf zeichnen. Um dem steigenden Wohnbedarf gerecht zu werden, wurden nun keine Eigenheime, sondern mehrgeschossige Mietshäuser gebaut. Bis zum Jahr 1915 war die Bebauung abgeschlossen, inklusive des Humboldtparks, dessen Fläche die Maschinenbaufabrik der Stadt Köln zur Verfügung gestellt hatte.

Nun zu Gremberg: Der Ortsteil ist wesentlich älter als die Humboldtkolonie, zumindest was den Namen angeht. Die erste urkundliche Erwähnung des Gremberger Waldes geht in das Jahr 1003 zurück. Der Gremberger Hof muss nach der Rodung des Waldes entstanden sein, so nehmen die Heimatforscher an, sonst wäre er sicherlich ebenfalls 1003 erwähnt worden. Die Namen Gravenberg und Gremberg haben die gemeinsame Wurzel Grafenbruch, was so viel wie Besitztum des Gaugrafen bedeutet. Damit ist Wald gemeint, kein Gebäude, geschweige denn eine Siedlung. Sicher ist, dass der Gremberger Hof im Jahr 1669 existierte. Bei diesem einen Hof scheint es mehr als 150 Jahre geblieben zu sein; erst aus dem Jahr 1828 ist bekannt, dass Gremberg mittlerweile 20 Einwohner zählte.[109] Im ausgehenden 19. Jahrhundert entwickelte sich ein kleines Dorf auf diesem Gebiet. Auf dem Land, das von der heutigen Roddergasse und der Gremberger Straße begrenzt wurde, baute man einige Häuser. Weitere Häuser entstanden in der Nähe der Rolshover Straße.

Mit dem Wechsel ins 20. Jahrhundert begann auch in Gremberg der so genannte Siedlungsbau. Im Bereich der Poll-Vingster Straße sowie der Roddergasse wurden mehrgeschossige Mietshäuser gebaut, anfangs mit viel Elan, der jedoch bald erlosch. Gremberg erwies sich mehr und mehr als eher ungünstiger Standort für ein Wohnviertel, Eisenbahnlinien rahmten die Neubauten regelrecht ein und isolierten sie so. Der damalige Bürgermeister von Vingst beklagte 1909 insgesamt 93 leer stehende Wohnungen. Trotzdem lebten zu dieser Zeit schon rund 600 Menschen in Gremberg.

Mit der Eingemeindung nach Köln sollte ab 1910 alles anders werden. Vor allem sollte Gremberg eine Straßenbahn erhalten, die durch die Humboldtkolonie und durch Gremberg zum Wald führen sollte. Dies beschloss der Rat der Stadt 1912. Der Bau wurde zwar begonnen, kam jedoch während des Ersten Weltkrieges zum Erliegen und wurde nach dem Krieg nicht wieder aufgenommen.

Zur Jahrhundertwende hatte die Stadt Köln das Waldgebiet in Gremberg von der Gemeinde Vingst bereits gekauft. Außerdem hatte der Stadtgärtner Robert Jung umgehend ein dichtes Wegenetz im Gremberger Wäldchen angelegt, damit die geplagten Kölner sich dort erholen konnten. Obwohl Gremberg damals nicht so leicht zu erreichen war, wurde es ein beliebtes Ausflugsziel für die Kölner.

Immendorf

Ich mööch zo Foß noh Immedorf jonn

die ersten Immendorfer bauten ihr Domizil am oberen Rande eines Berges, dem so genannten Heidenberg. Berg ist an sich zu viel gesagt, denn es handelte sich bei dem Gelände eher um eine alte Uferböschung. Auch wenn sich das Bild des Dorfes verändert hat, noch heute sind die Höhenunterschiede am Berg der Kirche St. Servatius erkennbar. An der Uferböschung lässt sich nachvollziehen, welchen Weg der Rhein nahm, wenn er bei Hochwasser sein Bett verließ und sich über viele Seitenarme in die Kölner Bucht ergoss.

Die Immendorfer lebten im Laufe ihrer über tausendjährigen Geschichte hauptsächlich von der Landwirtschaft. Darüber hinaus hat der Weinanbau eine jahrhundertealte Tradition. Bereits im 14. Jahrhundert beurkundet, wurde bis ins 19. Jahrhundert hinein in dem heute kleinsten Stadtteil im Stadtbezirk Rodenkirchen Wein angebaut. Von dieser Tradition zeugt der Straßenname »Am Mostberg«.

Mindestens genauso bedeutend, wenn nicht gar bedeutender, ist die Pfarrkirche von Immendorf gewesen. Im Jahr 1887 betreute die Pfarre Immendorf 2.370 katholische Bürger der ganzen Umgebung. Das Einzugsgebiet reichte bis weit in den Norden, bis nach Zollstock und Raderberg. Darüber hinaus zählte unter anderem auch Godorf zu der Pfarrei, sodass die Längsausdehnung ganze neun Kilometer betrug. Für die Gläubigen bedeutete dies damals einen Kirchweg von bis zu 75 Minuten. Mit der Eingemeindung von Zollstock, Raderthal und Raderberg nach Köln im Jahr 1888 endete die Zeit der »Riesen-Pfarre« Immendorf.

Urkundlich nachweisen lässt sich Immendorf seit dem Jahr 948, Erzbischof Wichfried erklärt in einem Schriftstück, dass er den Brüdern des Kölner Severinstiftes neben Land auch die dem heiligen Severin geweihte Kirche zu »Iminethorp« geschenkt habe, damit sie »bei Tag und Nacht ohne Nahrungssorgen dem Dienste Gottes sich widmen können«.[110] In den folgenden Jahrhunderten schreibt man statt Iminethorp mal Immindorp, Immelendorp oder auch Immendorff.

Eine Erklärung des Namens besagt, dass damit auf die Imme, gleichbedeutend mit Biene, angespielt werde. Wenn diese Erklärung auch häufig zu hören ist, so ist es jedoch bislang nicht gelungen, diese Deutung wissenschaftlich zu untermauern. Wahrscheinlicher ist eine Erklärung, die sich auf das Fränkische bezieht. Demnach würde hinter Immen- der Personenname Immo oder Emmo stecken.[111]

Ob Bienendorf oder Dorf eines fränkischen Hofbesitzers, bis heute hat Immendorf, das 1975 nach Köln eingemeindet wurde, seinen dörflichen Charakter nicht verloren. Daran änderte auch die Siedlungspolitik des letzten Jahrhunderts nichts. Als in den 1950er Jahren die Shell AG im benachbarten Godorf ihre Raffinerie aufbaute, entstand eine große Siedlung an der Stormstraße, der Rilkestraße und der Wiechertstraße.

Junkersdorf

und die Bedenken gegen alte Urkunden

d a feiert ein ganzes Dorf im Kölner Westen sein tausendfünfundzwanzigjähriges Bestehen im Oktober 1987,[112] doch eigentlich ist Guntherisdorp schon 64 Jahre älter. Dies geht zumindest aus den Erkenntnissen des Sprachforschers Heinrich Dittmaier und anderer Wissenschaftler hervor.[113]

Trotzdem hat man die Feier nicht abgesagt, denn dann wäre womöglich auch die Tausendjahrfeier von 1962 ungültig. Und möglicherweise findet irgendwann noch jemand eine Urkunde, die besagt, dass Junkersdorf noch älter ist.

Wie die Kölner, zu denen sich die Junkersdorfer seit 1975 zählen dürfen, haben auch sie ihre eigenen Vorstellungen davon, wie mit dem Lauf der Geschichte zu verfahren ist. Das lässt sich beispielsweise am Umgang der Junkersdorfer mit ihrem Namen ablesen. Sprachwissenschaftlich wird das Junker- in Junkersdorf auf den Personennamen »Gundhari« zurückgeführt. Im Lauf der Jahrhunderte hätte nach Meinung der Sprachforscher aus diesem Personennamen jedoch Junktersdorf werden müssen.[114] Hier kommen nun die Dorfbewohner selbst ins Spiel; als im 16. und 17. Jahrhundert erstmals von Joncktersdorf, Junktersdorf oder ähnlich gesprochen wurde, haben sich wohl viele an einen Junker erinnert gefühlt. Möglicherweise haben die Junkersdorfer deshalb damals kurz entschlossen das »t« beiseite geworfen und damit eine *falsche* Bedeutung ihres Dorfnamens eröffnet. So hört und liest man heute immer wieder, der Name Junkersdorf gehe auf den Begriff Junker zurück.

Junkersdorf zeichnet sich wie kaum ein anderer Ort im Kölner Westen durch eine Vielzahl von Wegekreuzen, Heiligenstöcken und Gedenksteinen aus. So erinnert das Wege- und Prozessionskreuz von 1865 (Am Weidenpesch/Vogelsanger Weg) an die Frömmigkeit der Einwohner der Pfarrgemeinde Junkersdorf, der Gedenkstein (Kölner Weg/Frankenstraße) an die Errichtung des »Gartenstadt-Stadion« im Jahr 1930, und das Wege- und Hofkreuz »Am Weidenpesch 10« wurde »zu Gottes Ehre von den Eheleuten Constantin Boden und Anna Maria Hövels im Jahre 1885«[115] errichtet.

Aus dem Jahr 1586 ist überliefert, dass in Junkersdorf ein schrecklicher Raubüberfall auf eine Gemeinschaft von über 800 Kaufleuten unternommen wurde. Söldner des Kurfürsten und Erzbischofs Ernst von Bayern, denen kein Lohn mehr gezahlt worden war, bestritten ihren Lebensunterhalt damit, Reisende und Kaufleute zu überfallen. Die Vorfälle in Junkersdorf 1586 waren eine »›unchristliche, unerhörte, erschreckliche und tirannische morderey‹, wie ein zeitgenössischer Berichterstatter schreibt.«[116] Es wurden rund 300 Menschen verwundet oder getötet, die Verstorbenen wurden auf der Wiese am heutigen Stadthalterhof beerdigt.

An den Überfall von vor über 400 Jahren erinnert das Gedenkkreuz, das noch heute am Kölner Weg zu finden ist. Es ist eines der vielen Nachfolgekreuze im Laufe der Jahrhunderte. Das jetzige besteht aus Holz und Keramik, ist zwei Meter hoch und stammt aus dem Jahr 1938.

Schließlich wurde in der Wilhelm-von-Capitaine-Straße auf dem Gelände der alten Dorfkirche ein Holzkreuz zur Erinnerung an die Tausendjahrfeier aufgestellt, die 1962, wie gesagt, vielleicht zu spät gefeiert wurde. Da dieses Kreuz nicht allzu beständig war, wurde ein Denkmal aus Granit und Bronze angefertigt. Es wurde 13 Jahre später im Oktober 1975 von Pfarrer Bruno Müller gesegnet. Junkersdorfer Bürger und Vereine waren für die Kosten dieses Denkmals aufgekommen, ein Indiz dafür, dass die ehemalige dörfliche Gemeinschaft bis heute bewahrt werden konnte. Und das, wo auch hier der Zahn der Zeit nagte, die moderne Welt Einzug hielt und sich die Zahl der Einwohner in den letzten 100 Jahren fast um das Zwanzigfache von 481 auf 9.025 erhöht hat.[117]

Kalk

Der Wandel vom Naherholungsgebiet zum Industriestandort

W er vor einigen Jahren mit seinem Wagen vom Autobahnkreuz Köln-Ost in Richtung Zoo und Innenstadt fuhr, dem fielen, sofern der Verkehr es zuließ, die drei Buchstaben auf, die weiß, fast schon majestätisch, in der Landschaft thronten: CFK – die Chemische Fabrik Kalk. Weit verzweigte Bahngleise und die Stadtautobahn auf Stelzen vervollständigen das Bild des Industriegebietes. Dieses Gesicht von Kalk lässt nur schwerlich glauben, dass Kalk einmal als Ort der Muße und Erholung galt.

Schlagen wir das alte »Rheinische Wanderbuch« aus dem letzten Jahrhundert auf, so lesen wir: Kalk ist ein

»Dörfchen mit wenigen Häusern und einer kleinen Muttergotteskapelle. Dahin wandern die Städter an Sonntagnachmittagen mit Kind und Kegel, nehmen Brote mit und in kleinen Tüten gemahlenen Kaffee. Für etliche Pfennige erhält man dort in einer Wirtschaft kochendes Wasser, so bereitet man sich den Kaffee selbst und freut sich von Herzen bei Sang und Spiel auf dem Rasen unter den Obstbäumen der Gärten.«[118]

Doch diese Zeiten sollten für Kalk schnell vorbeigehen. Im Schatten von Mülheim und der Stadt Köln veränderte die Industrialisierung ab Mitte des letzten Jahrhunderts den Ort radikal. Die Maschinenfabrik von Sievers & Co., die chemische Fabrik von Vorster & Grüneberg, das Feineisen-Walzwerk Felser & Co. oder auch die Bierbrauerei Sünner öffneten in schneller Folge hier ihre Tore. Statt ehemals 59 Einwohner im Jahr 1817 zählte Kalk 1885 schon 11.417 Bürger. Statt Obstgärten prägten nun Schlote, große Hallen und Arbeiter das Bild des Dorfes.

Der rapide Aufschwung des Ausflugsortes gipfelte Mitte der 1870er Jahre in einer Rezession. Mehrere Fabriken mussten schließen. In dieser Zeit konnte Kalk dennoch seine Größe und Bedeutung wahren, sodass der ehemalige Ausflugsort am 3. Oktober 1877 die Stadtrechte verliehen bekam. Erst Mitte der 1880er ging es wieder bergauf.[119] Gestärkt konnte sich die junge Stadt Kalk 1888 gegen die Eingemeindung nach Köln erfolgreich wehren. Köln musste auf Kalk sozusagen bis zum 1. April 1910 warten. An diesem Tag wurden 27.674 Kalker Kölner.[120]

Wenn man sich die Entwicklung des Ortes im 19. Jahrhundert anschaut, scheint der Name sofort auf der Hand zu liegen: Mit der Bezeichnung des Industriestandortes Kalk kann nur der gleichnamige Baustoff gemeint sein. Die Wurzeln für den Begriff liegen aber weiter zurück, vermutlich in dem mittelhochdeutschen Wort »kolk«, das Sumpf, Morast bezeichnet, was wiederum zu dem Gelände von damals passt: Die ersten Siedler schlugen ihre Zelte neben dem Morast auf der so genannten Kalker Höhe auf.[121]

Wer allerdings lieber an der Baustoff-Erklärung festhalten möchte, dem sei gesagt: Schon zu Römerzeiten gab es in der Nähe von Bergisch Gladbach Kalkvorkommen. Die Römer, die ihn zum Bauen benötigten, transportierten ihn von dort aus nach Köln – via Transit-Strecke über Kalk.

Erstmals wird Kalk im Jahr 1003 unter dem Namen »Villa Calka« erwähnt. In den folgenden Jahrhunderten schrieb man Calcka, Calke oder auch Calk.[122]

Klettenberg

Zunächst der Park, dann die Siedlung

In Sachen »Grünanlagen« hat Köln unter den deutschen Städten zu Beginn des 20. Jahrhunderts eine führende Rolle gespielt. Unter der Regie von Fritz Encke, der 1903 von Berlin nach Köln wechselte und neuer Gartenbaudirektor wurde, entstand bis Mitte der 1920er Jahre mehr als ein Dutzend städtischer Parks und Grünanlagen: Das erste größere Werk von Fritz Encke war der Klettenbergpark im Jahr 1905.

Bis dahin war Klettenberg ein mehr oder minder unbeschriebenes Blatt gewesen: Im Jahr 1888 hatte die Stadt Köln das weitgehend unbebaute Gebiet zwischen heutiger Luxemburger Straße und den Bahngleisen eingemeindet. Neben dem Gut Klettenberg war auf der gegenüberliegenden Seite der Luxemburger Straße (heutiges Sülz) noch eine Handvoll Häuser, in denen gerade mal 26 Menschen lebten. Es sollte für das neue Kölner Land noch 13 Jahre dauern, bis im Jahr 1901 eine Bauplanung vorgelegt wurde.

In der Zwischenzeit hatte am 20. Januar 1898 der »Feurige Elias« seine regelmäßigen Fahrten von Bonn über das Vorgebirge und die Luxemburger Straße bis zum Barbarossaplatz aufgenommen. 1906 nahm zudem die »Cölnische Straßenbahn-Gesellschaft« eine Linie über die Luxemburger Straße in Betrieb, die bis zur heutigen Sülzburgstraße verkehrte.

Bevor also mit dem Bau des neuen Wohnortes Klettenberg begonnen wurde, waren Eisenbahn, Straßenbahn und auch der Klettenbergpark schon fertig. Geplant war das Siedlungsgebiet für finanziell Bessergestellte wie Kaufleute, Beamte oder leitende Angestellte. Klettenberg sollte etwas Besonderes sein und vor allem Grünflächen bieten.

Bis heute ist die Siebengebirgsallee, die am Gottesweg die Luxemburger Straße bogenförmig verlässt und diese an der Geisbergstraße wieder erreicht, ein bevorzugtes Wohngebiet. Die Gründerzeithäuser wurden alle zwischen 1905 und 1914 errichtet, 337 Häuser waren zu Beginn des Ersten Weltkrieges fertig gestellt und bezogen worden.

Mindestens genauso beliebt wie die Siebengebirgsallee ist der zuvor erwähnte Klettenbergpark. Gartenbaudirektor Fritz Encke errichtete innerhalb weniger Monate zwischen Nassestraße, Siebengebirgsallee und Luxemburger Straße diesen Park. Die ehemalige Kiesgrube und das brache Gelände gestaltete er mit einem Teich, einem Restaurant, über 250 großen Bäumen, zahllosen Rosen und 50 laufenden Metern Bank. Mit viel Erfolg – der neue Park wurde sehr schnell zu einem Magneten für die Kölner.[123] Bereits kurz nach der Eröffnung erwies sich die provisorische Gastwirtschaft als viel zu klein.

Zu den 100 Tischen sollten weitere 50 aufgestellt werden. Außerdem genehmigte die Stadtverordnetenversammlung im April 1909 ein größeres Restaurationsgebäude. Mit knapp 100.000 Mark war es um einige wenige tausend Mark teurer als die gesamte Parkanlage selbst. Das Restaurant wurde im Zweiten Weltkrieg zerstört.

Erfolgreich waren auch die Häuser und Wohnungen in Klettenberg: Viele Bürger aus Sülz gaben gern als Adresse Klettenberg an, obwohl sie eindeutig auf Sülzer Gebiet wohnten. Schließlich galt Klettenberg als die vornehmere Adresse, die Heimstatt für die so genannten besseren Kreise. Andere Sülzer hingegen störten sich daran nicht und stempelten die Klettenberger kurzerhand als hochmütig ab.[124]

Mit dem Bau der Häuser und dem Park verschwand das, was eigentlich Klettenberg seit dem Jahr 1225 gewesen war: ein Gutshof mit einem Park voller Obstbäume, Gemüsegärten, einem kleinen Teich sowie vielen Alleebäumen und einem Berg. Das Gut Klettenberg begann einmal dort am Gottesweg, wo die Siebengebirgsallee auf die Luxemburger Straße stößt, war also weiter stadteinwärts als der heutige Klettenbergpark. Auch wenn das Gartengut verschwand, so blieb doch wenigstens der Name; mal schrieb man »Cletenbergh«, mal »Cleytenberch« oder auch »Clettenbergh«.

Dem ersten Teil des Namens ist bislang noch niemand auf die Spur gegangen, zumindest wenn es um Köln-Klettenberg geht. In den Nachschlagewerken findet man unter Klettgau, Klettbach, Kleestadt, Clete als gemeinsame Wurzel »kled«, was so viel wie »klebrige Feuchtigkeit« bedeuten soll.[125]

Man könnte den ersten Namensteil Kletten- von Klettenberg aber auch auf das mittellateinische »cleta« zurückführen, das keltischen Ursprung hat. Es steht für »Geflecht« oder »Einzäunung«.[126]

Als dritte Möglichkeit käme aber auch die Bedeutung »fester Ton, Lehm« in Frage, wenn man Kletten- auf das mittelniederdeutsche »klei« zurückführt. Nicht unwahrscheinlich, denn im Laufe der Jahrhunderte schrieb man unter anderem auch Cleytenberch.

Während die »klebrige Feuchtigkeit« (zahlreiche tote Rheinarme in der Kölner Bucht) wie auch »der feste Ton, Lehm« (zahlreiche Kiesgruben und Ziegeleien im 19. Jahrhundert unter anderem auch im benachbarten Sülz) durchaus mit Klettenberg in Verbindung gebracht werden können, leuchten die Worterklärungen »Geflecht« und »Einzäunung« nicht ohne weiteres ein. Sprachwissenschaftler führen Clettemberg im Kreis Hohenstein auf die Bedeutung »Geflecht, Einzäunung« zurück. Was für dieses ferne Clettemberg gilt, kann auch für unser Klettenberg gelten – *kann*, muss aber nicht.

Der zweite Teil des Namens Klettenberg weist eindeutig auf das Gelände hin, einen Berg, eine Anhöhe. So war im Volksmund die Formulierung »auf dem Klettenberg« über Jahrhunderte gängig.

Langel

Bei Einwanderung ein Glas Wein für den Pfarrer

den Namen Langel gibt es in Köln zweimal; einmal am nördlichen Stadtrand im Bezirk Chorweiler, einmal am südlichen Rand im Stadtbezirk Porz. Während das nördliche Langel durch die Eingemeindung von Worringen bereits seit 1922 zu Köln gehört, ist das südliche Langel erst im Jahr 1975 mit Porz eingemeindet worden.

Zu Verwechslungen wie bei Merheim rechtsrheinisch und Merheim linksrheinisch *(siehe dazu Weidenpesch)* kam es jedoch nicht, weil das nördliche Langel bereits 1954 als Stadtteil unterging. Langel, Feldkassel, Kasselberg, Rheinkassel und Fühlingen wurden verwaltungstechnisch als Stadtteil Fühlingen zusammengefasst. Eine erneute Änderung der Stadtteile im Kölner Norden in den 1960er Jahren führte dazu, dass das nördliche Langel heute als Teil von Merkenich gilt.

Das südliche Langel kann auf eine über tausendjährige Geschichte zurückblicken. Im 17. Jahrhundert dürfte die Blütezeit des Dorfes gewesen sein. Damals konnte kein Fremder so einfach in das Dorf ziehen. Es gab sozusagen ›Einwanderungsbestimmungen‹. Aus dem Jahr 1635 stammt ein Weistum, das die Einzelheiten regelte. Bei der Aufnahme in die Dorfgemeinschaft wurde jeder Neuling vereidigt.

> *»Er mußte geloben, dem Abt von St. Pantaleon ›als rechten Zehntherren allhie zu Langel alle Zeit treu und hold zu sein, soviel diess Hofes Fragen und Gerechtigkeit‹ anbelangte.«*[127]

Den Dorfbewohnern wurde des Weiteren von der Abtei St. Pantaleon auferlegt, für den kleinen Turm der Kirche sowie die Glocke zu sorgen. Außerdem mussten sie sich um das Einkommen des Pfarrers kümmern, so hatte jeder Langeler dem Geistlichen jährlich ein Rauchhuhn zu geben. Der Pfarrer hatte darüber hinaus Anspruch auf ein Gläschen Wein. Das Weistum regelte zudem die Versorgung des Küsters. Ihm hatten die Langeler Nachbarn unter anderem jährlich ein Brot zu schenken.

Diese »Einwanderungsbestimmungen« waren aber wohl kaum die Ursache dafür, dass Langel über die Jahrhunderte nur langsam anwuchs. Langel war in dieser wie in anderer Hinsicht nicht anders als andere Dörfer. Man lebte von der Landwirtschaft und durch die Nähe des Rheins auch von der Fischerei. Die Industrialisierung im 19. Jahrhundert ging an Langel weitgehend spurlos vorbei, manche Langeler setzten mit der Fähre über und verdingten sich in Köln.

Lediglich zu Beginn des 20. Jahrhunderts schien die Tourismusindustrie Langel aus dem Schlaf reißen zu wollen. Am 13. August 1911 eröffnete mit viel Erfolg das Strandbad am südlichen Rheinufer des Dorfes. Es sollen 6.000 Neugierige an dem heißen Sommertag nach Langel gekommen sein.[128] Das Hauptgebäude des Strandbads mit Restaurant lag am Rhein. Zur Unterhaltung der Gäste spielte eine Kapelle. Doch schon bald nach Eröffnung wurde die Freizeitstätte durch einen Großbrand zerstört. Es wurde zwar versucht, den Badebetrieb im Anschluss wieder aufzunehmen, doch die beiden Kriege und nicht zuletzt die Verschmutzung des Rheins machten die Bemühungen zunichte.

Der Name Langel lässt sich bis in das erste Jahrtausend zurückverfolgen. Das kleine Dorf im Rechtsrheinischen wird erstmals im Jahr 965 urkundlich als Langalon[129] erwähnt. Über die folgenden Jahrhunderte ist mal die Rede von Langele, mal von Langell und schließlich von Langel.

Ob nun südliches oder nördliches Langel, der Name bedeutet in beiden Fällen so viel wie »lange, weite Aue«[130] oder auch einfach »langes« Dorf.[131]

Libur

Warum aus dem Schullekul (Löschteich) ein Sportplatz wurde

fern ab vom Dom, der Altstadt und selbst dem Rhein liegt im äußersten Süden Kölns Libur. Gleichgültig, ob rechts- oder linksrheinisch, kein Stadtteil ist so weit südlich angesiedelt. Seit Jahrhunderten ermöglicht Libur inmitten weiter Felder ein fast unberührtes ländliches Leben. Erstmals erwähnt wird das Dorf, das als Teil der Stadt Porz 1975 eingemeindet wurde, im Jahr 1150. Damals schrieb man Liebuire, gut 250 Jahre später, aus dem Jahr 1411, ist die Schreibung Lebur belegt. Sprachforscher führen die erste Silbe Li- des heutigen Namens auf »hleo« zurück, was so viel wie »Schirm« oder »Obdach« bedeuten soll; der angehangenen Silbe -bur wird die Bedeutung »Laube« oder »Zelt« zugeschrieben.[132] Demnach wäre Libur ein Haus oder Heim, das Obdach oder auch Schutz bietet. Eine zweite Erklärung führt Libur (Lebure) auf »le«, der Grabhügel, und »bur«, das Haus, zurück. Damit könnte auf einen Grabhügel in der Nähe des Dorfes hingewiesen sein.

Für die Urahnen Liburs muss der Schutz ihres Heims sehr wichtig gewesen sein, so wichtig, dass sie diesen Aspekt für den Namen ihres Dorfes wählten. Möglicherweise fühlte man sich in Libur besonders sicher, weil man weit genug vom Rhein und seinen Überschwemmungen entfernt wohnte. Vielleicht dachten die Liburer damals auch einfach nur, ihr Dorf sei ein besonders friedlicher Ort.

Für einige Zeit war der Frieden jedoch auch in Libur gestört; damit ist an dieser Stelle nicht in erster der Linie die Zeit des Nationalsozialismus und der Zweite Weltkrieg gemeint, sondern die Nachkriegszeit – obwohl der Ursprung des Übels sehr wohl im Krieg begründet lag.

In der letzten Kriegsphase kurz vor dem Einmarsch der amerikanischen Truppen haben wahrscheinlich deutsche Soldaten in Libur ihre Hände in die Höhe gerissen und sich sämtlicher Waffen entledigt. Da es für die Soldaten wichtig war, ihre Waffen möglichst ohne Spuren zu entsorgen, warfen die Männer ihre Maschinengewehre, Sprenggranaten, Panzerfäuste sowie die Munition und vieles mehr kurzerhand in den Liburer Löschteich, der aufgrund seiner Nähe zur Volksschule auch der Schullekul[133] genannt wurde. Nach dem Krieg wusste allerdings niemand, wie viel Kriegsmaterial in dem Teich versenkt worden war. War überhaupt etwas hineingefallen? Diese Frage stellte sich acht Jahre nach Kriegsende die Be-

zirksregierung in Köln. Gleichzeitig hieß es, dass der Teich sehr ver-
schlammt sei und man für diese zusätzliche Reinigung keine Mittel des
Bundes bereitstellen könne.[134] Damit waren mit einem Schlag drei Instanzen im Spiel: die Stadtverwaltung, die Bezirksregierung und die finanzi-
ellen Mittel. Während das Geld auf sich warten ließ, diskutierten die beiden anderen Instanzen die Lage und verkannten sie ganz offensichtlich:
Es sollten insgesamt vier Jahre vergehen, bis man dem Teich und seinem
Inhalt zu Leibe rückte. Mit Leserbriefen und Artikeln hatten sich die Liburer an die Öffentlichkeit gewandt, doch erst am 16. März 1957 wurde die
Diskussion der Instanzen vorangetrieben. Die Soldaten von einst schienen
tatsächlich ganze Arbeit geleistet zu haben. Im Kölner Stadt-Anzeiger war
zu lesen, dass »Schulkinder erzählt hätten, sie würden aus dem Teich
Handgranaten, Flak- und Pakgeschosse herausholen, sie zerlegen, weiße
Säckchen mit Pulver hervorholen und diese in der Abenddämmerung an-
zünden.«[135] Dieser Artikel reichte aus: In einer eilends einberufenen Stadtverordnetenversammlung wurde durch einen Dringlichkeitsantrag entschieden, was zu tun sei. Fünf Tage nach dem Zeitungsartikel wurde der
Schullekul ausgepumpt. In den folgenden zwei Monaten fand man 6.522
Sprenggranaten, fast 1.692 Infanterie-Patronen, 121 Stielhandgranaten,
14 Gewehre, 6 Maschinengewehre, diverse Granaten sowie Munition.[136]

Nach dem Abtransport des Kriegsgerätes kehrte langsam wieder Ruhe
in Libur ein. Mit dem Vermächtnis des Weltkrieges verschwand aber auch
der alte Schullekul. Die Stadtverordneten entschieden am 11. Juli 1957, aus
dem alten Teich einen Sportplatz zu machen.

Lind

und wie schwer es ist, sich an regelmäßige Arbeit zu gewöhnen

es ist ein hartes Urteil, das der Industrielle Theodor Guilleaume über
die Menschen in Lind fällte. Im Jahr 1845 hatte er mit seiner Seilerei
auf der Linder Höhe die neue Zeit, die Industrialisierung im Porzer
Gebiet angestoßen. Doch das war alles andere als einfach, denn Guilleaume stellte fest: »Die Linder sind faul, deshalb schwierig zu einer geregel-

ten Tätigkeit zu bringen.«[137] Dass seine Schlussfolgerung so nicht stimmen kann, zeigt eine wissenschaftliche Aufarbeitung der Industrialisierung aus dem 20. Jahrhundert. »Der Transport des Rohmaterials und der fertigen Produkte fraß einen Gutteil der Gewinne auf, die man durch die niedrigen Löhne erwirtschaften konnte.«[138] Außerdem, wie konnten die Menschen damals wirklich erahnen, welche Bedeutung es hatte, von früh bis spät in einer Fabrik zu arbeiten? Sie kannten solch eine Tätigkeit nicht, hatten sich zuvor nicht einmal darüber erzählen lassen können. So war nicht verwunderlich, dass der Fabrikant drei Jahrzehnte nach seinem Start in Lind sich einen neuen Standort suchte. Die Erfahrungen aus Lind waren typisch für die damalige Zeit. Der Mensch hatte bis dahin im Einklang mit der Natur gelebt und war einfach nicht so schnell in der Lage, sich den strikten Abläufen eines Fertigungsprozesses anzupassen.

Und das galt auch für die Menschen in Lind, obwohl das Leben im Einklang mit der Natur gerade dort sehr schwierig war. Lind galt im 19. Jahrhundert nämlich als ein armes Dorf. Was die Dorfbewohner mit der landwirtschaftlichen Arbeit erzielen konnten, reichte meist zum Überleben nicht aus. Deshalb hatte man schon im 18. Jahrhundert begonnen, sich andere Einnahmequellen zu erschließen, zum Beispiel im Linder Bruch, aus dem die Menschen Torf stachen. Von einer ehemals zwei Meter hohen Torfschicht sollen bis heute nur noch Überreste verblieben sein. Das so verdiente Zubrot war für die Menschen jedoch nicht nur »Gedeih«, sondern in gewisser Weise auch »Verderb«. Das sumpfige, feuchte Gebiet, das sich wie ein langes, breites Rechteck von Lind bis nach Spich zog, brachte Krankheiten mit sich:

> *»Das damals noch nicht entwässerte Linder Bruch bildete einen sehr gefährlichen Seuchenherd, wie aus mehreren überlieferten Akten zu ersehen ist. Der Kreisphysikus Dr. Rolffs aus Mülheim/Rhein berichtete der Regierung in Köln am 29. September 1831: Die als Sumpffieber bezeichnete Krankheit sei in Lind allgemein verbreitet, nicht gerade lebensgefährlich, verursachte jedoch ein langes Siechen der Menschen. Gemeinsam mit dem Dorfschöffen hatte er etwa 36 Kranke besucht. Für 17 von ihnen verschrieb er wegen der vorherrschenden Armut Arzneien auf Armenrechnung.«[139]*

Der Kreisphysikus beschreibt in seinem damaligen Bericht weiter, dass es in Lind drei Dorfbrunnen gegeben hat, die mooriges Wasser führten.

Bis ins 20. Jahrhundert sollte sich am Torfbau und den Lebensumständen der Menschen in Lind allerdings nicht viel ändern. In den Jahren 1925 bis 1927 wurde der Linder Bruch endgültig trocken gelegt, übrig blieb nur ein Entwässerungskanal, der in der Mitte des Gebietes verläuft.[140] Möglicherweise war das sumpfige Gelände von einst für den Namen des Dorfes, der erstmals 1165 erwähnt wurde, prägend. Doch auch wenn keine sichere Erklärung für den Namen Lind zu finden ist, so kann man doch zwei Deutungen versuchen *(siehe auch Lindenthal)*. Die erste Deutung geht auf das Mittelhochdeutsche zurück und würde den Namen mit Acker oder Land übersetzen. Die zweite, die als wahrscheinlicher gilt, würde Lind mit dem Wort »Band« gleichsetzen. Die Verbindung (das Band) wäre demnach der rechteckige, langgezogene Bruch zwischen den beiden Ortschaften Lind im Norden und Spich im Süden gewesen. Zumal auch Spich (Speik) aus vorfränkischer, germanischer Zeit stammen und sumpfiges Gelände oder gestautes Wasser heißen kann.[141]

Noch eine Ergänzung: Auch wenn die erste Industrieansiedlung in Lind wenig erfolgreich war, heute ist Lind neben Westhoven, Eil/Gremberghoven und Grengel/Urbach eines der vier Industriezentren des Stadtbezirkes Porz.

Lindenthal

Wo es ein Oben gibt, da existiert auch ein Unten

es scheint, als habe es schon immer wunderschöne Linden entlang der Dürener Straße im Kölner Stadtteil Lindenthal gegeben, dennoch sind sie mit einiger Sicherheit, wenn auch immer wieder mal angeführt, nicht verantwortlich für den Namen des Stadtbezirks.

Die am häufigsten genannte Erklärung geht auf das Mittelhochdeutsche zurück. Demnach steckt das alte Wort »lint«, das gleichbedeutend mit Land oder Ackerland ist, hinter dem Namensteil Linden-.

Eine andere Erklärung besagt, dass der erste Teil des Namens »Band« bedeutet. Als Band ist beispielsweise der Weg von einem Hof zu einem anderen zu verstehen.

Im strengen Sinne kann keine dieser Erklärungen für den Namen Lindenthal als richtig angenommen werden. Sie mögen die Namen Linderhöhe, Hohenlind oder Lind erhellen – der Name Lindenthal jedoch hat seine eigene Geschichte.

Im Kölner Westen erstreckte sich seit Jahrtausenden ein fruchtbares Land. Immer wieder siedelten hier Bauern an, und immer wieder wurden sie im Laufe der Jahrhunderte vertrieben. So war in der Mitte des letzten Jahrhunderts, als Köln aus allen Nähten zu platzen drohte, das heutige Lindenthal ein ländliches Gebiet, wo kaum ein Mensch lebte.

Zu dieser Zeit kamen zwei geschäftstüchtige Kölner namens Thelen und Fühling auf die Idee, hier eine Wohnkolonie zu errichten. Sie erwarben im Bereich der heutigen Dürener Straße, Falkenburgstraße, Herderstraße und Theresienstraße zehn Hektar Land. Dieses Gebiet wurde in kleine Parzellen aufgeteilt, mit Wegen versehen und dann preiswert verkauft. Die Rechnung ging allerdings nicht auf. Die Grundstücke wurden zwar gekauft, doch die neuen Besitzer legten zunächst lediglich Gärten an, statt sich eine neue Bleibe zu bauen.

Drei Jahre später, 1846, wandte der Straßenreinigungsunternehmer, Gutsbesitzer und einer der beiden Gründungsväter Fühling eine List an. Er lud alle Kölner mit Rang und Namen zur Grundsteinlegung an die Dürener Straße ein: Wenn die anderen nicht wollen, dann baue ich halt selbst! Man wird meinem Beispiel schon folgen, wird er sich gedacht haben.

Und so geschah es auch. Immer mehr der Landkäufer folgten dem Vorbild Fühlings und bauten Häuser an der Dürener Straße in Lindenthal. So wie Thelen und Fühling es schafften, an der Dürener Straße einen neuen Stadtteil in den Grundzügen zu planen, so setzte sich auch ihr Namensvorschlag für das Gebiet durch.

Es gab bereits Lind, Hohenlind und Linderhöhe – und wo es ein Oben gibt, da muss es auch ein Unten geben, gleichgültig wie tief oder hoch das Land topographisch liege, argumentierten die beiden.[142] Und den Namen Lindenthal fanden sie passender als zum Beispiel Lindentief. So ward der Name geboren, verkündet und übernommen.

Lindweiler

70 Familien gründen ein Farmerdorf

e s hat genau 701 Jahre lang gedauert, bis aus dem Hof Lindweiler ein selbstständiger Kölner Stadtteil wurde. Die erste urkundliche Erwähnung des Hofes sowie eines kleinen Dorfes geht bis ins Jahr 1276 zurück. Bis zum Jahr 1977 ist dieses Lindweiler so gewachsen, dass der Rat der Stadt Köln am 8. Februar beschloss, den südöstlichen Teil von Heimersdorf als selbstständigen Stadtteil zu betrachten.

In dem Namen Lindweiler steckt zum einen das Wort »Weiler«, das ein Gehöft mit einigen Häusern bezeichnet, zum anderen das Wort »Lind«, das entweder mit dem gleichnamigen Baum in Verbindung gebracht wird oder mit Acker, Land oder Band *(siehe Lind, Lindenthal)*. Doch warum waren diese Äcker besonders erwähnenswert? Gab es tatsächlich schöne (Linden-) Bäume in Lindweiler? Oder hat es doch eher zwei Orte, zwei Höfe gegeben, die durch einen Weg wie mit einem Band verbunden waren? Welche Erklärung wirklich zutrifft, ist ungeklärt.

Klar ist, dass der Ursprung Lindweilers im südöstlichen Gebiet des heutigen, rechteckigen Stadtteiles liegt, dort, wo sich der gleichnamige Hof befindet. Zwischen Autobahnen und Eisenbahnlinie gelegen und mit einer Fläche von nur 1,16 Quadratkilometern gehört Lindweiler zu den kleineren Stadtteilen Kölns.

Auch wenn die erste Erwähnung weit zurückliegt, so blieb in Lindweiler bis zu den 1930er Jahren eine überschaubare Ansammlung von Häusern mit einem Hof bestehen. Der Bürgermeisterei Longerich zugehörig wohnten 1832 gerade mal 17 Einwohner in Lindweiler. Daran änderte auch der Longericher Bahnhof nichts, der am 15. November 1855 auf dem heutigen Gebiet von Lindweiler eingeweiht wurde. Ein Zeitzeuge schrieb:

»Ganz Longerich war auf den Beinen. (…) Eine weiße Dampfwolke in der Ferne kündete das nahende Ereignis an. Und jetzt kam es heran, rauchend und fauchend. Ein schriller Pfiff und das schwarze Ungetüm, mit Girlanden bekränzt, einen Schwanz ratternder Wagen hinter sich herziehend, raste mit einer Geschwindigkeit von mehr als 20 Stundenkilometern in der Stunde vorbei. Viele jubelten, manche standen sprachlos, einige schlugen hastig ein Kreuz über sich. Der erste Eisenbahnzug auf der neuen 36 km langen Stecke Köln-Neuss aber verlang-

samte sein Tempo und fuhr in den 55 m außerhalb des Dorfes gelege-
nen Bahnhof Longerich ein.«[143]

Das Bahnhofsgebäude am Pingenweg wurde 1935 von einem Neubau ab-
gelöst, der zwar immer noch nicht zentral, aber zumindest am Rand von
Longerich liegt.

In die 1930er Jahre fällt auch der neuzeitliche Anfang von Lindweiler.
Vermutlich hätten die 70 Gründerfamilien ihre neue Heimat am liebsten
Farmerdorf, Farmerstadt oder ähnlich genannt. Wie schon in den 1920er
Jahren in Heimersdorf, also auf der östlichen Seite der Bahnlinie Richtung
Dormagen, sollten Arbeitslose in Lindweiler ein neues Zuhause finden.
Während das nutzbare Land der einzelnen Grundstücke in Heimersdorf lediglich den Eigenbedarf deckte, sollten sich die 70 Familien in Lindweiler
als Farmer betätigen. Dafür erhielten sie zwischen 5.000 und 10.000 Quadratmetern Land. In Eigenarbeit bauten sie sich darauf ihre einfachen Häuser, die weder Strom noch fließend Wasser hatten. Die Rechnung ging auf:
Das einfache und gesicherte Leben gefiel den Siedlern, machte sie stolz. Sie
sprachen gern von sich als Farmer. Das geerntete Gemüse und Obst, aber
auch Eier oder Hähnchen verkauften die Farmer aus Lindweiler in Köln, teilweise belieferten sie sogar den Klingelpütz (Kölner Gefängnis).

Wie einfach die Anfänge in Lindweiler waren, zeigt auch, dass es zunächst keine befestigten Straßen oder ein Kanalsystem gab. Letzteres sollten die Lindweiler erst in den 1970er Jahren bekommen. Des Weiteren
fehlten Geschäfte, eine Kirche, eine Schule. Doch bereits während des
Zweiten Weltkrieges besserten sich die Zeiten im Lindweiler Gebiet all-
mählich. Es wurden zum Beispiel Leitungen für Strom gelegt. Nach dem
Krieg mussten die Lindweiler wie schon beim Hausbau ein weiteres Mal
selbst zupacken. Damit alle Anwohner Trinkwasser ins Haus gelegt bekamen, mussten die Farmer ab dem Volkhovener Weg einen Graben ausheben, der dann zu den einzelnen Grundstücken führte. Die Stadt Köln zahlte
für die Rohre und die Verlegearbeiten, den Graben jedoch mussten die
Lindweiler selbst wieder schließen.

Nach 1945 folgten weitere Siedlungen auf dem heutigen Gebiet von
Lindweiler. Recht bald wurde das erste Lebensmittelgeschäft eröffnet. Bevor Lindweiler jedoch selbstständiger Stadtteil werden konnte, musste er
noch eine Umbenennung über sich ergehen lassen. Ab Oktober 1963 gehörte man nicht mehr zu Longerich, sondern zum neu gegründeten Stadtteil Heimersdorf. Als Lindweiler 1977 selbstständig wurde, lebten rund
4.500 Menschen dort. Seitdem ist die Zahl bis Ende 2000 kontinuierlich
auf 3.793 gesunken.

Lövenich

und der älteste Haltepunkt der Eisenbahn im heutigen Köln

d ie Wiege der Kölner Eisenbahn steht in Lövenich, denn die älteste Eisenbahnstrecke ist die Verbindung vom Thürmchenswall über Lövenich nach Aachen. Nachdem am 2. August 1839 die Strecke bis Müngersdorf eingeweiht worden war, stellte die Rheinische-Eisenbahn-Gesellschaft elf Monate später auch das Teilstück bis Lövenich fertig.

Von diesen drei Haltepunkten im heutigen Kölner Stadtgebiet ist nur noch Lövenich vorhanden: Müngersdorf wurde (weil unwirtschaftlich) geschlossen, der Bahnhof am Thürmchenswall wurde 1859 durch den »Central-Personen-Bahnhof« am Dom ersetzt.

Lövenich wie auch Müngersdorf wurden bis zur Fertigstellung der Strecke bis Aachen vor allem als Ausflugsorte angefahren; die Menschen sollten Gelegenheit haben, das neue hochmoderne Transportmittel mitzuerleben. Der Lövenicher Haltepunkt wurde zunächst nur an Pfingsten 1840 angefahren. »Nach den Feiertagen werden die Fahrtage anderweit bekannt gemacht werden.«[144] So hieß es damals auf einem Plakat der Eisenbahngesellschaft. Auch entschuldigte man sich dafür, dass es in Lövenich noch kein »Empfangs-Bureau« gebe.

Im Gegensatz zu beispielsweise Dellbrück oder auch Ehrenfeld, das ab Mitte der 1840er erst gebaut wurde, hat der frühe Eisenbahnanschluss von Lövenich jedoch weder zu einer rasanten Entwicklung noch zur Industrialisierung geführt. Bestimmend blieb hier trotz der Eisenbahn die Landwirtschaft.

Lövenich bestand im Mittelalter aus zwei Höfen, dem Roitstockhof und dem Spiegelhof. Diese Höfe sowie alle weiteren Häuser gehörten durch Schenkungen ab dem Jahr 1394 dem Johanniterorden. Dieser Besitzstand sollte sich über 400 Jahre bis zur Säkularisation nicht ändern.

Im 19. Jahrhundert gibt es neben den beiden ursprünglichen Höfen, die nun die Namen Mertenshof und Keuschhof tragen, noch den Odemshof sowie den Gutshof Haus Közal. Es wurden neue Dorfwege angelegt (heute Nettengasse, Braugasse, Am Heidstamm und Kirchgasse), an denen die Arbeiter ihre Wohnhäuser errichteten und Bauern ihre kleinen Höfe bewirtschafteten.

Erstmals wurde Lövenich im Jahr 1028 urkundlich unter dem Namen Louenich erwähnt. Auch wenn diese Urkunde sich als Fälschung aus dem

12. Jahrhundert erwiesen hat, so ist wohl nur die Jahreszahl gefälscht. Die Angaben zu dem Gebiet selbst scheinen zu stimmen: Die St. Severin-Pfarrkirche, von der die Rede ist, stammt laut Kunsthistorikern wirklich aus dem 12. Jahrhundert. Wenn Louenich damit auch vom Namen her vielleicht als nicht ganz so alt belegt werden kann, reicht das Alter doch für einige Verwirrung.

Zwei Wissenschaftler, die sich dem seit 1975 zu Köln gehörenden Stadtteil angenommen haben, kommen übereinstimmend zu dem Schluss, Lövenich könne auf das lateinische »Lupiniacum«[145] zurückgeführt werden. Die »-iacum« Endung deutet auf Siedlung, möglicherweise sogar auf eine Siedlung in Wassernähe hin. Den Rest überlassen die beiden Autoren dem Leser und dem lateinischen Wörterbuch. Dort findet man für »Lupin« die Übersetzung Wolfsblume und Lupine. Gab es also eine Blumensiedlung im Kölner Westen?

Eine andere Deutung legt nahe, dass der Name Lövenich aus dem lateinischen »Luviniacum«[146] abgeleitet wurde, das ein Gut der Kelten bezeichnet. Demnach wäre »Luvin-« ein Personenname, und Lövenich die Siedlung des Luvin.

Eine dritte Erklärung führt Lövenich auf »loh-venahhi«[147] zurück. Das würde so viel wie Sumpf am oder im Wald bedeuten.

Möglicherweise haben die Menschen in Lövenich bereits vor Hunderten von Jahren geahnt, dass dereinst Ausflügler mit der Eisenbahn kommen werden, um des Sonntags Blumen zu pflücken. Deswegen haben sie ihren Ort klangvoll Lupinensiedlung genannt. Wahrscheinlich ist diese Erklärung jedoch nicht.

Der Stadtteilname Lövenich dürfte wohl eher auf einen Hofbesitzer namens Luvin oder den Sumpf am oder im Wald hindeuten.

Longerich

oder Hongerich, das ist hier die Frage

der Landtag hatte ursprünglich im Jahr 1865 im Gürzenich ein Fest anlässlich der fünfzigjährigen Zugehörigkeit des Rheinlandes zu Preußen feiern wollen. Einem jedoch, dem damaligen preußischen Ministerpräsidenten Otto von Bismarck, war das Fest gar nicht recht. Hatte doch im Vorfeld der Landtag Bismarck die Zustimmung verwehrt, das Heer umzuorganisieren und zu vergrößern. In letzter Minute hatte der Kölner Oberbürgermeister mit Hilfe des Polizeipräsidenten deshalb das Fest im Gürzenich auf Geheiß Bismarcks absagen müssen.

In Windeseile entschlossen sich daraufhin die Abgeordneten, ihre Feierlichkeit in die ehemalige Bürgermeisterei Longerich, in die Flora, zu verlegen. Doch auch hier wurde den Abgeordneten im wahrsten Sinne des Wortes die dampfende Suppe und der duftende Braten unter der Nase weggezogen. Gerade wollte der Vorsitzende zu seiner Eingangsrede ansetzen, als die Tür aufgerissen wurde und der damalige Bürgermeister von Longerich, Wilhelm Eich, im Rahmen stand. Auch hier sei die Feier verboten, der Ministerpräsident erlaube sie nicht, ließ sich Eich vernehmen.

Dem Vorsitzenden der Versammlung, Zimmermeister Wülfrath, fiel der Löffel aus der Hand und er äußerte spontan:»Herr Bürgermeister von Longerich, wir sind ja noch so hongerich.«[148] Zwar heiterte dieser trockene Spruch die Versammlung auf, doch Wilhelm Eich blieb eisern. Auch in der Flora, die damals zur Bürgermeisterei Longerich gehörte, konnte der preußische Landtag seine Feier nicht abhalten.

Die Absage an den Landtag wurde zum Gesprächsthema landauf, landab: Ein gutes halbes Jahr später, im Rosenmontagszug 1866, fand sich dann auch ein Festwagen, der die Geschichte aufgriff. Er zeigte eine überdimensionale Suppenschüssel und einen Mann, dessen Zylinder ins Gesicht gezogen war, darunter war jener Satz geschrieben:»Herr Bürgermeister von Longerich, wir sind ja noch so hongerich.«

Was schwarz auf weiß im Karneval zu lesen stand, als Anekdote dokumentiert ist, gilt für die Herkunft des Namens Longerich nicht. Hier ist es schwierig, an gesicherte Erkenntnisse zu gelangen.

Archäologische Funde, wie sie vielerorts in der gesamten Kölner Bucht ausgegraben wurden, weisen 3.000 Jahre zurück. Auch im Longericher Gebiet sollen demnach schon in grauer Vorzeit Menschen gelebt haben.

Ein erstes schriftliches Zeugnis weist in das Jahr 927 zurück, das zweite ins Jahr 1080.[149] Zunächst war von Lunrike die Rede, dann von Lunreko. Erstmals taucht der Name Longerich in seiner heutigen Schreibweise im Jahr 1582 auf, weitere Schreibungen lauten Londerich, Londorff oder auch Lungenrath.

Sprachforscher haben zwei Erklärungen für den Namen des 1888 eingemeindeten Stadtteils. Einerseits erklärt man ihn mit dem lateinischen Personennamen »Lunus« und der Endung -iacum. Danach wäre Longerich die Siedlung des Lunus gewesen.[150] Andererseits greift man auch auf das

Fränkische zurück, danach lägen die Worte »launo« und »rigion« zugrunde, welche wiederum mit Freude und reich übersetzt werden. Longerich wäre demnach ein Ort, der reich an Freuden gewesen ist.[151]

Marienburg

Vom ehemaligen Galgenhügel zur feinsten Adresse Kölns

der Kölner Kaufmann Paul Johann Hagen hatte in der Zeit von 1844 bis 1845 im Süden der Stadt Köln, im Bereich des heutigen Oberländerufers und der Militärringstraße, ein klassizistisches Landhaus sowie abseits davon gelegen einen Wirtschaftshof bauen lassen. Dieses Anwesen wollte er seiner Familie widmen; es sollte den Namen einer seiner vier Töchter tragen.

Überlegungen führten den Kaufmann zu den Namensschöpfungen Annafels, Jacobieberg oder auch Adelaide Hügel. Doch er verwarf sie wieder und entschied sich schließlich, von Maria auszugehen, dem Namen seiner zweiten Tochter. Möglicherweise dachte er auch noch an das Gut Alteburg, das ganz in der Nähe lag, und verband Maria mit diesem Hofnamen zu Mariaburg. Damit war er einer Bezeichnung für sein Anwesen schon recht nahe, wie er wohl gedacht haben muss. Möglicherweise kam ihm der zündende Gedanke im Bruchteil einer Sekunde, vielleicht überlegte er aber auch einige Tage lang oder diskutierte mit der Familie oder mit Freunden. Letztendlich wurde aus der Mariaburg die Marienburg, was seiner Meinung nach viel besser klang. Wie gut diese Wahl war, sollte sich in den folgenden Jahrzehnten zeigen, denn der Name setzte sich als Benennung des Stadtteils durch.

So viel Glück der Kaufmann auch mit dem Namen hatte, so glücklos war er auf wirtschaftlichem Gebiet. Paul Josef Hagen verlor durch Spekulationen sein Geld und musste die Marienburg bereits 1849 verkaufen. Mancher mag sich die Frage gestellt haben, ob das Unglück des Kaufmanns vielleicht in dem Standort des Anwesens begründet lag. Der Landsitz war auf einem alten Galgenhügel errichtet worden, einem Ort, den viele mit Unheil und Unglück in Verbindung bringen.

Auch Ernst Leybold hatte 25 Jahre später zunächst wenig Erfolg mit der Marienburg. 1869 plante er, eine Villenstadt vor den Toren der Stadt Köln zu bauen: Diese sollte durch breite Alleen, frische Luft und vor allem seine landschaftlich reizvolle Lage am Rhein beeindrucken. Leybold kaufte neben der Marienburg alle Grundstücke, die er im Umfeld bekommen konnte. Er selbst bezog 1874 die Marienburg und warb für seine Idee einer luxuriösen, kleinen Stadt. Es folgten ihm jedoch nur wenige, für viele schien die schöne Landschaft am Rhein kein ausreichender Grund für den Bau einer Villa zu sein.

Bereits fünf Jahre nach seinem Einzug verließ Ernst Leybold die Marienburg und kehrte zurück nach Köln. Aufgeben wollte er jedoch nicht und Erfolg sollte ihm auch noch beschieden sein. Leybold veranlasste, dass die Marienburg zu einem Ausflugslokal umgebaut wurde. Dadurch sollte der Süden vor den Stadttoren Kölns attraktiver werden. Seine Rechnung ging auf, es wurde zu Beginn der 1880er Jahre die Pferdebahn von Bayenthal bis zur Marienburg verlängert. Damit war das Gelände um den schönen Landsitz endgültig zu einem Anziehungspunkt für viele Ausflügler geworden. Bevor sich Marienburg allerdings zu einem vornehmen Villenviertel entwickeln sollte, erlitt Leybold noch einmal einen Rückschlag. Die so genannten Rayon-Bestimmungen des 19. Jahrhunderts sorgten für den Bau der Befestigungsanlagen entlang der Militärringstraße. Da außerhalb der Stadtgrenzen in diesem Bereich nicht gebaut werden durfte, endete Marienburg genau an dieser Straße. Nach Leybolds Plänen hätte das Anwesen jedoch im Zentrum des Villenviertels stehen und sich bis nach Rodenkirchen ausdehnen sollen. So liegt die Marienburg bis heute am südlichen Rand des Stadtteils.

Die Eingemeindung 1888 war ein wichtiger Schritt für das zukünftige vornehme Viertel. Die Stadtverordneten beschlossen 1896, eine elektrische Straßenbahn am Rheinufer zu bauen, außerdem sprach die Stadt sich für die Bauklasse IV für das Gebiet, für den neuen Stadtteil aus. Dies ermöglichte eine offene Bauweise und ebnete damit den Weg für alle Arten aufwendiger Villen.[152] Im Rechenschaftsbericht der Kölnischen Immobilien-Gesellschaft, die kein anderer als Ernst Leybold gegründet hatte, heißt es 1896:

»Wir dürfen von diesen Fortschritten eine lebhaftere Baulust und Wertsteigerung für unsere, durch hervorragend schöne und gesunde Lage begünstigte Villenvorstadt Köln-Marienburg umso mehr erwarten, als wir der Stadt Köln auf deren Wunsch ein inmitten unseres Areals gelegenes 50.000 Quadratmeter großes Grundstück zur Anlage eines ge-

schmackvollen, öffentlichen Stadtparks unentgeltlich abgetreten haben. Außerdem sind daselbst auch bereits vier Grundstücke für katholische und evangelische Kirchen und Schulen vorgesehen beziehungsweise von uns abgetreten.«[153]

Geschenke sind schön, Geschenke verpflichten aber auch. Die Stadt Köln bezahlte den Bau des Südparks auf dem 50.000 Quadratmeter großen Grundstück. Der Einweihung der Grünanlagen im Jahr 1901 folgte drei Jahre später eine zweite Verbindung in den Stadtteil, die bis zur Marienburg führte. Die Rheinuferstrecke war schon 1902 fertig gestellt worden. Marienburg gewann durch das Ausflugslokal und die Villen, die zu Beginn des 20. Jahrhunderts errichtet wurden, immer mehr an Attraktivität und wurde damit letztendlich doch noch – wie die Kölner sagen – zu einer »feinen« Adresse. Mitte der 1920er Jahre urteilten die Fachleute über die architektonische Entwicklung des Kölner Südens einhellig. Marienburg sei »die vornehmste Gartenstadt Kölns«.[154]

Mauenheim

Untergang und Wiedergeburt eines Namens

der Name Mauenheim soll nach Meinung der Sprachforscher aus dem 5. Jahrhundert stammen, als nach der Römerherrschaft germanische Franken (auch Rhein- oder Uferfranken genannt) nach Köln kamen. Einer dieser ersten Siedler könnte seinen Namen Mawo dem heutigen Stadtteil geliehen haben.[155]

Eine andere Deutung besagt, dass der erste Teil des Namens Mauenheim in all seinen unterschiedlichen Schreibungen (Mowenheim, Maurheim, Mauvinheim, Mawenheim, Mouvenheim) auf das lateinische Wort »mare« zurückgeht, das Meer oder Wasser bedeutet.[156] Der Überlieferung nach soll ein nicht bekannter Mann mit dem Land rund um den heutigen Erzbergerplatz belehnt worden sein. Ackerland und ein Teich oder Weiher, der bis zum Jahr 1900 existierte und der von den Kölnern »Volksgartenteich« genannt wurde, waren dort zu finden. Zunächst musste der Unbekannte sich eine Bleibe schaffen. So baute er an dem Teich einen Hof und nannte ihn »Mein Heim am Wasser« oder in einem Wort: Mauenheim.

Jahrhundertelang dümpelten der Hof und der Teich vor sich hin, bis im Jahr 1252 in der Nähe ein weiterer Hof urkundlich bekannt wird, der Mauenheim ab dem 16. Jahrhundert Rang und im wahrsten Sinn des Wortes auch den Namen nehmen sollte: der Nippeshof.

Jedermann kannte diesen zweiten Hof und die Gastwirtschaft, sodass der Name Mauenheim mehr und mehr zurückgedrängt wurde. Zudem siedelten sich im 18. Jahrhundert immer mehr Menschen in dem Bereich zwischen der heutigen Niehler und Neusser Straße an, sodass *zwei* Ortschaften entstanden: Mauenheim und Nippes. Die neuen Siedler waren in der Hauptsache Kleinbauern oder auch »Kappesbauern«. Lange Zeit hieß die heutige Florastraße deshalb auch »Kappesjaß«.

Im letzten Jahrhundert wuchs das jüngere Nippes gegenüber dem angestammten Mauenheim schnell heran: 1817 zählte Nippes schon sechsmal so viele Einwohner wie Mauenheim.[157] Darüber hinaus machte sich Nippes einen Namen durch die ansässige Porzellanfabrik und die Gummiwaren-Fabrik Clouth, die bis heute an der Niehler Straße zu finden ist. Als Mauenheim-Nippes 1888 nach Köln eingemeindet wurde, verschwand der Name Mauenheim vom Kölner Stadtplan.

Gut 30 Jahre später begann man, an der heutigen Etzelstraße einige Einfamilienhäuser zu bauen. Es war der Grundstein für eine größere Siedlung am Nordfriedhof. Auf der Suche nach einem Namen für dieses Gebiet schlug der damalige Pfarrer den Namen Mauenheim in Anlehnung an vergangene Zeiten vor.[158] Er wurde angenommen, und die Anwohner feierten in den zwanziger Jahren das neue Mauenheim.

Vielleicht kam zu dieser Zeit auch die dritte Bedeutung des Namens Mauenheim auf: Die Kölner erzählen, in Mauen- stecke das kölsche Wort »Maue«, das hochdeutsch dem Wort »Arm« entspricht. Mit Maue weise man auf einen alten Seitenarm des Rheins hin. Ob wissenschaftlich korrekt oder nicht, sicherlich die schönste Erklärung des Namens.

Merheim

*Bensberg, Leverkusen, Bergisch Gladbach –
alle wollten die Bürgermeisterei Merheim*

m erheim hatte jahrhundertelang das, was andere Dörfer im Rechtsrheinischen nicht hatten. Eine von neun mittelalterlichen Kirchen
im rechtsrheinischen Köln stand vermutlich schon um die erste
Jahrtausendwende an der Stelle, wo heute St. Gereon zu finden ist. St. Gereon selbst wurde im Jahr 1830 erbaut.

Aufgrund der alten Kirche und der zentralen Lage wurde Merheim unter der Herrschaft der Grafen von Berg Kirchspiel beziehungsweise Bo-
tenamt. Die Gläubigen aus den umliegenden Dörfern mussten deshalb all-
wöchentlich über schmale, sternförmig verlaufende Wege zu Fuß nach
Merheim in die Messe gehen. Zum Kirchspiel Merheim gehörten Rath,
Dellbrück, Brück, Holweide, Höhenberg und Ostheim.

Zu Beginn des 19. Jahrhunderts wurde die Stellung Merheims nochmals gestärkt. Aus dem ehemaligen Botenamt/Kirchspiel wurde mit
der Entmachtung der Kirchen durch Napoleon das Kölner Umland verwaltungstechnisch umgestaltet. Die neue Bürgermeisterei umfasste damals zusätzlich noch Stammheim, Flittard und Dünnwald. Trotz dieser
wachsenden Bedeutung blieb Merheim im 19. Jahrhundert ein beschau-
licher Ort. Wurden 1808 gerade mal 271 Merheimer gezählt, so waren es
1910 zwar 851, doch das war ein sehr geringes Wachstum im Vergleich
zu den umliegenden Dörfern. Die Dellbrücker Einwohnerzahl etwa stieg
von 534 auf 5.180, die Holweider von 638 auf 5.465. Selbst der kleinere Nachbarort Ostheim hatte einen größeren Zustrom zu verzeichnen;
in diesen 100 Jahren wuchs seine Einwohnerzahl von 108 Bürgern auf
832 an.

Merheim verlor im 19. Jahrhundert nicht nur innerhalb der eigenen
Grenzen an Bedeutung, sondern auch gegenüber den umliegenden Bürgermeistereien und den Städten Kalk, Mülheim und Köln. Der Bürgermeister
Johann Bensberg erledigte die Amtsgeschäfte schon am Ende des 19. Jahrhunderts in einem Büro in Holweide, dort wurde im Jahr 1900 auch das
erste Rathaus der Bürgermeisterei errichtet. Zwar hatte zum Beispiel
Dellbrück durch die frühe Anbindung an den Eisenbahnverkehr und die
Ansiedlung zahlreicher Betriebe im beginnenden Industriezeitalter profi-
tiert, ansonsten blieb die flächenmäßig größte Bürgermeisterei im Kölner

Umland ein hauptsächlich landwirtschaftlich genutztes Gebiet. Viele suchten Arbeit in den umliegenden Städten und Gemeinden.

Ob die Stadt Mülheim, die Bürgermeisterei Küppersteg (heute Leverkusen), Bergisch Gladbach, Heumar oder die Gemeinden Bensberg und Rath –
zu Beginn des 20. Jahrhunderts waren alle daran interessiert, sich zumindest in Teilen die Bürgermeisterei Merheim einzuverleiben. Erfolgreich war
schließlich die Stadt Köln, mit der die Bürgermeisterei zum 1. April 1914
einen entsprechenden Vertrag schloss. Merheim sollte eine Kanalisation
erhalten, Straßen und Wege sollten gebaut und so genannte Brausebäder
errichtet werden. Außerdem zahlte die Stadt Köln eine Abfindung an den
Landkreis Mülheim sowie eine Pension an den damaligen Bürgermeister
von Merheim, Johann Bensberg. Die einmaligen Kosten lagen bei 1.173.000
Mark, der Gesamthaushalt der Stadt Köln lag damals bei etwa 55 Millionen Mark.[159]

Bedeutung erhielt Merheim, dessen Ursprünge südöstlich des heutigen
Autobahnkreuzes Köln Ost liegen, erst wieder nach dem Zweiten Weltkrieg. Durch den Krieg waren fast alle Krankenhäuser in Köln zerstört
worden. Östlich der A 3 und südlich der Olpener Straße hatte man Ende
der 1930er Jahre einen Militärflughafen gebaut, der recht gut erhalten
blieb. So wurde bereits 1946 damit begonnen, die ehemaligen Kasernen
und Flughafengebäude zu einer Krankenanstalt umzufunktionieren. An
den ehemaligen Fliegerhorst erinnert heute noch die Anordnung der einzelnen Gebäude: Wie ein Halbkreis sind sie westlich um das birnenförmi-
ge Flugfeld angeordnet. Über die Kölner Stadtgrenzen hinaus bekannt
wurde das Krankenhaus vor allem durch seine Lungenklinik sowie durch
die Abteilung für experimentell-chirurgische Forschung. Letztere war
1961 bei ihrer Einrichtung die erste ihrer Art in der Bundesrepublik.

Der Name des seit 1914 zu Köln gehörenden Stadtteils Merheim, früher
auch Maarheim, weist in fränkische Zeit zurück; Mer- deutet auf ein seichtes oder stehendes Gewässer hin,[160] und eine geschlossene Hofanlage
nannte ein Siedler einst sein »Heim«.

Merkenich

und die Vereinigung mit Kasselberg, Langel, Feldkassel und Rheinkassel

die Orte Kasselberg, Langel, Feldkassel und Rheinkassel waren zu klein, als dass sie hätten bestehen bleiben können. Zu diesem Schluss kam das Organisationsamt der Stadt Köln 1953 in einer Denkschrift[161] zur Neueinteilung des Stadtgebietes. Mit der Zustimmung des Rates am 15. Juli 1954 wurden so die vier Ortschaften Stadtviertel vom neuen großen Fühlingen. Doch dieses große Fühlingen blieb nur bis zum 7. Oktober 1963[162] bestehen. Der Bau der »Neuen Stadt« hatte nach Auffassung des Rates eine weitere Neueinteilung des Kölner Nordens erforderlich gemacht. Man erachtete es als sinnvoll, Rheinkassel, Kasselberg, Langel und Feldkassel mit Merkenich als Merkenich zusammenzufassen.

Für die Langeler mag es in gewisser Weise gut gewesen sein, denn, wäre Langel damals beispielsweise ein selbstständiger Stadtteil geworden, hätte es ab 1975 eine Doppelung mit dem Langel in Porz gegeben. Man hätte im Norden mit einiger Sicherheit aufgrund des Eingemeindungsvertrages mit der Stadt Porz eine Umbenennung in Kauf nehmen müssen. In dem Vertrag mit der Stadt Köln wird zugesichert, die ehemaligen Porzer Stadtteile in ihrem Bestand zu schützen. Langel im Norden hätte also kaum eine Chance gehabt, doch da es Langel für die Verwaltung im strengen Sinne gar nicht gibt, können die rund 1.270 Langeler heute nach eigenem Gutdünken verfahren. Sie können von sich wie seit Jahr und Tag als Langeler sprechen *(siehe Langel).*

Obwohl auch Kasselberg seit 1954 kein selbstständiger Stadtteil von Köln mehr ist und gerade mal 50 Menschen dort leben, wird der Ort hin und wieder in diesen Stand erhoben. Auf einer Anhöhe nahe dem Rhein gelegen, wird dieses Stadtviertel von Merkenich bei Hochwasser ab einem Pegel von 8 Meter 40 zur Insel. Für Rundfunk, Fernsehen und Zeitungen sind die unfreiwilligen Insulaner dann immer wieder eine Sensation. Und in der Eile wird in der Berichterstattung aus dem Stadtviertel von Merkenich kurzerhand ein Stadtteil von Köln.

Neben Langel und Kasselberg gehören noch Rheinkassel und Feldkassel zu Merkenich. Der Namensteil Kassel-/-kassel geht vermutlich auf das lateinische »castellum«[163] zurück, neuhochdeutsch »Kastell«, das auf ein befestigtes Truppenlager der Römer hinweist.

Das hohe Alter der kleinen Orte hat zumindest Feldkassel nicht vor dem Bagger retten können. Ende der 1960er Jahre war geplant, entlang des Rheins ein Industriegebiet zu bauen und die Dörfer niederzureißen. Im Rahmen dieser Pläne musste Feldkassel weichen, alle anderen Orten blieben jedoch erhalten. Dazu hatte ein heftiger Bürgerprotest beigetragen.

Verschont blieb demnach auch Rheinkassel, das erstmals im Jahr 670 in einer Urkunde erwähnt wird. Nach Meinung der Stadt Köln[164] ist in Rheinkassel die schönste Dorfkirche Kölns zu finden: die St. Amandus Kirche. Dieses kleine Gotteshaus wurde lange Zeit »Dotemanns-Kirche« (Tote-Mann-Kirche) genannt. Der Sage nach soll hier einst am Kirchenhügel eine Leiche angeschwemmt worden sein, die sehr viel Geld und ein Testament bei sich trug. Man bestattete den Mann an Ort und Stelle und nutzte das Geld, um auf seinem Grab eine Kirche zu bauen.

Rheinkassel, Langel und Kasselberg sind wie ihr Hauptort Merkenich vor allem jedoch durch die Alte Römerstraße beziehungsweise die Merkenicher Hauptstraße geprägt. Über diese Straße – nahe dem Rhein – zogen bereits römische Legionäre. Um ihre Herrschaft zu bewahren, bauten sie hier neben Lagern auch Wachtürme auf; das Fundament eines solchen Wachturms soll sich unterhalb des heutigen Kirchturms von Merkenich befinden. Der Kirchturm steht in einer Linie mit den Türmen in Niehl und in Worringen, was auf eine Verteidigungslinie der Römer hindeutet. Sie wollten offensichtlich genau beobachten können, was die Feinde auf der rechten Rheinseite unternahmen.

Neben der Verteidigung spielte die Römerstraße aber auch als Handelsweg eine wichtige Rolle. Darauf soll der Name Merkenich hinweisen. Mirkenich, Merkennech, Myrkenich oder auch Mergenich, wie Merkenich im Laufe der Jahrhunderte geschrieben wurde, wird aufgrund der Endung -ich auf römische Zeit zurückgeführt. Als Hauptwort soll der Gott des Handels, Merkur, gedient haben. Möglich ist aber auch die Rückführung auf das verwandte lateinische Wort »mercator«, der Kaufmann.

Handel und Strategie sind heute für Merkenich eher unbedeutend, auch wenn drei wichtige Verkehrsachsen den Ort begrenzen: Zwischen der Industriestraße im Westen, dem Rhein im Osten und vor allem der Leverkusener Brücke im Norden wirkt Merkenich eher eingezwängt, insofern der Blick nicht auf die Leverkusener Brücke fällt aber auch idyllisch.

Die zweitjüngste Autobahnbrücke Kölns wurde in vierjähriger Bauzeit ab 1961 errichtet. Am 5. Juli 1965 wurde sie feierlich dem Straßenverkehr übergeben.

Meschenich

Römische und Rodenkirchener Erbschaften für Köln

d er eine oder die andere mag die Hände über dem Kopf zusammen-schlagen und fragen, wie es Menschen möglich gewesen sein konn-te, eine Ansammlung von riesigen Hochhäusern, den so genannten Kölnberg, zu bauen. Ein Monument kölscher Unart mag man ausrufen wol-len, doch wie die Fachwerkhäuser vergangener Jahrhunderte ist auch der Hochhauskomplex eine Hinterlassenschaft der Gemeinde Rodenkirchen an die Stadt Köln.

Als die Gemeinde Rodenkirchen, zu der Meschenich gehörte, 1975 nach Köln eingemeindet wurde, war die Entscheidung die Siedlung »Am Köln-berg« zu bauen, bereits gut zwei Jahre alt. Am 12. September 1972 hatte der Rodenkirchener Rat[165] sich für den Wohnpark ausgesprochen, der dar-aufhin bis Mitte der 1970er Jahre am nordwestlichen Rand des Dorfes Me-schenichs entstand. Damit wäre belegt, dass die Kölner nicht schuld an diesem Projekt waren. Andererseits ist nicht bewiesen, dass es wirklich anders gekommen wäre, hätte die Eingemeindung Rodenkirchens und so-mit die von Meschenich früher stattgefunden.

Durch diesen Neubau erhöhte sich Ende 1975 die Einwohnerzahl Me-schenichs um gut 2.300 auf insgesamt 5.665. Selbst nach dem Bauende des Projektes wurde der »Wohnpark Kölnberg« noch heftig kritisiert. Das wird unter anderem an der Beschreibung des Weges nach Meschenich durch einen Zeitzeugen aus dem Jahr 1974 deutlich:

> »Und nun kommt Meschenich, einst an der Römerstraße Köln – Trier gelegen, später an der B 51, heute an einer 20stöckigen Wohnmaschi-ne, die sich ›Wohnpark Meschenich‹ nennt. Fachwerk duckt sich ver-ängstigt davor – die neue Stadt im Kölner Norden ist im Vergleich dazu schön, Berlins Märkisches Viertel human. Aber dies ist ein scheinbar unmotiviert auf den Acker gesetztes Manhattan, ein Klotz in den Kappesfeldern, ausgerechnet auch noch ›Kölnberg‹ geheißen.«[166]

Bis heute erscheint Meschenich als zweigeteiltes Dorf, die alten Bewoh-ner und die Kölnberger finden kaum zueinander.

Das »Zueinander« spielt jedoch für Meschenich eine wichtige Rolle. Me-schenich soll nach Meinung der Archäologen bereits zur Römerzeit besiedelt gewesen sein. Genau an der Stelle, wo von der alten Ost-West-Römer-straße von Trier über Euskirchen und Brühl nach Köln Wege abzweigten, um in benachbarte Siedlungen zu gelangen, ließen sich die ersten Me-schenicher nieder. Nördlich der Alten Kölnstraße soll der eigentliche Orts-kern gelegen haben.

An die römische Geschichte soll einer Deutung nach auch der Name Meschenich erinnern. Demnach wäre das ursprüngliche »masciniacum« aus »Mascini-us« und »-acum« gebildet, was auf einen Personennamen schließen lässt. Ähnlich verfährt auch eine Erklärung, die sich auf das Fränkische beruft: Meschenich sei aus »Megi« und »ingen« gebildet wor-den, was gleichbedeutend wäre mit »bei den Leuten des Megi«. Andere Sprachforscher wollen in Meschenich keinen Personennamen, sondern ei-nen Namen für eine alte römische Straße verewigt sehen.[167]

Ebenso vielfältig wie die Erklärungen zum Namen sind auch die Schrei-bungen seit 1166, als Meschenich erstmals urkundlich erwähnt wurde:[168] Meschingin, Messinhen, Meschingen, Meyschingen, Meyschinhin, Mes-singen, Messinghen, Messchingen, Messenich oder auch Messenigh, selbst unsere heutige Schreibweise findet sich schon im Jahr 1285. Einig wurde man sich mehr oder minder zu Beginn des 17. Jahrhunderts, seit-dem schrieb man in der Regel nur noch Meschenich.

Mülheim

Konkurrenz zu Köln sowie eine Zuflucht für Händler und Protestanten

a uf alten Karten, auf denen Mülheim eingezeichnet ist, fällt vor allem der Wandel der Namensschreibung auf: Mulinheim, Mulenheim oder Molenheym (dreisilbig) sind zwischen dem 11. und 14. Jahrhundert als Namen zu lesen; auf den Karten des 16. und 17. Jahrhunderts heißt es kürzer (zweisilbig) Mullem, Muhlheim, Molheim, Mullheim, Mölnheim oder auch Müllheim.

Beim flüchtigen Blick auf die alten Karten – der älteste Beleg[169] stammt aus dem Jahr 1098 – fallen einem sofort die Mühlen auf, die die Kartogra-phen neben den halbrunden Stadtbildern am rechten Rheinufer eingezeichnet haben. Damit wollte man kein schmückendes Beiwerk schaffen, sondern symbolisch auf die Vielzahl der Mühlen am Strunderbach, 35 sind belegt, hinweisen. Diese Mühlen gaben dem heutigen Kölner Stadtteil seinen Namen. Neben dem Strunderbach begrenzte ein zweiter Bach Mülheim nördlich. Da dieser träge vor sich hin floss und sich deshalb für den Bau von Mühlen nicht eignete, wurde er wohl kurzerhand Faulbach genannt.

Über eines geben die historischen Karten allerdings keine Auskunft: das Verhältnis zwischen den Kölnern und den Mülheimern. Es kann über die Jahrhunderte hinweg kaum als friedlich charakterisiert werden. Nicht zuletzt wegen seiner zahlreichen Mühlen sahen die Kölner den Ort auf der anderen Rheinseite als Konkurrenz an. Mülheim sollte nach dem Willen der Kölner jedoch im Schatten der ehemals römischen Stadt stehen. Da Ausdruck für die Stärke einer Stadt seit jeher eine Stadtmauer war, denn sie schützte vor Überfällen und sicherte damit den wirtschaftlichen Erfolg einer Siedlung, hatten die Kölner eine Befestigung von Mülheim immer wieder verhindert. Sie vereinbarten mit dem Grafen von Berg, zu dessen Herrschaftsbereich Mülheim gehörte, dass der Konkurrent keine Stadtmauer bauen solle. Mehrere Versuche der Mülheimer ihre Stadt zu sichern, konnten so unterbunden werden.

Andererseits nutzten die Mülheimer ihrerseits die Schwächen der großen Stadt am anderen Ufer des Rheins: Sie zeigten sich im Gegensatz zu den Kölnern etwa in Sachen Religion aufgeschlossener. Erfolgreiche protestantische Kaufleute bezogen deshalb in Mülheim ihr Domizil.

Außerdem boten die Mülheimer Händlern eine Möglichkeit, das so genannte Kölner Stapelrecht zu umgehen, das Kaufleute zwang, mit ihren Frachtschiffen in Köln Halt zu machen und ihre Waren dort drei Tage anzubieten. Mülheim entband manchen Kaufmann von dieser hinderlichen Verpflichtung, indem die Waren ab Mülheim auf dem Landweg bis nach Zündorf gebracht wurden. Dies war möglich, da Verkehrsverbindungen ins so genannte Hinterland, ins Bergische Land und über den Mauspfad nach Zündorf, bestanden.

Trotz aller Widrigkeiten gelang es Mülheim schließlich im Jahr 1901 als Stadt selbstständig zu werden. Zu dieser Zeit gehörten Teile von Holweide, Höhenberg, Höhenhaus und Stammheim sowie fast ganz Buchheim und Buchforst zu Mülheim. Die Zahl der Einwohner hatte sich innerhalb weniger Jahrzehnte um das Achtfache auf rund 40.000 vergrößert. Dieses Ansteigen der Bevölkerungszahl und die wachsende Industrie stellten die junge Stadt jedoch vor große Probleme. Man zählte eine Million Menschen, die pro Jahr allein mit der Eisenbahn in Mülheim Halt machten. Man benötigte unter anderem eine Straßenbahnverbindung nach Bergisch Gladbach, außerdem eine Brücke zum anderen Rheinufer, um sich als Stadt wirklich behaupten zu können.

Notgedrungen setzten sich Vertreter der Stadt Mülheim recht bald mit den Kölnern zusammen, schließlich wollte man den Erfordernissen gerecht und dem weiteren Anstieg der Bevölkerung Herr werden. Als 1914 die Eingemeindung nach Köln vollzogen wurde, hatte Mülheim 13 Jahre nach der Verleihung der Stadtrechte nochmals 15.000 Einwohner hinzugewonnen. Eine Bedingung des Eingemeindungsvertrages zwischen den beiden Städten[170] war der Brückenschlag. Zunächst hatte man eine Bogenbrücke geplant, was jedoch der spätere Bundeskanzler und ehemalige Oberbürgermeister von Köln, Konrad Adenauer, zu verhindern wusste. In den Wirren der Bürokratie gelang es ihm in den 1920er Jahren, den Bau einer Hängebrücke durchzusetzen. Diese Brücke und ihre große und aufwendige Rampe hatte zur Folge, dass Teile des alten Mülheims abgerissen werden mussten.

Müngersdorf

Seit den 1920er Jahren das Zentrum für Sport, Stars und Sternchen

O b Michael Jackson, die Rolling Stones, Pink Floyd oder der 1. FC Köln und seine Kontrahenten: Kicker und Künstler geben sich in dem Kölner Stadtteil die Hand.

Angefangen hatte eigentlich alles mit dem ehemaligen Bundeskanzler und Kölner Oberbürgermeister Konrad Adenauer. Kaum hatte er sein Oberbürgermeisteramt im Jahr 1917 angetreten, setzte er sich auch schon für Müngersdorf ein. Im Kölner Westen sollte ein Sportpark entstehen.[171] Seine Initiative trug dazu bei, dass in seinem vierten Amtsjahr bereits mit dem Bau des Stadions begonnen wurde. Diese Entscheidung für Müngersdorf und den Sport wurde 1947 noch einmal bestätigt. Die Sporthochschule wurde eröffnet.[172]

Wie das in der rechtlich ältesten Stadt Deutschlands nun mal so ist, kann kein Erdhaufen umgewendet werden, ohne dass man auf Zeugnisse römischer Geschichte stößt. Beim Bau des Müngersdorfer Stadions fand man die Überreste einer römischen Villa. Der Gutshof, mit 30 Räumen, Nebengebäuden, Scheunen, Kellern, Speichern und vielem mehr, maß allein in der Front 60 Meter. In die Fachliteratur und Museumswelt ist der Fund unter dem Namen »Der römische Gutshof in Müngersdorf« eingegangen. Er scheint mit das älteste Zeugnis des heute weit über die Stadtgrenzen hinaus bekannten Stadtteils zu sein.

Auf einer Urkunde wird Müngersdorf erstmals am 25. Oktober 980 erwähnt.[173] Erzbischof Warin spricht in dem Dokument von einem Ort namens Mundestorp, im 17. Jahrhundert spricht man noch von Mundenstorp und schließlich am Übergang vom 18. zum 19. Jahrhundert von Müngerstorff und Mungerstorff. Die Wissenschaftler führen das angehangene -dorf auf das lateinische »turba« zurück, was so viel wie Schar oder Trupp bedeutet. Bei Ortsnamen, die auf -dorf enden, geht man davon aus, dass die Siedlung aus einer Mehrzahl von Einzelhöfen entstanden ist.

Es muss allerdings einen Hof, genau genommen Hofbesitzer, gegeben haben, der an Bedeutung alle anderen überragte. Die alten Formen von Müngersdorf weisen auf einen Personennamen wie »Mundo« oder »Mundin« hin. Wer jedoch genau diese Person war, ist nicht bekannt. Das hat zu der Theorie Anlass gegeben, Müngersdorf wäre eher ein sachbezogener Begriff. Danach bedeutet »Mundin« geschützter Ort.[174] Mund- ist hier mit Schutz, die Endsilbe -in mit Gewinn übersetzt.

Neubrück

Mit viel Geduld zum offiziellen Stadtteil von Köln

der ehemalige Oberbürgermeister und Bundeskanzler Konrad Adenauer hätte gern gesehen, dass die neue Siedlung, die im nordöstlichen Ostheim ab 1965 entstand, nach ihm benannt worden wäre. Schließlich hatten Adenauer und seine Parteikollegen die Idee, dort zu bauen. Der erste deutsche Bundeskanzler war am 26. August 1965 höchstpersönlich ins damalige Ostheim zur Grundsteinlegung gereist. Aber es kam anders als Adenauer sich dies insgeheim gewünscht haben mag.

Das heutige Neubrück wurde auf dem ehemals birnenförmigen Flugfeld errichtet, wo bis zum Ende des Zweiten Weltkrieges der Militärflughafen »Fliegerhorst Ostheim« angesiedelt war. Eine erste Entscheidung gegen die Adenauer-Siedlung fasste der Rat der Stadt im Januar 1967. Das Neubaugebiet wurde Ostheim weggenommen und Brück zugeschlagen. Doch damit war weder der Name Neubrück noch eine mögliche Benennung nach Adenauer vom Tisch.

Die ersten Siedler kümmerten sich wenig um das, was der Rat entschied. Viele sprachen seinerzeit von der »Adenauer Siedlung«, andere wiederum verwendeten den Namen Neubrück für ihre neue Heimat. Dieser Schwebezustand hielt bis zu Beginn der 1980er Jahre an.

1982 wurde durch die Änderung der Hauptsatzung (früher Stadtverfassung) der Stadt Köln die Weiche für den neuen Stadtteil Neubrück gestellt. Man definierte den Stadtteil Brück in Klammern als Brück und Neubrück.[175] Damit hatte der Rat einerseits den ersten Schritt für einen späteren, neuen Stadtteil gemacht, andererseits aber klar gestellt, diese Siedlung eben nicht nach Adenauer zu benennen. Es sollte dann jedoch noch zehn Jahre dauern, bis Neubrück endgültig ein Stadtteil von Köln wurde. Am 24. September 1992 fasste der Rat einen dementsprechenden Entschluss, den 84 Stadtteilen einen weiteren hinzuzufügen. Somit ist Neubrück der jüngste Kölner Stadtteil.

Die Argumentation für den Namen Neubrück besagte, dass sich unter den Bürgern der Name mittlerweile durchgesetzt und Neubrück sich im Laufe der Jahre »zu einem voll funktionsfähigen Nahbereichszentrum entwickelt« hätte.[176]

Dies war allerdings bereits in der Planung angelegt: Neben den Wohnhäusern waren Geschäfte, Schulen, Kirchen, Kinderspielplätze, Tankstellen und zwei Gemeindezentren gebaut worden. Neubrück gehörte in den 1960er Jahren zu den wichtigsten Großsiedlungen in Köln. Typisch für die Architektur in Neubrück, gleichgültig ob Mehr- oder Einfamilienhaus, ist das Flachdach. Zudem wurden viele Mehrfamilienhäuser als so genannte Terrassenhäuser errichtet.

Möglich wurde der Bau von Neubrück erst dadurch, dass die Bundesregierung das Gelände des ehemaligen Militärflughafens Ostheim zur Verfügung stellte und der Bauherr, die Deutsche Wohnungsgesellschaft (DEWOG), zusätzliche angrenzende Grundstücke kaufte. Man wollte nach den Vorgaben der Bundesregierung vor allem kinderreiche Familien mit geringem Einkommen fördern, außerdem sollten Menschen beider Konfessionen in Neubrück eine Heimat finden. Des Weiteren versuchte man, durch Eigentumswohnungen und Eigenheime eine Ghettobildung zu verhindern.

Bei der Entscheidung für einen neuen Stadtteil ist natürlich auch die Abgrenzung zu umliegenden Gebieten wichtig: Im Falle von Neubrück spielte die Kölner FDP eine entscheidende Rolle. Sie hatte im Mai 1991 den Antrag gestellt, Neubrück endgültig zu gründen. Als dies ein Jahr später in die Tat umgesetzt werden sollte, meldeten sich die Liberalen ein weiteres Mal zu Wort. Streitpunkt war die Frage, ob die Bewohner der drei Hochhäuser an der Hans-Schulten-Straße zu Brück oder Neubrück gehörten. Die Verwaltungsvorlage sah Neubrück vor. Die Freien Demokraten initiierten eine Umfrage, nach der sich mehr als 80 Prozent der Bürger für Brück aussprachen. Außerdem argumentierte die FDP im Rat, der Ortsbereich gehöre zur Pfarre Brück und die Telefonanschlüsse in den Hochhäusern hätten Brücker Telefonnummern. Und überhaupt, so die FDP, sei die vorgeschlagene Grenzziehung nicht nachvollziehbar.[177]

Die Liberalen setzten sich mit ihrem Änderungsvorschlag durch, Neubrück wurde etwas kleiner als ursprünglich vorgesehen. Die Grenze zwischen Brück und Neubrück verläuft heute südlich entlang der Hans-Schulten-Straße und entlang des Rather Kirchwegs.

Was den Namen betrifft, gilt für den jüngsten Kölner Stadtteil all das, was für den (Ursprungs)Namen Brück auch gilt *(siehe Brück)*.

Neuehrenfeld

Tintekleckserveedel, ein spöttischer Name für architektonisches Neuland

möglicherweise ist im Fall von Neuehrenfeld drei Mal ein Grundstein gelegt worden. Zum einen ist das Jahr 1871 zu nennen, in dem das erste Haus auf dem heutigen Gebiet von Neuehrenfeld – in der Ottostraße – gebaut wurde.[178]

Der nächste wichtige Schritt geschah um 1910. Initiator war der Ehrenfelder Bauunternehmer Franz Zilkens. Er verkaufte 1908 Bauland an der heutigen Eichendorffstraße, Siemensstraße, Nussbaumerstraße und dem Ehrenfeldgürtel nur unter der Bedingung, dass das Blockinnere nicht bebaut werde. Außerdem gab er vor, dass die Wohnungen aus mindestens drei Zimmern bestehen mussten. Was dann ab 1908 entstand, erregte Aufsehen: Ideales Bauen, ideales Wohnen wurde es genannt, und der zweite Grundstein für den Stadtteil Neuehrenfeld war gelegt.[179]

Da sich diese Wohnungen nur Menschen mit höherem Einkommen wie Beamte, Kaufleute, Lehrer und Angestellte leisten konnten und diese vorwiegend mit Papier und Stift ihre Arbeit versahen, reizte es die Kölner zu dem liebevollen Spottnamen »Tintekleckserveedel«. Darin steckte nicht nur Spott, sondern auch Bewunderung für die großzügigen Häuser mit den schönen, bunten Fassaden. In den folgenden Jahren wurde in diesem Stil in Richtung Nordwesten weitergebaut.

Der dritte Grundstein – dieser kann als späte Anerkennung angesehen werden – war am 15. Juli 1954 fällig. Der Kölner Rat beschloss, dass Neuehrenfeld *(zur Bedeutung des Namens siehe Ehrenfeld)* offiziell Stadtteil wird. In der Vorlage für den Beschluss heißt es:

> *»So hatte sich bei Ehrenfeld in den letzten Jahrzehnten ein ganz neuer Baukomplex herausgebildet, der von den Anwohnern als Neu-Ehrenfeld bezeichnet und längst als selbständiger Ortsteil bei Zählungen behandelt wurde. Dieser Stadtbezirk Neu-Ehrenfeld wird nun als solcher auch in die Stadteinteilung eingeführt.«[180]*

Dass die Bürger Neu-Ehrenfeld (heute Neuehrenfeld) von Ehrenfeld unterschieden haben und dass auch schon vor dem Zweiten Weltkrieg, liegt sicherlich an dem Wachstum dieser beiden Stadtteile. In der Zeit zwischen 1871 und 1939 ist kein Kölner Stadtteil so immens gewachsen wie Ehrenfeld.[181]

In die Anfangsphase des Wachstums fällt der Bau des Schlachthofes ab Februar 1892, dessen Einweihung im Juli 1895 gefeiert wurde. Er galt seinerzeit als modernster Schlacht- und Viehhof Deutschlands: Neben den Markthallen war ein Börsengebäude errichtet worden, in dem sich neben den Geschäftsräumen auch ein Festsaal, ein Restaurant, eine Bank und eine Post befanden. Der Schlachthof, der nach seiner Zerstörung im Zweiten Weltkrieg wieder aufgebaut wurde, prägt bis heute das Stadtbild von Neuehrenfeld.

Besonders für Autofahrer ist Neuehrenfeld von zentraler Bedeutung: Seit Ende der 1950er Jahre befindet sich in der Herkulesstraße die zentrale Kfz-Zulassungsstelle. Bis 1987 kam kein Kölner, der sein Auto anmelden wollte, an Neuehrenfeld vorbei. Lange Zeit konnte er im Nachbarhaus auch gleich seine TÜV-Untersuchung vornehmen lassen. Da man seit 1987

sein Auto auch in Porz und in Rodenkirchen anmelden kann, haben Neuehrenfeld und die Herkulesstraße ein wenig an Wichtigkeit verloren.

Im wahrsten Sinne des Wortes hat Neuehrenfeld auch in der modernen
Architektur Größe bewiesen: 1972 wurde das Herkuleshochhaus (benannt
nach der gleichnamigen Straße in der Nachbarschaft) fertig gestellt. Das
Gebäude mit seinen blauen, roten und orangefarbenen Außenwänden ist
102 Meter hoch, besteht aus insgesamt 32 Etagen und 427 Wohnungen.
Es wurde mit einem kleinen Selbstbedienungsladen, einem Schwimmbad,
einer Sauna und einem Solarium ausgestattet. Die Kölner waren jedoch
von Beginn an geteilter Meinung über dieses moderne Bauwerk; so heißt
es in einem Zeitungsartikel über das Herkuleshochhaus: »die Wohnfabrik
schreckt ab, verschüchtert Nachbarn«.[182]

Anfangs fanden die Kölner wenigstens Gefallen an den bunten Wän-
den, doch mittlerweile haben selbst die Außenwände kaum noch eine
Chance. Auch die Bewohner fühlen sich im Herkuleshochhaus, wie eine
Doktorarbeit besagt, immer seltener wohl. Es sei heruntergekommen, ur-
teilen viele Mieter.[183]

Zu guter Letzt: In der Hornstraße, an der Grenze zu Nippes, ist seit Anfang 1972 ein Zentrum des Vergnügens zu finden. Dort wird in einem
schmucklosen grauen Haus auf fünf Etagen und in rund 200 Zimmern jeder Mann - und nicht nur Kölner - mit sehr viel Liebe empfangen!

Neustadt Nord
& Neustadt Süd

Ein Hauch von Champs-Élysées entlang der alten Stadtmauer

d ie Neustadt ist keine »Neue Stadt« in dem Sinne, wie sie etwa im
19. Jahrhundert (Ehrenfeld) oder im 20. Jahrhundert (Chorweiler) geplant wurden; mit Neustadt ist die Vergrößerung, eine Erweiterung
der alten Stadt Köln gemeint.

Von 1816 bis 1880 hatte sich die Einwohnerzahl auf 144.772 nahezu verdreifacht: Damit war Köln im nationalen und internationalen Vergleich eine
hoffnungslos übervölkerte Stadt;[184] ihre Erweiterung war einerseits drin-

gend nötig, andererseits schien sie unmöglich: Schon allein rein physisch stand die mittelalterliche Stadtmauer einer Vergrößerung im Wege. Hinzu kamen die Besitzverhältnisse sowie die so genannten Rayon-Bestimmungen. Außerhalb der Stadtmauer durfte eine Festungsstadt wie Köln nach den Militärbestimmungen auf einem Gebiet von 700 Metern nicht bebaut werden, damit die freie Sicht bei einem Angriff von Feinden gewährleistet blieb.

Die Stadt musste mit den Militärbehörden als Besitzer einerseits, andererseits wiederum mit den Kulturbehörden verhandeln, denn mit ihren rund 700 Jahren galt die Stadtmauer als ein historisches Bauwerk. Nach langen Verhandlungen wurde das mittelalterliche Bollwerk schließlich am 9. und 10. Juni 1881 von den Militärbehörden der Stadt Köln übergeben.

Tags drauf, am 11. Juni 1881, feierte man mit einem Volksfest eine erste Sprengung und den Durchbruch der Stadtmauer. Damit war man dem Bau der Neustadt einen Schritt näher gerückt. Als Neustadt gilt heute von Norden gesehen der Bereich zwischen der Inneren Kanalstraße und dem Ring; ab der Universität ist die äußere Grenze in Richtung Rhein verlegt, sie verläuft in etwa entlang der Bahnanlagen.

Die Aachener Straße trennt den Süden der Neustadt vom Norden. Diese Nord/Süd Trennung setzt sich auch in der Altstadt fort. Hier verläuft die Grenze entlang der Hahnenstraße, dem Neumarkt, der Cäcilien- und der Pipinstraße bis zum Rhein.

Im Wesentlichen wurde die Neustadt von 1882 bis 1910 gebaut.[185] Bei Baubeginn war der Gedanke, die Stadt zu erweitern, schon mindestens zwei Jahrzehnte alt. Im Mai 1861 beschlossen die Stadtverordneten, eine Kommission ins Leben zu rufen, die »darüber beraten und sich gutachtlich äußern sollte, ob und wie eine Erweiterung anzustreben sei.«[186] Es gibt keine Unterlagen zu der Arbeit dieser Kommission, und auch aus der Stadtverordnetenversammlung geht nicht hervor, ob die Kommission mit ihren Beratungen vorangekommen ist.

Gut drei Jahre später legte der Stadtverordnete Mathias Bircher die »Denkschrift betreffend die Erweiterung der Stadt Köln und den theilweisen Umbau beziehungsweise die Ausdehnung ihrer Festungswerke«[187] vor. Er empfiehlt nicht nur die ringförmige Bebauung, sondern hat auch die Idee einer großen Hauptstraße. Für Köln wünscht er sich einen Boulevard, der breit und prachtvoll mit Bäumen nach Berliner und Pariser Vorbild zu gestalten ist.

Diese Vorstellungen wurden im April 1880 wieder aufgegriffen, als ein Wettbewerb zur Erlangung eines Bebauungsplanes für die Stadterweiterung ausgeschrieben wurde. Noch im selben Jahr wurde unter 27 Entwürfen das Projekt »König Rhein« der Aachener Architekten Karl Henrici und Josef Stübben einstimmig mit dem ersten Preis ausgelobt. So wurde der Ring in zehn Abschnitten verwirklicht, mal als Allee, mal mit Springbrunnen oder Teich und ein anderes Mal als simple breite Straße.[188]

Am 22. April 1882 wurde der Grundstein für das erste Haus in der Neustadt gelegt, es wurde am Hohenzollernring 58 errichtet.[189] Insgesamt entstanden in den nächsten beiden Jahrzehnten rund 4.500 Gebäude, von denen jedoch heute nur noch die Hälfte steht. Ein Viertel der Neustadt wurde durch den Krieg zerstört, ein weiteres Viertel durch Abrissbirnen in der Nachkriegszeit.[190]

Im Jahr 1954 löste der Kölner Rat die Neustadt als Stadtteil verwaltungstechnisch auf. Nord- und Süd-Neustadt wurden gemäß der Hauptsatzung mit der Altstadtentsprechung (Nord/Süd) zusammengeschlossen. Der Zusammenschluss galt gut zwanzig Jahre.

Mit der großen Gebietsreform und dem Köln-Gesetz zum ersten Januar 1975 wurden die beiden Neustadt- und Altstadt-Teile Nord und Süd wieder zum Leben erweckt.

Niehl

Der Tag, an dem im Rhein goldener Wein schwamm

h ätte man dem Stadtteil Niehl erst 1926 einen Namen geben müssen, dann wäre man bestimmt auf einen Namen wie Weindorf, Weinheim oder Weinbach gekommen.

Im Juli 1926 hatte nämlich gegen Mittag ein Schiffer aus Cochem mit seinem Kahn die Südbrücke gerammt. Der Kahn brach entzwei, sank, und an die Wasseroberfläche schossen Weinfässer über Weinfässer. Der gute Moselwein trat unverzüglich seine Reise Richtung Düsseldorf, Duisburg und die Niederlande an. Freilich, die Kölner versuchten zu retten, was zu retten war. Jakob Etheber vom damaligen Wasserstraßenamt informierte die Fischer von Niehl, dass Fässer kommen würden. Nachdrücklich wies er darauf hin, dass das Strandgut natürlich beschlagnahmt würde, denn mit dem Erlös wolle man den Schaden an der Brücke bezahlen. Nun sind die

Kölner, und dazu zählen seit 1888 auch die Niehler, ein hilfsbereites Völkchen. Geschwind angelten und fischten sie insgesamt 17 Fässer mit jeweils 4.000 Litern Wein aus dem Rhein.

Nur abgeben wollten die Niehler die Fässer nicht. Sie und ihre Nachbarn aus der Umgebung schlugen die Fässer kurzerhand an und hielten sich schadlos. Der gute Wein wurde in Töpfe und Krüge abgefüllt, und das eine oder andere Becherchen genehmigte man sich sogar auf der Stelle. Als später die Beamten kamen, fanden sie ganz Niehl im Weinrausch. Lediglich zehn Fässer konnten beschlagnahmt werden.

Die Weinlust der Niehler sollte allerdings ungestraft bleiben, zumal eine Versicherung für den Schaden an der ramponierten Südbrücke aufkam. Die Beamten ließen alle fünfe gerade sein, schließlich hatte kaum jemand so viele Fässer gerettet wie die Niehler. Und das wunderte niemanden, denn die Niehler waren schon immer gute Fischer gewesen.

Besonders gut fischen kann man, wenn man am Fluss ein wenig erhöht, auf einer Anhöhe oder an einer steilen Böschung, wohnt. Und dieses landschaftliche Merkmal klingt auch im Namen des Stadtteils an. Eine »steile Böschung« bezeichneten die Menschen am Rhein vor 1.000 Jahren mal als Nyhel oder Nöl.[191] Im Lauf der Zeit wurde aus Nöl mal Nehl, dann wieder Neihl oder auch Nühl. Die Variationen des Namens scheinen so zahlreich, wie Jahre vergangen sind. Schließlich einigten sich die Fischer im Kölner Norden auf die Schreibung Niehl.

Nippes

Schädliche, aber köstliche Getränke locken zum Wirt ins »Ausland«

der Name Nippes, so viel steht fest, hat nichts mit den kleinen Ziergegenständen und Figürchen zu tun, die dem Betrachter zwar viel Freude bereiten, als Staubfänger jedoch gefürchtet sind. Andererseits mag das eine oder andere »Figürchen« beim Wirt »Om Nippes« im Laufe der Jahrhunderte eingekehrt sein. Nippes stand nämlich für einen Bauernhof mit Gastwirtschaft. Von der Gastwirtschaft »Om Nippes« ist erstmals im Jahr 1549 die Rede.[192]

Für keinen Kölner Stadtteil sind so viele Erklärungen nachzulesen wie für Nippes. Hier sollen die vier wichtigsten genannt sein. Der Name könnte nach dem Wirt, der vielleicht Nip oder etwa Nep hieß, gebildet worden sein. Nippes könnte aber auch dieselbe sprachliche Wurzel wie das Wort »nippen« haben, von dem sich auch die Bezeichnung Nipphaus ableitet. Als dritte Möglichkeit lässt sich Nipp(es) ähnlich wie Niehl auf eine Anhöhe, also eine erhöhte Lage, zurückführen. Für die erhöhte Lage spricht, dass die Bürger immer »om Nippes« (auf dem Nippes) sagten. Schließlich gibt es noch die Annahme, dass Nippes von »nipan« abgeleitet wurde, das »dunkel, sich verfinstern« bedeutet.[193]

Welche Erklärung auch immer man favorisiert, die Endung -es steht vermutlich für Haus, parallel verkürzt wie etwa Back-es für Back-haus. Und das ehemals an der heutigen Neusser Straße gelegene kombinierte Bauern- und Brauhaus sorgte gewiss immer für Zerstreuung seiner Gäste. Reisende, Fuhrleute, aber auch Kölner Bürger strömten in Scharen zum Wirt »Om Nippes«, um sich nach der Arbeit außerhalb der Stadt zu vergnügen. In dem Lokal muss es wohl sehr ausgelassen bis wüst zugegangen sein: Es heißt, Alkohol, Gesang und fleischliche Begierden sollen dort hoch im Kurs gestanden haben. Inwieweit dies bloße Phantasien oder doch nackte Tatsachen waren, sei hier einmal dahingestellt. Jedenfalls war Nippes für die Stadtväter Kölns ein Sündenpfuhl und ihnen damit immer wieder ein Dorn im Auge. Der Rat der Stadt erließ deshalb mehrmals, unter anderem in den Jahren 1672, 1674 und 1695, strenge Vorschriften.[194] Die Wanderung ins »Ausland«, so wurde der Weg über die Kölner Stadtgrenze nach Nippes bezeichnet, wurde verboten, weil dort »durch das schädlich dolle Gedränk kundbarlich grobe Excesse«[195] entstünden. Der Rat der Stadt sprach das Verbot zwecks »Abwendung göttlichen Zorns« aus.

Doch das sündige, »heiße Pflaster om Nippes« blieb, wie könnte es anders sein, auch weiterhin beliebt. Wo bekam man auch schon so viel geboten: fahrendes Volk und Gesinde, Kaufmänner und Bauerntöchter, Jecke und Originale – eine immer andere, bunte Mischung.

Damit jedoch nicht genug: Der Wirt und Bauer in Nippes bot mindestens zwei weitere Male Anlass zur Klage, und zwar den Bauern vom Eigelstein. Bei ihren Beschwerden ging es allerdings um Schafe und um den simplen Kappes. So heißt es 1560 bei einer Gerichtssitzung der »Nepis wirt halde zu viel schaaf«.[196] 1688 tummeln sich die friedliebenden Wolltiere wiederum am Eigelstein und fallen durch ihren großen Appetit auf. Dort verursachen sie »am Kappes, Roben (Rüben) und anderem Gartenwerk vill Schaden«.[197]

Mögen sich die Bauern vom Eigelstein und aus Nippes auch immer wieder gestritten haben, 1888 brachen neue Zeiten an. Obwohl Nippes mittlerweile die Stadtrechte erhalten hatte, waren die Probleme am Ende des letzten Jahrhunderts so gravierend, dass die Selbstständigkeit nicht aufrechterhalten werden konnte. Nippes wurde ein Teil der Stadt Köln, aus dem »Ausland« wurde »Inland«. Wie lange so ein Einigungsprozess dauern kann, belegt nicht zuletzt, dass selbst junge Leute in Nippes noch heute den Ausdruck »wir wohnen im Ausland« kennen.

Ossendorf

»Schwedische Gardinen«, eine resolute Dienstmagd und der Karneval

i ch muss nach Ossendorf!« Wer das sagt, spricht nicht unbedingt von einem einfachen Besuch am Nachmittag. Wer dorthin muss, kommt vielleicht nicht so schnell zurück, denn mit den vier Worten kann auch ein Aufenthalt hinter »schwedischen Gardinen« gemeint sein. In gut 30 Jahren hat die Justizvollzugsanstalt dem Kölner Stadtteil ihren Stempel aufdrücken können.

Niemand wird diesen Wandel im Dezember 1966, als der Grundstein für das neue Gefängnis mit 1.100 Plätzen gelegt wurde, geahnt haben, schließlich gehört Ossendorf zu den ganz alten Dörfern vor den Toren Kölns, die einiges in ihrer über tausendjährigen Geschichte erlebt haben.

Im Jahr 980[98] wurde der Stadtteil im Kölner Westen erstmals erwähnt. Mehrere Höfe müssen im Bereich der heutigen Frohnhof-/Iltisstraße gelegen haben. Außerdem lässt sich ein altes Rittergeschlecht derer von »Ossendorp« bereits in der zweiten Hälfte des 12. Jahrhunderts nachweisen.

Zu Ruhm und Ehre kam im letzten Jahrhundert auch eine Ossendorfer Köchin. Der Kölner Volksdichter Joseph Roesberg schrieb damals ein Lied über eine Dienstmagd, deren Vorbild eben jene Köchin aus Ossendorf gewesen sein soll: »et Schnüsse-Tring«. Eine korpulente Köchin, die zupackte, aber auch Rechte einforderte; sie war lebensfroh und redete, wie ihr der Schnabel – die Schnüss – gewachsen war. Das Lied über die Dienstmagd und das Vorbild, die Ossendorfer Köchin, waren so bekannt, dass

sich im Jahr 1901 eine Karnevalsgesellschaft sogar den Namen »Alte Kölner Karnevalsgesellschaft Schnüsse-Tring« gab.[199]

Ins Zentrum des Fortschrittes und des Geschehens rückte Ossendorf in
der ersten Hälfte des 20. Jahrhunderts durch den Kölner Flughafen »Butz-
weilerhof«. Bis zum Zweiten Weltkrieg mauserte er sich zum »Flugkreuz
im Westen«. Er galt als der drittgrößte nach Berlin und Frankfurt. Neun
Passagier-Fluglinien führten über die Domstadt, darüber hinaus sieben
Fracht- und Postdienstlinien. Die Kriegs- und die Besatzungszeit führten
schließlich zum Ende des »Flugkreuzes im Westen«. Ins Rampenlicht geriet der Flughafen jedoch noch zwei Mal: 1956 beim »Flugtag der Natio-
nen«, zu dem 200.000 Besucher kamen und 1980, als Papst Johannes
Paul II. auf dem Gelände des Butzweilerhofes eine Messe las.

Wenn auch die Luftfahrt, die Justizvollzugsanstalt und die streitbare
Köchin Ossendorfer Geschichte geschrieben haben, so sind sie nicht für
den Namen des Stadtteils Ossendorf verantwortlich, der seit 1888 zu Köln
gehört. Drei Deutungen lassen sich für den Namen Ossendorf finden.

Zum einen kann man Ossen- auf das fränkische »os« zurückführen,[200]
was dann so viel wie »Gemeindeland« heißen würde. Das ist das Land, das
von den im Dorf ansässigen Bauern gemeinsam genutzt wird, wie zum Beispiel Wald, Feld, Wiese, Weide oder auch Gewässer.

Es gibt zum anderen die Möglichkeit, den Ortsnamen auf einen Eigen-
namen[201] wie »Osso« oder »Anso« zu beziehen.

Eine dritte Begriffsbestimmung besagt, dass »Ossen« neuhochdeutsch
dem »Ochsen« entspricht,[202] womit Ossendorf eine Bauernsiedlung gewesen wäre, wo die Ochsenwirtschaft womöglich eine tragende Rolle gespielt
haben wird. Für diese Namensdeutung sprechen zwei Argumente: zum einen die Nachbarschaft von Orten, die sich ebenfalls mit Tieren in Verbindung bringen lassen (Bickendorf, Marsdorf, Widdersdorf), zum zweiten die
oben erwähnten Ritter von »Ossendorp«, die in ihrem Wappen in der oberen schwarzen Hälfte einen silbernen Ochsenkopf abgebildet haben.

Ostheim
und die Frage nach der Himmelsrichtung

O stheim heißt Ostheim und nicht Ostdorf oder Oesdorf. Dennoch wird Ostheim in einem Protokoll zur Weihe der Servatius-Kapelle am 13. Mai 1710 tatsächlich Oesdorf genannt. Es heißt in dem Schriftstück »nahe bei dem Dorfe Oesdorf der Merheimer Pfarre (…)«.[203] Da es in der Nähe von Merheim aber nur ein Ostheim gab und nie ein Oesdorf, schließt man daraus, dass dem Schreiber damals ein Fehler unterlaufen ist.

Doch auch ohne Fehler nehmen Namen im Laufe der Jahrhunderte zum Teil absonderliche Formen an. Einige Forscher gehen davon aus, dass mit dem Namen Apostahem[204] aus dem Jahr 959 schon unser heutiges Ostheim gemeint war. Relativ sicher ist man sich bei der Form Hostheim aus dem Jahr 1311. Neben -heim, das auf einen Hof hinweist, zeigt das Ost die Himmelsrichtung an. Ostheim ist ein Dorf im Osten. Doch wovon östlich gelegen? Möglicherweise östlich von dem nicht mehr existierenden Hardtgenbuscher Hof, der in Richtung Vingst zwischen dem heutigen Vingster Ring und Frankfurter Straße lag. Er ist bereits im Jahr 1164 erwähnt. Nimmt man den Namen Apostahem aus dem Jahr 959 zur Grundlage, wäre der Hof jedoch nicht alt genug. Selbst wenn man sich die Verbindungsstraße von Mülheim nach Porz, die Frankfurter Straße, als alten Weg vorstellt, scheint dieser damals auf keinen Fall eine überragende Bedeutung gehabt zu haben, denn die wichtigste und älteste Straße im Rechtsrheinischen ist der Mauspfad, der östlich von Ostheim liegt. Wäre eine Straße für den Namen verantwortlich, müsste Ostheim demnach Westheim heißen.

Einen weiteren Ansatz für die Namensforscher bildet die Landschaft dieser Gegend. Zwischen Vingst und Ostheim, also westlich, liegen der große und der kleine Maarberg. Dazwischen muss sich im so genannten langen Tal ein See befunden haben. Möglicherweise waren Berg und Tal so auffällig oder wichtig, dass man sagte, man lebe östlich davon, eben in Ostheim.

Eine endgültige Klärung, wie Ostheim zu seinem Namen kam, gibt es nicht. Allerdings weiß man, dass der Ort Ostheim über die Jahrhunderte hinweg ein kleines Dorf gewesen ist. So lebten beispielsweise 1808 gerade mal 80 Menschen in der kleinen Gemeinde. Trotzdem hatte man schon 100 Jahre vorher ein Stück Selbstständigkeit zu erreichen versucht. Genauer gesagt, war es der Pfarrer Gottfried Krautwig, der zu Beginn des

18. Jahrhunderts eine kleine Kapelle in Ostheim errichten ließ. Zum Patron erkor er den heiligen Servatius:

»Man rief ihn an gegen Mäuse- und Rattenplage sowie gegen Frostschäden. Auch wer an schlechten Füßen, Rheumatismus oder Fieber litt, erhoffte seine Hilfe. Wechselfieber aber trat in den vergangenen Jahrhunderten in den hiesigen Dörfern häufig auf und erfasste große Teile der Bevölkerung. Die Ursache sah man in den zahlreichen Gewässern in und bei den Dörfern.«[205]

Wenn Ostheim auch trotz seiner Kapelle weiterhin zur Pfarre Merheim gehörte und das kirchliche Leben dort stattfand, so ist seit dem Jahr 1716 belegt, dass in Ostheim regelmäßig eine Messe gelesen wurde. Ein entscheidender Vorteil für das religiös geprägte Leben der damaligen Zeit: Alte und kranke Ostheimer mussten also nicht mehr die beschwerliche Wanderung auf schlechten Wegen ins nördlich gelegene Merheim unternehmen. Obwohl das Dorf seine Einwohnerzahl im 19. Jahrhundert auf über 800 verzehnfachen konnte, blieb die Anbindung zur Pfarre Merheim bis 1920 bestehen.

In den Mittelpunkt des Interesses geriet Ostheim für einige Jahre im 20. Jahrhundert, als im Norden des Dorfes ab 1936 ein Fliegerhorst gebaut wurde. Nach der Inbetriebnahme fanden sich insbesondere Jugendliche an den Zäunen des Flugplatzes ein und beobachteten die Flugmanöver. Doch auch über Worringen und Sinnersdorf waren die Flieger zu sehen, dort übten sie Sturzflüge und warfen über dem Chorbusch leichte Übungsbomben auf Erdzielscheiben ab. Zu einer Sensation kam es, als 1939 ein junger Leutnant unter der Hohenzollernbrücke und der Deutzer Brücke hindurchflog. Die Kölner waren empört oder fanden es bemerkenswert. »Für den Kommandeur war die Rechtslage eindeutig: Der Flugzeugführer wurde wegen ›Verstoßes gegen fliegerische Zucht und Ordnung‹ disziplinarisch bestraft.«[206]

Als die Amerikaner den Fliegerhorst am 13. April 1945 besetzten, endete die Zeit des Flugverkehrs schlagartig. Alles, was nötig für Flüge war, wurde zerstört. Die erhaltenen Kasernengebäude wurden ein Jahr später der Stadt Köln übergeben. Die Stadt richtete dort sukzessive ein Krankenhaus ein, das heutige Krankenhaus Merheim.

Pesch

Wie die Autobahn die Menschen in einem Verein zusammenbringt

jeder Zwölfte in Pesch, das sind von weit über 8.000 Einwohnern etwa 700, gehört dem gleichnamigen Bürgerverein an. Damit zählt der Stadtteil-Bürgerverein zu den größten in Köln, vor allem aber sei er einer der aktivsten, heißt es.[207] Im Jahr 1979 war es aus Protest zu dem Zusammenschluss der Bürger gekommen. In Pesch geht nämlich nichts mit und ohne die Autobahnen A 1 im Süden und die A 57 im Osten. Seit 1979 fordern die Bürger einen angemessenen Lärmschutz.

Mit der Verbreiterung der A 1 ist dies heute in greifbare Nähe gerückt. Wenn auch dieses große Ziel bislang noch nicht erreicht wurde, so hat sich mit Hilfe des Bürgervereins in seiner mehr als zwanzigjährigen Geschichte einiges in Sachen Lebensqualität in Pesch verbessert: Spielplätze wurden geschaffen, Tempo 30-Straßen eingerichtet und das »Öhrchen« wurde gebaut. Unter dem »Öhrchen« verstehen die Pescher die Abfahrt Chorweiler der A 57. Ursprünglich sollten die Autofahrer von Köln kommend nur in Richtung Chorweiler fahren können. Der Verein setzte sich für eine kleine Kurve mit wenigen Metern Straße ein, die es möglich macht, dass man auch direkt unter der Autobahn entlang nach Pesch kommt. Beim Blick auf den Stadtplan erinnert die Straßenführung der Kurve an die Form eines Ohrs.

Dass die Anwohner sich in Pesch heute wohl fühlen, ist sicherlich ein Erfolg des Bürgervereins. Er veranstaltet alljährlich ein Sommerfest, den Christkindlmarkt oder auch gemeinsam mit dem Festkomitee Pescher Karneval und weiteren Vereinen zwei Karnevalssitzungen und den Karnevalsdienstagszug. Der Bürgerverein kümmert sich um die »Gestaltung der künftigen Naherholungsgebiete ›Stöckheimer Hof‹ und ›Nüssenberger Busch‹«[208] und versucht insbesondere das Angebot für Kinder und Jugendliche zu verbessern.

Nach dem Zweiten Weltkrieg wohnten in dem Dorf Pesch lediglich einige Hundert Menschen. Doch bereits ein Jahr nach der Eingemeindung 1975 heißt es in einer Untersuchung zur Entwicklungsgeschichte des Kölner Nordens:

> *»Hier haben moderne Wohnsiedlungen, ein größeres Industriegebiet, mehrere Kiesgruben u.a.m. das einstige ländlich-agrare Bild sozusagen völlig zum Verschwinden gebracht.«[209]*

Die Bautätigkeit war Mitte der 1970er Jahre jedoch längst nicht abgeschlossen, sondern wurde mit noch größerem Elan als in den vergangenen Jahren vorangetrieben. So scheint es heute kaum noch ein Fleckchen Land in Pesch zu geben, das bebaut werden könnte. Obwohl Pesch in den letzten Jahrzehnten diese rasante Entwicklung erfahren hat, tat dies der intakten Dorfstruktur und dem Zusammenhalt der Bürger anscheinend keinen Abbruch.

An das ursprüngliche Pesch, an Acker- und Weideland, an eine Trift *(siehe Weidenpesch)*, erinnert unter anderem der Name. Er wird vom lateinischen Wort »pascuum« abgeleitet, was so viel wie Weide bedeutet. Da auf einigen alten Urkunden auch »Besch« statt Pesch zu lesen ist, könnte dies auch auf Busch[210] hinweisen. Zumal es am nördlichen Rand des Dorfkerns einen kleinen Wald gegeben hat, das Pescher Holz. Heute zeugt von diesem »Busch« noch der Straßenname »Pescher Holz«.

Der ehemals ländliche Charakter spiegelt sich höchstens noch in den alten Höfen wider, die jedoch nicht mehr bewirtschaftet werden. Der Kriegshof war der größte und wichtigste unter den vieren, die bereits zu Beginn des 17. Jahrhunderts bekannt waren.

Die erste urkundliche Erwähnung von Pesch geht bis ins Jahr 1312 zurück. Heute sind die beiden ältesten Gebäude die Donatuskapelle und der Kriegshof, der ihr gegenüberliegt. Der Kriegshof war, vermutlich nach einem Brand, im Jahr 1774 wieder aufgebaut worden.

Der älteste Baum in Pesch dürfte die alte Linde bei der alten Dorfgaststätte an der Ecke Escher Straße/Longericherstraße sein. Sie wurde Ende des 19. Jahrhunderts gepflanzt. An den ehemaligen Gastwirt Adam Päffgen erinnern sich die Pescher noch heute recht gern mit einem Schmunzeln. Bei seinem täglichen Spaziergang in Richtung Nüssenberger Busch hat er seinerzeit den Autobahnbau miterlebt. Selbst als die Fahrbahn bereits fertig war, ließ er sich nicht von seinem Weg abbringen. Eines Tages erzählte er seiner Tochter: »Stell Dir vor, jetzt fahren schon Autos über die neue Straße. Die scheinen mich alle zu kennen, denn die grüßen mich alle!«[211]

Poll

und ein Rekord: 183 Maifische in einem Fang

m it geblümtem Rock, blauer Schürze, weißem Kopftuch bekleidet und einen Karren ziehend, daran erkannte man früher die Fischerfrauen aus Poll. Was die Männer mit riesigen Schleppnetzen dem Rhein entrissen hatten, boten die Frauen in grünen Bottichen auf den Straßen und Märkten in Köln und Deutz feil. Maifische in den Monaten April und Mai, den Sommer- oder Wintersalm in den anderen Jahreszeiten. Die Salmstraße, die Maifischgasse oder auch die Hechtstraße zeugen bis heute von den Fischern aus Poll.

Am 23. April 1878 ereignete sich eine Geschichte, über die man noch jahrelang dorfauf, dorfab sprach: Ein Poller Fischer schaffte sozusagen den Superfang, den Jackpot: 183 Maifische gingen ihm auf einen Streich in sein Netz.

Mehr Legende oder Sage wird wohl sein, dass die ersten Siedler in Poll Niederländer waren. Mit scharfem Auge sollen sie erkannt haben, dass gerade Poll sich zum Fischfang eigne. Von dieser Annahme ausgehend, kann der Name Poll mit Pfahl oder Polder in Zusammenhang gebracht werden.

Eine andere mögliche Erklärung bringt Poll in Verbindung mit dem Wort »Pfütze«, dessen Ursprung im altkölnischen »pöhl« liegt.[212] Eine einleuchtende Deutung, denkt man daran, dass der Rhein bei Hochwasser immer wieder sein Bett verließ und sich in zahllosen Seitenarmen in der Kölner Bucht ergoss. Übrig blieben unter anderem Tümpel und eben Pfützen.

Urkundlich wurde Poll erstmals im Jahr 1003 erwähnt.[213] Etwa 660 Jahre später zählte man in dem Fischerdorf 37 Häuser, was einer Einwohnerzahl von ungefähr 200 entsprechen dürfte. Bis zur Eingemeindung nach Köln im Jahr 1888 wuchs die Bevölkerung ins Vierstellige. Im Gegensatz zu vielen anderen Gemeinden zog Poll als Kölner Stadtteil schon nach kurzer Zeit eine positive Bilanz: Nach einem Jahr der Zugehörigkeit brachten die ersten 20 Petroleumlampen den Pollern auf ihren Wegen durchs abendliche Dorf Licht. Außerdem wurde die erste Pflasterstraße gebaut. Bis zum Jahr 1904 wurde Poll ans Kölner Wassernetz angeschlossen, bis 1907 gelang die Anbindung ans städtische Gas.

In dem Fischerdorf Poll soll früher auch Wein angebaut worden sein. Davon zeugt heute noch die Weingartenstraße. Der Wein soll aber eher ein saures Tröpfchen gewesen sein, so urteilten vor knapp 200 Jahren die Weinkenner schlechthin, die Franzosen.[214]

Porz

und eine Fabrikanlage, die lange Zeit als Wahrzeichen galt

P orz ist der größte Stadtbezirk von Köln. Mit 78,75 Quadratkilometern ist keiner der neun anderen Stadtbezirke so groß wie die Nummer Sieben. Der kleinste Stadtbezirk ist die Innenstadt mit 16,26 Quadratkilometern.[215]

Vielleicht hat kein Stadtteil je ein so beeindruckendes Wahrzeichen gehabt wie Porz, einmal abgesehen von Köln selbst und seinem Dom. Ungezählt sind die Postkarten, die das ehemalige Wahrzeichen von Porz zeigen. Die acht Schornsteine des »Rhenania-Phosphatwerk Porz am Rhein« (früher »Rheinische Portland Cementwerke«) thronten bis 1929 über dem Rheinufer. Bereits fünf Jahre zuvor hatte man das Werk, das Düngemittel herstellte, wegen seiner Unrentabiliät schließen müssen. In den Jahren 1929 und 1930 wurde die Fabrik abgerissen und von 1964 bis 1967 das Porzer Krankenhaus auf dem Gelände errichtet.[216]

Neben dem Rhenania Phosporwerk siedelten sich zwei weitere Fabriken in Porz an: die Eisenverarbeitung der Adelenhütte und die Spiegelglaswerke Germania. Letztere wurden 1899 gegründet und bestehen seit 1977 als Vereinigte Glaswerke fort; noch heute bestimmen sie das Bild im Süden der ehemaligen Stadt.

Doch trotz Industrie ist Porz nie eine reine Industriestadt und trotz des Namens wahrscheinlich auch keine römische Siedlung gewesen. Der älteste bekannte Beleg für Porz stammt aus dem Jahr 1019,[217] dennoch wird der Name auf das Lateinische zurückgeführt, auf »porta«, Tor oder Tür, oder auf »portus«, der Hafen.[218] Aufgrund der Lage scheint die Übersetzung Hafen näher zu liegen, obwohl das im Süden gelegene Zündorf über die Jahrhunderte hinweg einen weitaus größeren Einfluss als Hafen- und Handelsplatz hatte. Es habe sich vielmehr um eine kleine Anlegestelle für eine Fährverbindung zur anderen Rheinseite gehandelt, heißt es in der Forschung.

Sicher ist, dass Porz mehr als 500 Jahre lang eine große Bedeutung für die Rechtsprechung hatte. Bereits im Jahr 1286 wird Porz als eine so genannte übergeordnete Gerichtsstätte erwähnt. Nach einer großen Verwaltungsreform im Jahr 1555 wird dies bestätigt und die Zuständigkeit von Porz erweitert. Die herrschenden Grafen von Berg, deren Gebiet im Rechtsrheinischen an Köln, Deutz und Poll angrenzte, erheben Porz zum zentralen Hauptgericht für alle Landgerichte südlich der Wupper (das gesamte heutige rechtsrheinische Köln sowie Bensberg und Odenthal). Außerdem wird Porz zum Verwaltungszentrum für die umliegenden Dörfer. Das Gebiet entspricht in etwa dem heutigen Stadtbezirk Porz (ohne Poll, aber mit Heumar). Damit hatte Porz über Jahre, Jahrzehnte und Jahrhunderte eine herausragende Rolle gespielt, ohne wirklich ein Zentrum zu sein. Im Jahr 1808, Porz dürfte so etwa 170 Einwohner zu dieser Zeit gezählt haben,[219] erneuerte das Herzogtum Berg seine Verwaltung, und Porz musste das erste Mal in seiner Geschichte eine Niederlage einstecken. Der Einfluss der Gemeinde verschwand. Es entstanden die Bürgermeistereien Heumar mit den nördlichen und die Bürgermeisterei Wahn mit den südlichen Dörfern des heutigen Stadtbezirkes.[220]

Eine Erhebung der Einwohnerzahlen aus dem Jahr 1828 verdeutlicht zumindest die Größe von Porz und der umliegenden Dörfer; allein in Niederzündorf wurden 640, in Oberzündorf 276 Einwohner gezählt. In Langel lebten damals 564, in Westhoven 304 und in Porz 268 Menschen.[221] Im Jahr 1875 wurde der Amtssitz von der Bürgermeisterei Heumar nach Porz verlegt, denn der Amtssitz folgte dem, der das Amt innehatte; 1910 schließlich wurde das Rathaus in Porz gebaut.[222] Noch bevor 1928 die Bürgermeisterei Heumar in Bürgermeisterei Porz umbenannt wurde und 1929 mit der Bürgermeisterei Wahn zur Landgemeinde Porz vereinigt wurde, dachte man erstmals an eine Eingemeindung in die Großstadt Köln. Am 9. März 1919 war die Halle des Kölner Hofes am Rheinufer einfach zu klein, um allen interessierten Bürgern Einlass zu gewähren. Man stimmte damals zwar prinzipiell einer Eingemeindung zu, hielt »die augenblickliche Zeit aber nicht für geeignet (…), derselben näher zu treten.«[223] Köln, hieß es, könne wirtschaftliche und strukturelle Hilfe nicht im ausreichenden Maße bieten.[224] Die Verbesserungen bei der Versorgung mit Wasserleitungen, Strom, Straßen oder auch Schulen konnte Köln damals nicht leisten, sodass der Gemeinderat sich am 12. Februar 1920 für die weitere Selbstständigkeit entschied.

Auch nach dem Krieg konnte sich Porz einer Eingemeindung widersetzen. Noch immer sah man in dem Anschluss an Köln »weder für die Wirtschaft noch für den einzelnen Gemeindebürger einen Vorteil«.[225] Stattdessen stieg die Zahl der Einwohner der Gemeinde Porz und überschritt zu Beginn der 1950er Jahre die 30.000er Marke. Auf Antrag erhielt Porz im September 1951 von der Landesregierung die Stadtrechte verliehen.[226]

In den 1970er Jahren erlebte Porz die zweite Niederlage in seiner langen Geschichte; man sah in der Stadt kein richtiges Mittelzentrum, das, wie etwa Leverkusen, neben Köln bestehen könne. Porz hatte erfolglos versucht, sich mit der Neugestaltung der Innenstadt in die Riege der modernen und großen Städte einzureihen. Die Experten meinten: Zu viele Menschen pendeln nach wie vor nach Köln; es fehlen Einrichtungen aller Art und Arbeitsplätze, als dass Porz unabhängig bleiben könne:

> »Die Grenzen der kommunalen Gebietseinheiten in unserem Lande stammen großenteils noch aus dem vorigen Jahrhundert [= 19. Jh.]; sie hemmen nicht nur zahlreiche Gemeinden in ihrer Entwicklung, sondern wirken vielfach auch anachronistisch, da inzwischen vornehmlich in den Ballungsgebieten neue Lebens-, Siedlungs- und Wirtschaftsräume entstanden sind. Dieser Entwicklung haben sich aber die Grenzen der kommunalen Einheiten nicht angepaßt.«[227]

Mit dem Köln-Gesetz des Landes Nordrhein-Westfalen[228] endete nach gut 23 Jahren die Eigenständigkeit von Porz am 1. Januar 1975.

Raderberg

Jüdischer Friedhof, Folterstätte und ein feuchtfröhliches Pflaster

manche Namen sind anscheinend immer vorhanden gewesen, werden aber dann doch übergangen. Am todten Juden, De dude Jüd, Judenbüchel und einige andere Abwandlungen für immer denselben Namen sind auf alten Karten zu finden. Es ist der Bereich im Kölner Süden an der Bonner Straße, wo heute der Großmarkt steht. Im Jahr 1174 gab Probst Konrad von Severin den Juden gegen einen jährlichen Zins dieses Gebiet.[229]

Den Juden war hier gestattet, ihre Toten zu beerdigen. Das war wohl nicht nur reine Nettigkeit des Probstes, denn das Gebiet war den Menschen in gewisser Weise eine unliebsame Gegend. Zum einen gab es auf dem überlassenen Grund eine leichte Bodenerhebung, die kaum Hügel genannt werden konnte, aber immerhin in der Folge zu dem Namen Büchel/Bühel (= Bodenerhebung) führte. Zum anderen war in direkter Nachbarschaft ein Richtplatz und Galgen zur Exekution von Verbrechern. Auch ein Rad, auf das Delinquenten geflochten und auf dem sie gefoltert wurden, soll hier gestanden haben.

Neben Friedhof, Folter und Galgen gab es genau an dieser Ecke, wo heute die Brühler Straße von der Bonner Straße abzweigt, auch einen Festplatz und eine Herberge mit Namen »Zum Rosengarten«. Kaiser Ludwig der Bayer hielt hier im Jahr 1324 seine Vermählung mit Margarethe von Holland. 2.000 Gäste feierten über acht Tage lang.

Damit nicht mehr vor den Toren der Stadt gefeiert werden musste, baute die Stadt Köln rund 120 Jahre später das »Brudhoffshuys« (gegenüber dem Tanzhaus Gürzenich) in der Altstadt. Trotzdem blieb das Land im Kölner Süden wohl ein feuchtfröhliches Pflaster. Im frühen 18. Jahrhundert fanden sich in dem Bereich »Am todten Juden« einige Holzbaracken, die offensichtlich als Wirtshäuser dienten. Ein Zeitzeuge beschreibt:

»Drey unwertliche lange von Dannebordt (Tannenbretter) aufgerichtete Kotten (Holzhäuser), worin das lästerlich ärgerliches vollsaufffen des dollen bierß getrieben wird …«[230]

Die Wirtshäuser, der Festplatz und die Herberge »Zum Rosengarten« sind auf alten Karten nicht verzeichnet, erwähnt wird jedoch der »Judenbüchel« oder die drei Wörter »Am todten Juden«. Dass Raderberg offiziell nicht den Namen Judenbüchel erhielt, liegt vielleicht daran, dass man in Köln an die Verfolgung der Juden nicht erinnert werden wollte. Hier waren im Laufe der Geschichte viele Menschen verfolgt und ermordet worden. In der Bartholomäusnacht vom 23. auf den 24. August 1349 wurde die gesamte jüdische Gemeinde im Rathausviertel ausgeplündert und getötet.

Am Bartholomäustag im Jahr 1424 beschloss der Rat in Köln abermals die Verbannung der jüdischen Mitmenschen aus der Stadt. Das Ende des Judenfriedhofs sollte 50 Jahre später folgen, als der Judenbüchel abgetragen wurde. Zwar konnte die Kölner Synagogengemeinde 1923 einen Teil des Geländes erneut erwerben und den Friedhof wieder einrichten, doch nur für kurze Zeit. Im Jahr 1936 baute die Stadt auf dem Gelände die Großmarkthalle; die jüdischen Gebeine fanden ihre letzte Ruhe auf dem jüdischen Teil des Westfriedhofes.

Der Kölner Schriftsteller und Nobelpreisträger Heinrich Böll erinnerte sich in dem Zeitungsartikel »Raderberg - Raderthal« an die Zeit als Vierjähriger, als er »Am Toten Juden« vorbeikam:

»Rechts der große, schon geräumte Judenfriedhof, noch Grabsteine drauf, doch schon der Planierung anheim gegeben (mein älterer Bruder brachte später manchmal Gebeine mit, die er auf dem Heimweg dort

fand ...) Wieder links zwischen alten Obstbäumen, schon aufgegeben
und halb verfallen, das große Tanzlokal (...)«[231]

Ungeachtet des jüdischen Friedhofes und des beliebten Tanzlokals griff
man bei der Benennung des Stadtteils auf ein Ereignis aus dem 13. Jahrhundert zurück. Der Pfarrer K. Corsten der Gemeinde Raderberg-Rader-
thal schrieb in einem Artikel in der Volkszeitung vom 17. Februar 1933:

»Alle Wortbildungen mit ›Rader‹ weisen hin auf Rad (Karrenrad).
Der Radermacher ist der Fertiger von Rädern. (...) So weist der Name
Raderberg hin auf die Hinrichtung des Grafen Friedrich von Isenburg
1226.«[232]

Graf Friedrich hatte im Jahr 1225 seinen Vetter, den Kölner Erzbischof En-
gelbert den Heiligen, überfallen und getötet. Als Sühne war er in Raderberg aufs Rad geflochten worden.

Raderthal

Die Bauerbänke und ihre Art, für Recht und Ordnung zu sorgen

Wie schon für Raderberg dargelegt, könnte sich Rader- auf das Rad
als Folterinstrument beziehen. Es gibt für die beiden Stadtteilnamen Raderberg und Raderthal aber noch eine andere Erklärung:
Demnach wird Rader-, wie auch Rath und Roden(kirchen), auf »roden« zurückgeführt. Da es im Mittelalter im Kölner Süden große Waldgebiete gegeben haben soll, könnte diese Deutung durchaus nahe liegen.

Gleichgültig, welche Namenserklärung man vorzieht, das ehemalige
Waldgebiet im Gebiet von Raderberg und Raderthal muss einst von den
Bauern gerodet worden sein, denn dort errichteten sie ihre Höfe und prägten so über Jahrhunderte das Bild des späteren Kölner Stadtteils. Im Jahr
1384 wurde für dieses Areal die so genannte »Bauerbank Severin« gegründet. Eine Bauerbank war eine Art Genossenschaft, durch die man die eigenen Interessen vertreten und das Land vor Diebstahl und Vandalismus
schützen konnte. Um Mitglied der Bauerbank zu sein, musste man wenigstens auf einem Morgen Land Feldbau betreiben und am »Baurgeding« teil-

nehmen. Das war eine jährliche Versammlung, die im Severinstor abge-
halten wurde. Hier wurde unter anderem darüber gesprochen, wie mit denen zu verfahren sei, die sich auf den Feldern und Wiesen etwas zu Schul-
den kommen ließen. Die Bauerbank Severin drohte beispielsweise 1761
einer Frau an, dass sie beim nächsten Felddiebstahl

> »in verhaft gebracht und ohne anstand sogleich an das gewohnliche
> Halseisen zwischen den pforten angeschlossen werden und bis zur
> abendszeit und pfortenschluß daran stehen bleiben solle«.[233]

Die Bauerbank wählte darüber hinaus zwei »Buermeester« (Bauermeister),
die sich jederzeit einschalten sollten, wenn es Streit zwischen den Bauern
oder mit anderen Bürgern gab. Dem Rat der Stadt Köln kamen die Bauerbänke der umliegenden Felder und Höfe sehr gelegen, denn ihre Mitglieder sorgten nicht nur für Ruhe auf den Feldern, sondern konnten außerdem für den Straßenbau herangezogen werden. Im Frühjahr und im Herbst
mussten die so genannten »Bauerschaftsgenossen« die Wege ausbessern.
Besonders beliebt war bei den Bauern das Land rund um die Stadtmauer;
um vor Angriffen gefeit zu sein, durfte hier kein Haus gebaut werden. Dieses unbebaute Land wurde als Gartland bezeichnet, weil es gut gedüngt
war und gute Erträge wie Gemüse einbrachte.

Vor den Toren der Stadt gab es insgesamt fünf Bauerbänke mit jeweils
100 Gemüsebauern, deren Erträge von den Kölnern nicht aufgebraucht
werden konnten. Gemüse, aber auch Milch, Butter, Eier und Käse kamen
zudem auch noch aus dem Vorgebirge. Die »Überproduktion« wurde über
den Rhein nördlich bis nach Holland verschifft.

Aus dem frühen 18. Jahrhundert stammt eine Anekdote von zwei Bauern, die nach dem Verkauf ihrer Ware in Köln zu tief ins Glas geschaut hatten. Auf dem Heimweg lamentierten sie torkelnd und befanden schließlich, dass sie von den Kölnern übers Ohr gehauen worden waren. Die
beiden verfluchten die altehrwürdige Stadt, sie möge samt Dom gen Höl-
le fahren. Als die Betrunkenen sich umguckten, sahen sie von Köln nichts
mehr. Selbst die Kathedrale war verschwunden, denn mittlerweile waren
sie im Raderthal angekommen. Unter Wehklagen und im ständigen Gebet
gingen die beiden weiter. Schließlich wurden sie erhört, und die Spitze des
zu dieser Zeit noch unvollendeten Doms war wieder zu sehen. Die Trun-
kenbolde fühlten sich bestärkt und sprachen ihre Bitten noch lauter aus.
Als sie das Raderthal hinter sich gelassen hatten, machten sie kurz Rast
und stellten fest: Der Fluch war aufgehoben und Köln aus dem Erdboden
wieder auferstanden.

Rath/Heumar

Zwei Königskinder, die zueinander fanden

Z wei Punkte seien vorweg gesagt: Heumar ist älter als Rath, und während Heumar noch einen Hauch römischer Kultur atmet, fehlt sie dem jüngeren Rath gänzlich. Vielleicht lässt sich aus diesen beiden Tatsachen und der Erläuterung der Namen sogar klären, warum so eine enge Verbundenheit zwischen den beiden Orten besteht.

Geschichtlich beginnt in Köln alles mit der ersten urkundlichen Erwähnung *oder* mit Funden aus römischer Zeit. Die erste Nennung Heumars reicht bis ins Jahr 1019 n. Chr. zurück.[234] In dieser Urkunde ist der Name »Humere« erwähnt. Die Sprachwissenschaftler leiten den Namen von dem lateinischen Wort »humilis« und dem altkölnischen »mar« her. Humilis steht für »klein, niedrig« und »mar« für Meer oder Sumpf, kleiner Sumpf also. Nach einigem sprachlichen Hin und Her wurde daraus »Heu-Mar«.[235] Und das passt auf die Lage Heumars, schließlich gab es hier einmal einen Seitenarm des Rheins, der von Bonn bis Leverkusen-Wiesdorf reichte und ein sumpfiges Gebiet zurückließ.

Der jüngere Name Rath ist im Rheinland häufig und in den verschiedensten Kombinationen zu finden wie: Rösrath, Overath oder auch Herkenrath. Immer steckt hinter diesem Rath-/-rath das mittelhochdeutsche »rodde«, was so viel besagt wie »urbar machen« oder »roden«. In alten Urkunden wird von Rath oft auch als Rott, Rod oder Rodd gesprochen.[236]

Für den Ort Rath wurde der Wald des Königsforstes abgeholzt, um Ackerland zu gewinnen und Höfe errichten zu können. Vielleicht waren es die Menschen aus Humere/Heumar, die sich in den Wald wagten und auf dem gerodeten Gebiet siedelten.

Das würde den Namen Rath und die enge Verbindung von Heumar und Rath sinnvoll erklären. Die alteingesessenen Heumarer hätten so von den neuen Siedlern als denjenigen gesprochen, die auf dem Rott/Rath, dem neuen gerodeten Gebiet, wohnten. Oder anders gesagt: in der »Neubausiedlung«. Wenn dem so gewesen ist, dann fand dies durch die Verwaltung sehr bald ein Ende. Bis ins 16. Jahrhundert ist eine Trennung der beiden Orte zurückzuverfolgen. Im Jahr 1555 erklärte das Obergericht Bensberg, Rath gehöre zu Merheim und Heumar zu Porz. Im 19. Jahrhundert wurde Heumar sogar Bürgermeisterei, zu ihr gehörten unter anderem die Ortschaften Porz, Ensen, Westhoven und Urbach.

Die Trennung der beiden Orte Rath und Heumar sollte 420 Jahre Gültigkeit haben. Erst durch das Wachsen der Stadt Köln konnten sie wieder zusammenkommen. Rath wurde ein Teil von Köln durch die Eingemeindung der Bürgermeisterei Merheim im Jahr 1914. Heumar gelangte 1975 mit dem Verlust der Selbstständigkeit von Porz die Zugehörigkeit zu Köln.

Nach der langen Teilung wird die Wiedervereinigung der beiden Orte heute durch den Doppelnamen Rath/Heumar deutlich.

Riehl

*Schmucke Soldaten, Tiershows und »Caroussels«
in der »Goldenen Ecke«*

r iehl wurde lange Zeit die »Goldene Ecke« Kölns genannt; von hier flossen nämlich die Steuergroschen ohne Unterlass ins Stadtsäckel. Die Anfänge Riehls hingegen waren weniger günstig gewesen. Die Nähe zum Rhein hatte sich für Riehl 1784 und zuletzt 1845 als katastrophal erwiesen. 1784 wurde das Gebiet durch eine schwere Eisflut *(siehe Buchheim)* als geschlossene Siedlung zerstört. So wohnten Mitte des 19. Jahrhunderts nur rund 100 Menschen in Riehl, die von der Landwirtschaft lebten.

Als das Areal der heutigen Riehler Heimstätten sowie das Gebiet an der Barbarastraße von den Preußen gekauft und militärisch genutzt wurde, wendete sich das Blatt für Riehl. Es entstanden die Barbarakaserne, die Fischerkaserne und ausgedehnte Anlagen an der heutigen Boltensternstraße. Mit den Militärgebäuden kamen Soldaten, Offiziere und oftmals ledige Männer nach Riehl – Menschen also, die Ansehen und Geld besaßen. So mag nicht nur manche unverheiratete Frau damals Hoffnung auf eine gute Partie gehabt haben, sondern auch der Handel und die Gastronomie sahen eine Chance auf guten Verdienst. Schneider, Bäcker, Metzger und Gastwirtschaften öffneten ihre Pforten an der heutigen Stammheimer Straße und der Hittorfstraße. Es wurden die ersten Wohnhäuser des Ortskerns errichtet. Gleichzeitig kam 1856 die Idee auf, einen Zoo für Köln einzurichten. Ein Vorhaben, das vier Jahre später verwirklicht werden konnte, wobei man sich einen Zoo von heute und damals grundsätzlich verschieden vorstellen muss. »Zoo hieß damals nicht wie heute Überlebensort für bedrohte Tierarten oder Forschungsstätte der Wissenschaft, sondern vor allem Tiershow, Sensation, Volksbelustigung.«[237]

Mit weiteren Angeboten mauserte sich Riehl immer mehr zu *dem* Vergnügungsviertel in Köln; es wurden zahlreiche »Caroussels« aufgebaut, dazu gab es ein Sommertheater, einen Sportplatz, eine Rollschuhbahn und ein Panoptikum. Riehl soll in Sportlerkreisen sogar Weltruhm für seine Radrennbahn erlangt haben.

Im Sommer gab es Konzerte, die Menschen saßen in den Gärten und in den Wirtshäusern. Es ist wohl nicht übertrieben, wenn man sagt, dass ganz Köln nach Riehl, zur »Goldenen Ecke« pilgerte. Ein Stadtführer jener Zeit schreibt:

> *»Man klagt vielfach darüber, daß die Zahl der Bierwirthschaften und Restaurationen eine allzu große sei, und doch ist eine Thatsache, daß an Sonn- und Festtag-Abenden in keiner einzigen Wirthschaft ein Stuhl mehr zu haben ist; das weibliche Element nimmt an den Vergnügungen und dem Wirthhausbesuch gleich großen Anteil wie das männliche.«[238]*

Die Bedeutung Riehls im ausgehenden 19. Jahrhundert kann man auch an der Verkehrsplanung ablesen. Eine der ersten Pferdebahn-Linien führte zum Zoo nach Riehl *(siehe hierzu auch Bayenthal)*.

Nach der Eingemeindung Riehls nach Köln im Jahr 1888 und vor allem nach dem Ersten Weltkrieg kam das Ende für die »Goldene Ecke«. Lediglich der Zoo und die Flora überstanden den Umschwung der Zeit. Heute zählt der drittälteste Zoo Deutschlands jährlich etwa eine Million Besucher. Im Zoo leben rund 500 Tierarten, etwa 5.000 Tiere aus allen Kontinenten.[239]

Nach dem Zusammenbruch des Deutschen Reichs verschwand auch das Militär aus Riehl, der attraktive Kölner Stadtteil brach langsam in sich zusammen. Die Kasernen wurden zum Teil in Wohnungen umgebaut, viele Beamte zogen nach Riehl, und in das Leben in der »Goldenen Ecke« zog mehr und mehr Ruhe ein. Auf dem Kasernengelände an der Boltensternstraße wurden in den 1920er Jahren die Riehler Heimstätten eingerichtet. Insgesamt 2.000 Senioren sollten hier eine neue Bleibe finden.

Mit den Riehler Heimstätten schließt sich ein geschichtlicher Kreis; das wandlungsfähige Riehl hatte für sich etwas entdeckt, was bereits im ausgehenden Mittelalter eine Rolle spielte: die Pflege und die Versorgung.

Bis ins 17. Jahrhundert gab es in Riehl einen Hof, der als Heim für alte Klosterangehörige diente. Etwas abseits des Ortskerns an der heutigen

Riehler Straße eröffnete zudem ein Heim für Leprakranke. Als 1712 der Aussatz in Köln endgültig besiegt war, konnte es wieder geschlossen werden.

Der Ursprung der Geschichte Riehls reicht weit über das Mittelalter hinaus. Damals schrieb man Riehl noch Rile, Rheil, Ryll oder Ryle. Der Name kann einerseits aus dem Keltischen stammen und auf das Wort »rigola«, Flusslauf, zurückgeführt werden; eine andere Möglichkeit ist, Riehl mit »regula«, Metallstange, nicht gemünztes Metall, zu übersetzen. Sprachforscher erkennen in Riehl aber auch »rigodulum«, was so viel wie Königsbusch bedeutet. Schließlich könnte Riehl aber auch »rigil« meinen, was in etwa der Bedeutung »zur Reihe gehörig« entsprechen würde.

Ob Flusslauf, Metallstange, Königsbusch oder »zur Reihe gehörig«, welche Bedeutung die ersten Riehler wohl im Sinn hatten und vor allem warum, das wird wohl für immer im Dunkeln der Geschichte bleiben.

Rodenkirchen

Wie der goldene Sandstrand am Rheinufer entstand

e s war einmal ein kleines Mädchen, dessen Vater und Mutter gestorben waren. Bitterlich weinend setzte es sich ans Rheinufer, denn es wusste keinen Rat. Da entstieg dem Strom eine wunderschöne Frau, die das Kind aufforderte, ihr zu folgen. In seiner Not folgte das Mädchen dem Geheiß und watete durch die kalten Fluten. Auf dem Grund des Wassers fand es Gesellschaft und war nicht mehr allein. Gemeinsam beobachtete das Mädchen mit den Versammelten die Sonnenstrahlen, die sich auf dem Wasser des Rheins brachen. Sie fingen diese Strahlen auf und siebten sie zu feinkörnigem Sand.

Trotz des geselligen und angenehmen Lebens plagte das kleine Mädchen immer wieder das Heimweh nach Rodenkirchen, sodass die Frau, die es einst in die Gesellschaft bat, es zurück zum Ufer brachte.

Als das Mädchen ans Land zurückkehrte, hatten die gesiebten Sonnenstrahlen das Rheinufer in einen wunderschönen Sandstrand verwandelt, und die Hände des Mädchens waren voller Gold. Selbstverständlich erschien auch bald ein stattlicher, junger Prinz …[240]

Nicht nur dieses Märchen rankt sich um den Kölner Stadtteil Rodenkirchen, sondern auch die Legende vom Heiligen Maternus. Er ist der erste Bischof Kölns gewesen. Gleichzeitig stand er den Kirchen in Trier und Lüttich vor. Als er starb – und das soll nun in Köln gewesen sein – beanspruchten sowohl die Trierer als auch die Kölner die Gebeine des hohen Kirchenmannes. Erst nach 17 Tagen war der Streit geklärt, man hatte sich schließlich der göttlichen Fügung anheim gestellt. Man bahrte den Leichnam auf einem kleinen Schiff auf und übergab ihn dem Rhein. Sollte das Schiff rheinaufwärts schwimmen, würden die Gebeine nach Trier gebracht werden, wenn nicht ...[241]

Der heutige Mensch mag es kaum glauben wollen, doch das kleine Schiff bewegte sich etwa 1,5 Kilometer stromaufwärts. Die Stelle, an der das Schiffchen landete, nannten die Kölner, tief betrübt und unter Tränen, Ruwenkirchen. Ruwen bedeutet so viel wie Trauer.[242] Seitdem versammelten sich die Menschen alljährlich zur 17-tägigen Maternusandacht, und Rodenkirchen wurde von Pilgern aus Nah und Fern aufgesucht. Mindestens seit dem Jahr 1378 wird zu dieser Zeit im September die Rodenkirchener Kirmes gefeiert.

Trotz Andacht und Volksfest gibt es für den Namen Rodenkirchen aber auch profanere und wahrscheinlichere Erklärungen. Eine ist die, dass hinter Roden- das Wort »Rot«, gleichbedeutend mit »Kreuz«, stecken soll. Es könnte sich um kreuzende Wege oder um sich kreuzende Besitzverhältnisse handeln.[243] Andererseits kann sich der Name von »roden« im Sinne von »urbar machen« ableiten. Diese Erklärung ist wahrscheinlich, weil es vor gut 1.000 Jahren tatsächlich große Waldgebiete im Kölner Süden gab.[244] Höfe und Besitz, die die Kirche als Eigner verschenkte oder als Lehen vergab, mussten bewirtschaftet werden, sodass im 10. Jahrhundert weite Gebiete für Ackerland abgeholzt worden waren.

In einer Schenkungsurkunde aus dem Jahr 989 des Erzbischofs Evergus ist der Name Rodenkyrichon erstmals erwähnt.[245] Den zweiten Teil des Namens, -kyrichon, führt man entweder auf den Namen der ehemaligen Eigner oder darauf zurück, dass damals nicht nur die Siedlung, sondern auch eine Kirche auf dem gerodeten Gebiet gebaut worden war.

Rodenkirchen erlebte seit dem 19. Jahrhundert einen stetigen Aufschwung. Mit der Industrialisierung zogen Arbeiter in das Dorf, die vornehmlich in Orten wie Zollstock oder Bayenthal ihre Brötchen verdienten. Von ehemals etwa 400 Einwohnern im Jahr 1800 wuchs Rodenkirchen bis 1905 auf 3.015 Einwohner an. Und somit trat Rodenkirchen immer mehr in Konkurrenz zur Bürgermeisterei Rondorf, zu der es seit 1802 gehörte.

Erst nach dem Zweiten Weltkrieg entwickelte sich aus dem geschichtenumwitterten Rodenkirchen ein Stadtteil, in dem sich vor allem Beamte und Angestellte niederließen.

1975 wurde Rodenkirchen nach Köln eingemeindet.

Roggendorf/Thenhoven

*Der Worringer Bruch schafft Kontakt
zu Mosel und Ahr*

fast möchte man meinen, die Mosel und die Ahr hätten den Menschen in Roggendorf/Thenhoven näher gelegen als der Rhein. Die beiden kleinen Bauerndörfer im hohen Norden von Köln lebten im letzten Jahrhundert nicht nur vom Ackerbau, sondern auch vom Worringer Bruch und dem Chorbusch. Dort herrschten ideale Voraussetzungen für den Anbau von Weiden. Die dünnen Weidenreiser wurden schließlich an Winzer an der Mosel und der Ahr geliefert und brachten den nicht besonders gut gestellten Bauern ein kleines Zubrot.

Die beiden Sumpflandschaften Worringer Bruch und Chorbusch waren bei den Menschen aber auch deshalb beliebt, weil sie dort eine reiche Tierwelt vorfanden und Jagd auf Hasen, Rehe oder Reiher machen konnten.

Roggendorf muss ein Dorf gewesen sein, das von Roggenfeldern umgeben war. Der Name selbst lässt sich bis zum 14. Jahrhundert zurückverfolgen. 1320 wird Roggendorf noch Royckendorp, 1412 Roggendorpe und 1785 Roggendorf geschrieben. Zugrunde liegen das althochdeutsche »rocko« und das mittelhochdeutsche »rocke«, was so viel wie Roggen bedeutet.[246] Es gibt jedoch noch eine zweite Möglichkeit: Hinter Roggen- kann auch ein Eigenname wie »Rocco, Ruccu, Hroggo« stehen; dies sei sogar wahrscheinlicher behauptet Adolf Bach in seiner Deutschen Namenskunde.[247]

Die Geschichte Thenhovens – im Jahr 948[248] wird erstmals ein Stift namens »Thiedinhove« des Erzbischofs Sichfried von Köln erwähnt – gibt bis heute Rätsel auf. Unklar ist, ob es sich bei dieser ersten Nennung um einen Ort in der Nähe des Bayenturms oder eben um Thenhoven handelt, die eine Hälfte des Doppeldorfes Roggendorf/Thenhoven. Klarer wurde die Sache rund 300 Jahre später, als man in Schriftstücken den Namen

»Teidinhouen« entdeckte, später Diedenhoven, Tidenhoven, Tedenhoven und Teenhoffen. Die Ortsbeschreibungen weisen eindeutig auf einen Ort im Kölner Norden hin. Wahrscheinlich liegt allen Schreibungen des Namens der Personenname Tiedo (Dietrich) zugrunde. Die Thenhovener selbst leiten den Namen von »zehn Höfen« ab, eine Deutung, die zwar möglich scheint, denkt man an die einzelnen Höfe wie den Bachhof, Thieveshof, Further Hof oder Gilleshof in Thenhoven, die aber wohl eher unzutreffend ist.[249]

Die beiden kleinen Nachbardörfer Roggendorf und Thenhoven rücken seit Jahrhunderten Haus für Haus aufeinander zu: Den größten Schritt machten sie im Juli 1954, als der Rat der Stadt Köln entschied, die Dörfer seien zu klein, als dass sie selbstständig bleiben könnten. Sie wurden zu einem Stadtteil zusammengefasst. Wer nun unbedingt eine Grenze zwischen den beiden Dörfern ausmachen möchte, der sollte die Quettinghofstraße besuchen. Häuser mit ungeraden Hausnummern gehören zu Thenhoven, Häuser mit geraden Hausnummern werden zu Roggendorf gezählt.

Die Grenzen zu Köln fielen für Roggendorf und Thenhoven im Jahr 1922. Als Teil der Bürgermeisterei Worringen wurden sie nach Köln eingemeindet. Die Kölner Statistiker meldeten Ende 2001 in den beiden Ortschaften 4.096 Einwohner, im Vergleich zur Mitte des 19. Jahrhunderts etwa zehnmal so viele Bürger. Dennoch ist das Leben in Roggendorf/Thenhoven bis heute beschaulich geblieben.

Rondorf

Über 150 Jahre lang der Mittelpunkt des Kölner Südens

die Franzosen waren es, die Ende des 18. Jahrhunderts die Bedeutung Rondorfs als Erste erkannten. Nachdem sie ins Rheinland einmarschiert waren, nahmen sie den Kirchen die Macht und führten eine Verwaltungsreform durch. Bei dem Blick auf die Landkarte entdeckten sie in der Mitte des Kölner Südens den kleinen Ort Rondorf. Sie unterteilten das Rheinland in 42 Kantone, wobei Rondorf und Umgebung zunächst dem Kanton Brühl zugeordnet wurden. Im Jahr 1802 endlich kam die große Stunde für den kleinen Ort im Kölner Süden: Rondorf wurde die »Mairie«, die Bürgermeisterei Rondorf. Zu Rondorf zählten seitdem nicht nur Rodenkirchen, Godorf und Immendorf, sondern zum Beispiel auch Zollstock, Raderberg und Klettenberg. Trotzdem blieb das neue Zentrum auch in den nachfolgenden Jahrzehnten bescheiden, ländlich und reichlich klein.

Bis zu diesem Zeitpunkt war das Leben in Rondorf über Jahrhunderte hinweg durch vier große Höfe, von denen drei noch existieren, geprägt: der Fronhof, auch Jannshof genannt, der Bödingerhof, der Büchelhof und der Zehnthof, der im Zweiten Weltkrieg zerstört wurde. Nur wenige weitere bewohnte Häuser gesellten sich zu den Höfen; für das Jahr 1669 sind lediglich zwölf nachgewiesen. Zu Beginn des 19. Jahrhunderts zählte Rondorf gerade mal rund 350 Einwohner.

Dass das Votum der Franzosen erstaunlicherweise lange Zeit Gültigkeit hatte, macht folgender Umstand deutlich: Rondorf war zwar Namensgeber der Bürgermeisterei, jedoch niemals wirklich Sitz der Verwaltung geworden, der war nämlich dort, wo der Bürgermeister wohnte. Ab dem Jahr 1893 war das über Jahre hinweg ein Mann aus Rodenkirchen gewesen, wo schließlich auch das erste Rathaus der Bürgermeisterei gebaut wurde. Im Jahr 1961 wurde diesem Zustand Rechnung getragen, indem die Bürgermeisterei nun den Namen Rodenkirchen erhielt. Trotz allem hat das Zentrum Rondorf und der Name der damaligen Bürgermeisterei bis heute überlebt; das ist zumal beachtenswert, da die nördlichen Orte Marienburg, Bayenthal, Zollstock, Raderthal, Raderberg und Klettenberg bereits 1888 zu Köln eingemeindet wurden. Noch heute sind diese Stadtteile auf der »Gemarkungs- und Flurübersicht« des Amtes für Liegenschaften, Vermessung und Kataster der Stadt Köln als Köln-Rondorf ausgewiesen. Wollte man die Benennungen ändern, müssten sämtliche Urkunden und Verträge vergangener Tage umgeschrieben und dokumentiert werden, weshalb man an der alten Bezeichnung festhält. Die südlichen Ortschaften der ehemaligen Bürgermeisterei Rondorf (Rondorf, Rodenkirchen, Immendorf, Sürth, Weiß, Godorf und das 1951 gegründete Hahnwald gehören seit 1975 zu Köln) verzeichnen die Urkundenhüter und Vermessungsspezialisten der Stadt Köln heute als Rondorf-Land.

Ein wirkliches Zentrum war Rondorf im 19. Jahrhundert für die Schüler. Nicht nur die Rondorfer, sondern auch die Kinder aus der Umgebung wurden hier unterrichtet; es drückten unter anderem Immendorfer und Raderthaler Kinder gemeinsam die Schulbank in Rondorf.

Immer wieder hat man versucht, den Namen Rondorf, ähnlich wie Rodenkirchen, von dem Wort »roden« abzuleiten. Archäologische Funde weisen allerdings auf eine fränkische Siedlungsgründung hin, sodass man wohl eher dort den Ursprung des Namens suchen muss. Es könnte sich demnach bei dem 922 erstmals urkundlich erwähnten Rumenthorp zum Teil um die Abwandlung eines Personennamens handeln.[250] Der Pate von Rumenthorp, Rumedorp, Rumdorp, Rundorp und Rondorff wäre demnach ein gewisser Hruam oder Ruomo gewesen – für heutige Verhältnisse ein schwierig auszusprechender Name.[251]

Seeberg
und die Suche nach einem neuen Namen

a denauer, Agrippastadt, Frankenheim, Konradshöhe, Konradsruh, Neu-Berlin, Neu-Breslau, Neustadt, Pletschbach, Seefeld, Seeberg, Chorweiler ... – insgesamt 70 Vorschläge listet der Ausschuss »Allgemeine Verwaltung« zur Frage der Benennung von Chorweiler und Seeberg auf. Beide Stadtteile waren im Oktober 1963 zwar in ihren Grenzen festgelegt worden, doch einen Namen hatten sie nicht bekommen.

Nahe liegend war für das heutige Seeberg zwar der alte Flurname Stallagsberg gewesen, doch schon im Vorfeld der Ratssitzung vom Oktober 1963 wurde klar, dass der Name weder im Ausschuss noch in der Verwaltung Gefallen fand. Der Beigeordnete Franke erklärte in der Ratssitzung zudem, dass der Name »zu sehr an die Zeit des Zweiten Weltkriegs«[252] erinnere:

> »Die Verwaltung bittet deshalb Sie, meine Damen und Herren, und die Bevölkerung, sich auch einmal Gedanken darüber zu machen (= über die Benennung). Vielleicht hilft hier, wie schon so oft, unsere Kölner Presse.«[253]

Diesem Ansinnen stimmte der Rat zu. Vorschläge kamen in den nachfolgenden Wochen reichlich. Bei der Auswahl eines Namens hielt sich die Stadt an das, was an sich seit Jahrhunderten, wenn nicht Jahrtausenden, gilt: Der Mensch schaut sich um und benennt den Ort nach dem, was ihm auffällt, was er erlebt, oder er bezeichnet ihn nach demjenigen, dem das Gebiet gehört. Doch ein solcher Name war – mit Ausnahme des abgelehnten Stallagsberg – nicht vorhanden.

» ... d.h. es muß ein Kunstwort gebildet werden. Dabei ist jedoch zu bedenken, daß dieses Kunstwort möglichst eine Beziehung zu dem zu benennenden Gebiet hat. Ein brauchbarer Name war unter den eingegangenen Vorschlägen. Die Beteiligten waren einstimmig der Meinung, dass die Bezeichnung ›Seeberg‹ zu verwenden sei. Der Name Seeberg gibt einen Hinweis auf eine kleine Anhöhe im Gelände, die tatsächlich vorhanden ist, sowie auf den naheliegenden Fühlinger See.«[254]

Der Name Seeberg ist einfach, klar und deutlich. Als der Rat dem Vorschlag am 30. April 1964[255] zustimmte, hatten die Bauarbeiten für den südlichen Teil Seebergs bereits begonnen. Von der A 1 wuchs Seeberg in nördliche Richtung, je näher man dem Zentrum der »Neuen Stadt«, Chorweiler, kam, desto höher wuchsen die Häuser in den Himmel. Der Übergang von Seeberg-Nord nach Chorweiler ist fließend.

»Worringen ist Worringen; Heimersdorf ist Heimersdorf. Auch Seeberg-Nord, obwohl nur einen ›Steinwurf‹ von Chorweiler-Mitte entfernt und von der Sozialstruktur vergleichbar, ist nicht Chorweiler sondern Seeberg. Darauf legt man hier Wert.«[256]

Denn Chorweiler repräsentiert das, was allgemein als städtebauliche Sünde gilt *(siehe Chorweiler)*. Und davon will man sich in Seeberg ganz bewusst abgrenzen. Zu Beginn der 1990er Jahre hat eine Untersuchung der Stadt Köln jedoch ergeben, dass die Probleme in Seeberg-Nord und Chorweiler-Zentrum ähnlich, wenn nicht gar gleich gelagert sind.

Erschreckend mutet an: Mehr als 90 Prozent aller Befragten in Seeberg-Nord scheinen sich in den Häuserschluchten, auf den Plätzen und auf den Wegen zu verirren. Es muss in jedem Fall bedenklich stimmen, wenn man sich dort, wo man wohnt, nicht zurechtfindet. Die Befragten wünschten sich Anfang der 1990er Jahre »eine Verbesserung der Orientierungsmöglichkeiten im Stadtteil durch eine entsprechende Kennzeichnung von Wegen und Plätzen«.[257]

Als diese Untersuchung der Stadt Köln durchgeführt wurde, hatte sich jedoch schon einiges geändert. Im Rahmen des »Ergänzungsprogramms Chorweiler« war der Olof-Palme-Park angelegt und für zusätzliche Grünflächen zwischen den Häusern und auf den Dächern gesorgt worden. Nicht zuletzt hatte das Stadtteilbüro in der Lyoner Passage seine Räume bezogen, das den Bürgern zur Verfügung stand, um die geplante Verbesserung der Infrastruktur Seebergs mitgestalten zu können. Fast jeder vierte Bürger bekundete damals sein Interesse, sich für ein schöneres Seeberg einsetzen zu wollen.[258]

Stammheim

Ein Muttergottesbild sucht sich eine neue Heimat

e s muss in einem unbekannten Jahr, vielleicht im März gewesen sein, als der Schnee taute und der Rhein gefährlich anschwoll. Der Fluss bedrängte eine kleine Kapelle irgendwo an seinem Ufer, er zerrte, riss und nagte an dem Gebäude. Schließlich stürzte das kleine Gotteshaus in sich zusammen und übergab sich dem reißenden Strom. Steine, Bänke und ein Muttergottesbild nahm der Strom in seine Obhut. Lediglich das Muttergottesbild blieb unversehrt. Am Ende seiner Reise flussabwärts verfing es sich bei Stammheim in den Wurzeln einer Weide. Die Bürger fischten es aus dem Wasser, brachten es nach Mülheim und stellten es in der dortigen Kirche auf den Altar. Doch jeden Morgen wunderte man sich: Das Bild lag vom Altar gestürzt auf dem Boden. Guter Rat war teuer. Schließlich befragten die Menschen den Rhein und ließen der göttlichen Fügung ihren Lauf. Das Bild, das man wieder dem Rhein übergab, blieb wiederum an der besagten Wurzel der Weide bei Stammheim hängen. So stellte man es in der Stammheimer Kirche auf, wo es tatsächlich auf dem Altar stehen blieb. Seit dieser Zeit kommen Pilger von nah und fern, um das Muttergottesbild an seinem göttlich gefügten Platz in Stammheim zu ehren.[259]

Der erste urkundliche Nachweis des Ortes Stammheim führt zurück ins Jahr 959.[260] Erzbischof Bruno schenkte dem Kloster St. Martin seinen Herrenhof in Stammheim. Danach reißen die Belege allerdings bis zum 12. Jahrhundert ab.

In Urkunden und auf Karten sind später die Namen Stammheym, Stammheim, Stampheim, Stammen oder auch Stammel zu lesen. Es ist von Adolf sowie Edmund von Stammheim die Rede. Erkenntlich wird jedoch nicht, ob diese beiden Männer ihren Namen nach dem damaligen Rittersitz trugen oder ob sie dem Rittersitz ihren Namen gaben, das heißt ihr Familienname etwa Stamm oder Stamp gewesen war. Hier greift die berühmte Frage nach der Erstgeburt von Henne oder Ei.

Denkbar, aber sehr unwahrscheinlich, ist die Lösung, »stamm« mit »stammeren/stammelen« in Verbindung zu bringen. Stammheim könnte demnach ein Ort gewesen sein, in dem es einen oder mehrere Stotterer gegeben hat.[261] In der Geschichte des Dorfes ist allerdings zu keiner Zeit ein Hinweis auf Menschen mit einem Gebrechen, welcher Art auch immer, zu finden. Im Gegenteil: Die ehemaligen Ritter waren stolze Stammheimer, wenn nicht sogar von sich eingenommen. So mussten 1671 die Erben infolge einer Klage des verstorbenen Junkers von Diependall – er hatte die Burg gekauft – die Inschrift auf der Grabtafel »Herr von Stammheim« entfernen. Besitzer, so das Gerichtsurteil, heiße noch lange nicht, auch Herr zu sein.[262]

Mit dem Jahr 1780 begann für Stammheim die Neuzeit. An der Stelle der alten Burg baute ein Mann namens von Scharffenstein das Stammheimer Schloss, das 1818 der Freiherr Theodor Hermann Adolph von Fürstenberg kaufte. Die über hundertjährige Ära derer von Fürstenberg war somit eingeleitet. In ihrem Schloss trugen die Mitglieder dieser Familie eine wertvolle Bibliothek, eine Waffen- und eine Uhrensammlung sowie mittelalterliche Handschriften zusammen. Außerdem erwarben sie Ländereien in der Umgebung. Neben dem Eigenwohl sorgten die Fürstenbergs allerdings auch für das Wohl der Stammheimer. So bezahlten sie den Bau der Landstraße zwischen Mülheim und Bergisch Gladbach und sorgten für den Weiterbau des Domes von Altenberg.[263] Darüber hinaus setzten sie sich für den Bau eines Dammes ein, der Stammheim und Flittard vor Hochwasser schützen sollte.

Das Engagement derer von Fürstenberg wurde am 18. Dezember 1856 von der Stadt Köln gewürdigt. Sie ernannte Franz-Egon von Fürstenberg-Stammheim zum ersten Ehrenbürger der Stadt. Nach dem Tod des letzten Besitzers aus dem Hause Fürstenberg im Jahr 1925 ging 1928 das Schloss in den Besitz der Stadt Köln über. – Im Jahr 1914 war Stammheim eingemeindet worden. Die städtische Herrschaft über das Anwesen dauerte jedoch nur 16 Jahre lang, im Jahr 1944 wurde es zerstört.

Sülz

Der Unternehmer Heinrich Wagner gründet eine neue Siedlung

Wahrscheinlich ist der Name Sülz schon jahrhundertealt; der Grundstein für den Kölner Stadtteil wurde allerdings erst im Jahr 1845 gelegt. Der Name Sülz taucht erstmals im 12. Jahrhundert in der Form Sulpeze auf, später schrieb man auch Sulpze, Sulpce, Sulpse, Sulze, Sultz, Suls oder auch Sulss. Bezeichnet wurde damit damals das Gebiet ab der heutigen Universitätsstraße stadtauswärts zwischen der Luxemburger und der Zülpicher Straße. Gemeinsam ist den Schreibweisen die Sprachwurzel »sul«, die nasser Grund, Sumpf oder Morast bedeutet.[264]

Unter dem Namen Sülz waren damals neben dem Sülzer Hof mehrere weitere Höfe zusammengefasst: Klettenberg, Komar und Weißhaus. Das änderte sich auch 1474 nicht, als die Kölner zur Schutzmaßnahme gegen Karl den Kühnen und seine Raubzüge den Sülzer Hof abrissen. Damit verhinderten sie, dass die Angreifer den Hof als Schlupfwinkel vor den Toren Kölns nutzten. Nachdem die Gefahr vorüber war, baute man an der heutigen Neuenhöfer Allee den Sülzer Hof unter dem Namen Neuenhof wieder auf. So gab es den Sülzer Hof seit dem 15. Jahrhundert namentlich nicht mehr, trotzdem blieb der Name Sülz für das gesamte Gebiet in den Urkunden bestehen.

Als der Bauunternehmer Heinrich Wagner im Jahr 1845 den Namen Sülz auf historischen Karten entdeckte, schlug er ihn als Bezeichnung für die kleine Siedlung vor, die er gegründet hatte. Er hatte in Sülz einige Morgen Land gekauft und eine Sand- und Kiesgrube sowie eine Ziegelei eröffnet. Ziegel waren damals sehr gefragt, denn das Baumaterial wurde im Zeitalter der Industrialisierung nicht nur für Wohnhäuser, sondern auch für Fabriken benötigt. Wissend, dass der Mensch dort hinzieht, wo er arbeitet, ließ Heinrich Wagner in der Nähe seiner Ziegelei fünfzehn Häuser errichten und eine Straße bauen. Es waren Ziegelbauten mit höchstens zwei Geschossen. Da es die erste befestigte Straße in Sülz war, nannten die Arbeiter und ihre Familien sie nach ihrem Erbauer »Wagnerstraße«. Der Bauunternehmer hatte sie allerdings nicht für die Arbeiter, sondern als Transportweg verlegen lassen. Die schwer beladenen, einachsigen Pferdekarren konnten so besser die Ziegel befördern. Im Gegensatz zu beispielsweise Braunsfeld *(siehe dort)* hatte bei dem Straßennamen jedoch der Volksmund keinen Bestand: Die Wagnerstraße wurde später in Ägidiusstraße umbenannt.

1846 zählte das neue Dorf 68 Einwohner, zehn Jahre später 122. Eine eher geringe Zahl an Zugezogenen im Vergleich zu anderen Dörfern. Doch verständlich, wenn man bedenkt, dass Sülz in der damaligen Zeit nicht allzu viel zu bieten hatte: Es fehlte eine Kanalisation, das Gebiet war nicht ans Strom- und Gasleitungsnetz angeschlossen, und es gab keine Straßenbeleuchtung. Aus eigener Kraft konnte das Dorf diese Wünsche nicht verwirklichen, sodass man 1888 gemäß dem Vorschlag des damaligen Regierungspräsidenten der Eingemeindung zustimmte.

Sürth

*Aus alt mach neu oder wie eine Kirche
den Straßenbau vorantreibt*

m indestens bis ins Jahr 1067 lässt sich Sürth als Dorf nachweisen. Erzbischof Anno II. schenkte den Hof in Sorethe, wie Sürth damals hieß, dem von ihm gegründeten Kölner Stift St. Georg. Andere Historiker geben für die erste Nennung Sürths, und zwar in der Schreibung Soretha, bereits das Jahr 1059 an.[265] Sicher ist, dass über die Jahrhunderte bis zur so genannten Säkularisation im Jahr 1802 lediglich wenige Grundbesitzer in Sürth ansässig waren. Neben dem Kölner Stift St. Georg, zu dem der Fallderhof, der Fronhof und weitere Ländereien gehörten, ist vor allem die Zisterzienserabtei Altenberg zu erwähnen, in deren Besitz der Mönchshof, der Keltershof sowie der Blumenhof waren.

Im Einzugsbereich der Landbesitzer lebten und arbeiteten im Jahr 1717 vermutlich rund 250 Menschen, hauptsächlich Bauern und Fischer. Selbst bis zur Mitte des 19. Jahrhunderts wuchs das Dorf nur langsam, der ländliche Charakter blieb bestimmend. Von den großen Höfen mittelalterlicher Tage sind bis heute noch der Fallderhof, der Mönchshof und das Herrenhaus des Zehnthofes erhalten. Sie bilden in etwa den historischen Ortskern, der an der heutigen Sürther Hauptstraße zwischen Rheinaustraße bis hin zur Straße »Auf dem Hügel« liegt. In gewisser Weise zukunftsweisend war der Kirchenneubau St. Remigius von 1828 bis 1830. Auf die Straßenqualität hatte dieser Neubau eine nachhaltige Wirkung. Die alte Kirche, die 1830 abgebrochen wurde, fand als kostbares Baumaterial weitere Verwendung. Zum Teil wurden Steine des Gotteshauses zur Pflasterung der Alten Kirchgasse verwendet.

Die Zahl der Einwohner stieg allerdings erst in den Jahren 1870 bis 1910 nennenswert an, rund 2.000 neue Sürther zogen damals hierher. Grund dafür waren eine Eisengießerei, eine Kesselschmiede und eine Maschinenfabrik, die ihre Pforten in Sürth öffneten. Trotz des Zuwachses konnte der Ort seinen dörflichen Charakter auch nach der Eingemeindung 1975 bis heute erhalten. Neben Werkswohnungen, die in Richtung Norden errichtet wurden, prägten schon früh schmucke Villen den Stadtteil. Vor hundert Jahren etwa entdeckten die so genannten reichen Leute das reizvoll schön gelegene Dorf. Die ersten Villen wurden nördlich der Mühlengasse gebaut.

Gemächlich vollzog sich auch die Entwicklung des Stadtteilnamens: Aus dem ursprünglichen Sorethe/Soretha des 11. Jahrhunderts wurden Sordin, Soride, Sorenda und Sürde. Noch im 19. Jahrhundert findet man unterschiedliche Schreibweisen wie Sürdt und Sürde. Erst in unserem Jahrhundert wurde der Name eindeutig auf Sürth festgelegt.

Für die Bedeutung des Namens gibt es zwei Erklärungsansätze, die auf den ersten Blick widersprüchlich erscheinen. Zum einen wird aus dem Althochdeutschen die Entsprechung »trockener Ort« abgeleitet, zum anderen wird der Name mit den Begriffen »Sumpf, Morast« übersetzt.[266] Ihren wahren Kern haben wohl beide Deutungen. Wenn man bedenkt, dass wer neben dem »Sumpf« siedelt, gewissermaßen auch »auf dem Trockenen« sitzt, lässt sich der scheinbare Widerspruch auflösen. Es ist lediglich eine Frage der Perspektive.

Urbach

Im Spannungsfeld von Frömmigkeit und gesellig Feierlichkeiten

Lange Zeit spielte Urbach eine herausragende, wenn nicht gar zentrale Rolle. Zum einen führte hier eine Verbindungsstraße vom Rhein zur Agger entlang, zum anderen gab es eine bekannte Kirche. Das Stift St. Severin in Deutz soll bereits um 1100/1300[267] diese Kirche in Urbach gebaut haben. Sie wurde nicht nur von den Urbachern, sondern auch von den Gläubigen aus Porz, Eil und Heumar besucht. Ein Höhepunkt des kirchlichen Lebens war damals die so genannte Walldürrner Prozession, die erstmals im Jahr 1648 begangen wurde. Sie führte die Pilger über 265 Kilometer weit nach Walldürn in den Odenwald.

Während der heiligen Messe soll dort im Jahr 1330 ein Priester versehentlich den Altarkelch umgeworfen haben. Der verschüttete Wein zeichnete das Bild des Gekreuzigten, umgeben von elf »Veronicae« – so heißen die Abbildungen, die das mit Dornen umwundene Haupt Christi zeigen. Die Wallfahrt »Zum Heiligen Blut« gilt heute als eine der ältesten bezeugten Pilgermärsche im deutschsprachigen Raum.

Darüber hinaus gab es mindestens noch zwei weitere Prozessionen in die umliegenden Dörfer. Eine wurde jedoch im Jahr 1770 aufgegeben, denn die Teilnehmer hatten sich nach dem Hochamt in Wahn in die Wirtshäuser begeben, gefeiert und ausgiebig getrunken. Keiner der Beteiligten hatte danach daran gedacht, das Kreuz wieder nach Urbach zurückzutragen.

Als im Anschluss an dieses Ereignis insgesamt 17 kirchliche Feiertage aufgehoben wurden, gab es Unruhen in Urbach und Eil – doch ohne Erfolg. Man hielt von kirchlicher Seite daran fest, dass die Frömmigkeit der Menschen zu sehr den irdischen Freuden in den Gasthäusern gewichen sei.

Auch wenn Urbach die zentrale Rolle im kirchlichen Leben für die umliegenden Dörfer innehatte, galt der Ort stets als arm. So mussten die Urbacher auf einen größeren Neubau ihrer Kirche bis zum Jahr 1879 warten, obwohl schon Ende des 18. Jahrhunderts die Kirche viel zu klein für alle Gläubigen war.

Um das Jahr 1650 zählte man in Urbach rund 50 einfache Fachwerkhäuser. Die meisten Familien besaßen nur wenig Land, das kaum für den Lebensunterhalt ausreichte. Über die Viehgasse, das ist die heutige Waldstraße, trieben sie ihre Tiere in den Gemeindewald. Dort sammelten nicht nur die Urbacher, sondern auch die Eiler Holz und Zweige. Daraus wurden Besen gebunden und verkauft. An diese Zeit erinnert heute noch die Besenbinderstraße in Eil.

Bis zur Mitte des 19. Jahrhunderts wuchs Urbach vergleichsweise rasant an. Mit 753 Einwohnern zählte man damals mehr als doppelt so viele Bürger wie im benachbarten Porz.[268] Die beiden nahe gelegen Orte, deren Grenzen fließend verliefen, trennten seit 1874 lediglich Eisenbahnschienen und ein Bahnhof.

Mit Einsetzen der Industrialisierung kehrte sich das Verhältnis nach und nach zugunsten von Porz um, das von der neuen Zeit stärker profitierte. Urbach gelangte ins Hintertreffen, während die Nachbarn im 20. Jahrhundert den großen Aufschwung erlebten: Mit der Stadtwerdung 1951 wurden 6.607 Porzer gezählt, das waren mehr als doppelt so viele Menschen wie in Urbach (2.933).[269]

Der Name Urbach ist nicht eindeutig bestimmbar. Zum einen kann eine Ableitung von Urbich herangezogen werden, alter Bach, was nahe liegt, denn die Siedlung befand sich am Rande eines alten Flussbettes. Ähnlich dieser Deutung ist die Rückführung auf Ur- und Au- oder Auel-, wobei man in diesem Fall von Sumpf sprechen müsste. Einer dritten Wortanalyse zufolge spielt der Name auf einen Bodenschatz an, denn im Jahr 1166 wurde Urbach Orbach geschrieben, und Or-[270] könnte auf ein Eisenerzvorkommen hinweisen.

Vingst

Ein Dorf wird immer kleiner

I m Gegensatz zu vielen anderen Ortschaften hat die Gemeinde in den vergangenen zwei Jahrhunderten ihren Nachbarn den einen oder anderen Quadratmeter abtreten müssen. Kalk, Humboldt-Gremberg, Ostheim und auch Höhenberg profitierten davon und liegen heute sozusagen auf Ur-Vingster Gebiet. Im 19. Jahrhundert erstreckte sich Vingst im Norden bis an die heutige Olpener Straße, im Westen teilweise bis zur Rolshover Straße, im Süden bis zur Gremberger Straße, und im Osten reichte es bis an die Siedlung Alter Deutzer Postweg heran. Die verwaltungstechnische Einordnung des Grund und Bodens und die Abgrenzung der Stadtteile hat dazu geführt, dass das Vingster Bad auf dem Boden von Ostheim liegt. »Vingst war 1825 flächenmäßig erheblich größer als der heutige Vorort. Noch 1885 umfasste es 407 Hektar, davon 325 Hektar Ackerland und 36 Hektar Holzland.«[271]

Das ist aber nicht das Einzige, was man den Vingstern genommen hat. Noch zu Beginn des 19. Jahrhunderts pulsierte in dem Dorf das Leben. Doch damit sind keine Schankwirtschaften und Tanzlokale gemeint, die die Menschen aus allen Richtungen anlockten, sondern ein kleiner Dorfweiher, der auch für die umliegenden Dörfer zentral und wichtig war. Vingst lag nämlich mitten auf den Wegen von und nach Deutz, Kalk, Höhenberg, Merheim, Ostheim, Gremberg und Poll. Was in unseren Tagen die Frankfurter Straße ist, ein Hauptverkehrsweg also, war über Jahrhunderte hinweg die heutige Oranien- und die Kuthstraße.

Wenn man auch innerhalb weniger Minuten durch das Dorf gegangen war, so rasteten Reiter und Fuhrwerke doch gern am heutigen Heßhofplatz. Nördlich von diesem Platz und südlich von der heutigen U-Bahnstation lag bis zum Jahr 1885 der erwähnte Dorfweiher. Er muss den alten Siedlern im Laufe der Zeit immer wieder gute Dienste geleistet haben. Das Vieh konnte bequem getränkt werden, und man hatte Wasser für den Brandfall. Als Trinkwasser eignete sich der Teich wohl bald nicht mehr, denn die Vingster sollen nicht sehr sorgsam mit dem Gewässer umgegangen sein. Teilweise entsorgten sie anscheinend Müll in dem Teich. Das schließt man aus Bauarbeiten und Ausschachtungen, die man im Jahr 1970 unternahm. Auf dem ehemaligen Grund des Dorfweihers fand man eine Vielzahl von Scherben.[272]

Allzu gedankenlos scheinen die Vingster aber nicht immer gewesen zu sein. Im Jahr 1806 oder 1807 soll in dem kleinen Dorf eine Seuche ausgebrochen sein. So wird es zumindest erzählt. Die Dorfbewohner taten sich damals zusammen und schworen, wenn sie die Seuche überleben würden, dann würden sie ein Gemeindekreuz bauen.

Sie überlebten alle, weswegen heutige Forscher die Schwere der Krankheit bezweifeln. Die Vingster hielten jedoch Wort und bauten: 1807 wurde das Gemeindekreuz östlich vom heutigen Heßhofplatz auf dem unbebauten Gemeindeland an der Kuthstraße aufgestellt. Als die Gemeinde 20 Jahre später eine Schule plante, musste das Kreuz allerdings weichen und wurde auf die andere Straßenseite versetzt. 1930 wurde es nach einem Brand des Tanzsaals der Wirtschaft »Zum Heßhof« ein letztes Mal, zum Vingster Hof, versetzt.

Der Name Vingst hat seine Wurzeln möglicherweise im ersten Jahrtausend. Damals muss Wein in und um Vingst angebaut worden sein. Im Jahr 1003 wird Vingst als Winsheim[273] erstmals erwähnt. Seitdem veränderte es sich im Laufe der Jahrhunderte zu Vinza, Winsa, Vyntz, Vinx und schließlich Vingst. Der Name kann auf das altdeutsche »wintar«, der Winter, oder das lateinische »vinitor«, der Winzer, zurückgeführt werden.[274]

Dem lateinischen Ursprung wird allerdings allgemein Vorrang gegeben. Warum sollte der Winter gerade für den heutigen Stadtteil Kölns eine herausragende Rolle gespielt haben, zumal in Vingst nachweislich Wein angebaut wurde?

Vogelsang

Zuflucht für heimatlose Kölner nach dem Zweiten Weltkrieg

Wo einst Korn- und Weizenfelder entlang der Straße wuchsen, entstand in den 1930er Jahren der Kölner Stadtteil Vogelsang. Wohlgemerkt Stadtteil und nicht Dorf, denn die Felder gehörten, als man mit dem Bau der neuen Siedlung begann, schon damals zur Stadt Köln.

Nach dem »Tag der Arbeit« im Jahr 1932 setzte man zum ersten Spatenstich an. Es entstanden Häuser an der alten Vogelsanger Straße, dem heutigen Rotkehlchenweg sowie am Nachtigallenweg, Buchfinkenweg und Kuckucksweg. Da das Bauvorhaben schon in den Anfängen mehrere hundert Häuser umfasste, davon viele mit kleinen Gärten, sprachen die Menschen sofort von ihrer »Siedlerstadt«. Wohl mit Recht, denn bereits fünf Jahre nach Baubeginn konnten die Menschen in ihrer eigenen Kirche, der St. Konrads-Kirche, eine Messe feiern. Sie hatte von Anfang an zu den Plänen für das Neubaugebiet gehört. Ein weiteres Jahr später wurde die Schule am Vogelsanger Markt fertig gestellt.

Sieben Jahre nach der Grundsteinlegung für die Siedlerstadt begann der Zweite Weltkrieg. Kein Kölner Stadtteil überstand Bombenhagel und Verwüstung so unbeschadet wie Vogelsang. Mit Kriegsende wohnten noch 480 Bürger in ihren Häusern.

Viele ausgebombte Kölner machten sich deshalb auf den Weg nach Vogelsang, um hier einen Unterschlupf zu finden. Bei den vom Hunger Getriebenen waren vor allem die kleinen Gärten der Vogelsanger heiß begehrt. Sie boten allerhand Appetitliches. Vielleicht erinnerten sich deshalb viele Vogelsanger nach dem Krieg an die »Kappesbuure« vergangener Jahrhunderte. Diese hatten seit Menschengedenken auf ihren Feldern vor den Toren der Stadt ihren Weißkohl geerntet und nach Köln geliefert. Frei nach dem kölschen Motto, wer gut verdient, der darf auch gefoppt werden, verdienten sich die »Kappesbuure« nicht nur eine goldene Nase, sondern bekamen auch reichlich kölschen Spott zu hören. Da nun die Erträge der Gärten in Vogelsang nicht weniger begehrt waren, kamen die Vogelsanger Ende der 1940er Jahre auf die Idee, im Rahmen der ersten Vogelsanger Kirmes eingedenk der »Kappesbuure« ein »Kappesrollen« aus der Taufe zu heben. Zur Kirmes 1949 wurde der Kappes erstmals um die Wette gerollt, gekegelt und gekugelt. Ob Männlein, Weiblein, Jung oder Alt, an dem fröhlichen »Weißkohlrennen« nehmen die Vogelsanger bis heute rege teil.[275]

An Althergebrachtes hielt man sich in Vogelsang auch bei der Wahl des Stadtteilnamens. Das Gut Vogelsang stand Pate bei der Geburt des Stadtteils und in gewisser Weise auch bei den Namen der Straßen. Fast jede Straße wurde nach einem Vogel benannt.

Bleibt nur die Frage, woher wiederum das alte Gut Vogelsang seinen Namen entlehnte? Eine Erklärung besagt, -sang hinge mit »sengen« zusammen, das hieße, dass um das Gut Vogelsang herum »Brandrodungen« stattgefunden haben müssten.[276] Doch vielleicht spielte einst tatsächlich das Federvieh eine Rolle für das Gut *Vogel*sang. Bedenkt man die Namen im Kölner Westen insgesamt: Ossendorf (Ochsen), Marsdorf (Pferde) oder Bickendorf (Schweine), liegt die Vermutung zumindest nahe.

Andere Sprachforscher wieder verfolgen einen alternativen Ansatz zur Erhellung des Namens. Sie nehmen an, dass das allein stehende Wort »Sang« von den Menschen irgendwann nicht mehr im ursprünglichen Sinne von »brandroden/versengen« verstanden wurde, dass »man Sang mit Vogel verbunden und den Fluren einen falschen Sinn gegeben« habe.[277] Im alltäglichen Sprachgebrauch wiederum hat man aus der Brandrodung das Singen gemacht.

Volkhoven/Weiler

und ein Attentat, das weltweit Erschütterung auslöste

m itten durch das heutige Doppeldorf verlief 34 Jahre lang die Kölner Stadtgrenze. Während Volkhoven als Teil der Bürgermeisterei Longerich bereits ab 1888 zu Köln gehörte, zählte der Nachbarort Weiler erst mit der Eingemeindung von Worringen 1922 zum Stadtgebiet. Am 15. Juli 1954 wurden die beiden Nachbarorte dann per Beschluss des Rates der Stadt Köln vereinigt:

> »Im Norden der Stadt wurde die Zusammenfassung einiger früherer Ortsteile notwendig, die infolge ihrer geringen Einwohnerzahlen weder selbständige Kirch-, noch Schulsprengel (= Bezirk) sein können, also kleiner sind als jene Mindestgröße, die bei der Bildung der Stadtbezirke (=Stadtteil) Berücksichtigung fand.«[278]

Auch wenn beide Orte recht klein gewesen sind, können sie doch auf eine jahrhundertealte Geschichte zurückblicken. Volkhoven wurde erstmals 1337 urkundlich erwähnt, von Wilre (Weiler) ist bereits im Jahr 1135 in einer Schenkungsurkunde die Rede.

Im strengen Sinne ist der Name Weiler eigentlich gar kein Name, denn er geht auf das mittellateinische »villare«[279] zurück und bezeichnet ganz allgemein ein Gehöft mit einigen umstehenden Wohnhäusern. In der Regel muss es sich bei einem Weiler um wenigstens 3 und höchstens 20 Wohnhäuser gehandelt haben. Das Wort »Weiler«/»villare« findet sich auch im Englischen als »village« und im Französischen als »ville« wieder.

Der Name Volkhoven endet auf -hoven, was bäuerliche Ansiedlung oder Hof bedeutet. Der Wortteil geht auf das althochdeutsche »hov« zurück. In Köln gibt es heute drei Namensbildungen mit -hoven (Gremberghoven, Volkhoven, Westhoven), bundesweit kommen -hoven/-hofen in rund 500 Ortsnamen vor.

Der erste Teil des Namens, Volk-, geht entweder auf das altdeutsche Wort »volk« oder auf den Wortstamm »fol« zurück. Damals war mit Volk auch das Kriegsvolk gemeint. Als Ursprung von Volk wird das germanische »fulka« angenommen, das auch als Name verwandt wird. Demnach könnte Volk- auch auf eine einzelne Person anspielen, die als kriegerisch charakterisiert wurde oder als Führungsperson galt.

Daneben besteht auch die Möglichkeit, Volk- auf »fol-« zu beziehen, das gleichbedeutend mit unserem heutigen voll ist. Wenn man voll als reichhaltig oder gut gefüllt versteht, könnte man den Namen als Hinweis auf einen reichen Hof verstehen. Eine endgültige Entscheidung darüber, welche Namensdeutung die unumstößlich richtige ist, kann hier nicht gegeben werden.

Der schwärzeste Tag in der Geschichte Volkhovens ist der 11. Juni 1964. Ein psychisch kranker Mann stürmte kurz nach neun Uhr die Katholische Volksschule. Mit einem Flammenwerfer und einer Lanze verletzte er 28 Schüler sowie 8 Lehrkräfte; 8 Kinder und 2 Lehrerinnen erlagen ihren Verletzungen. Der Attentäter wurde kurz nach der Tat gefasst, verstarb jedoch an einer Vergiftung. Auf der Flucht hatte er eine Kapsel mit dem Pflanzengift E 605 geschluckt. Über die Gründe für den Amoklauf kann nur spekuliert werden. Der Täter war jahrelang krank gewesen und hatte vergeblich versucht, eine Kriegsrente zu bekommen. Außerdem war seine Frau einige Jahre zuvor im Kindbett verstorben.

Die Gräueltat entsetzte die Menschen. Aus aller Welt wurden insgesamt rund 850.000 Mark (etwa 430.000 Euro) gespendet. Der Rat der Stadt Köln übernahm zusätzliche Kosten von Behandlungen sowie Kuren und zahlte für die Opfer bei Erwerbsunfähigkeit eine lebenslange Rente.[280] Die Schulbaracken auf dem Gelände wurden abgerissen, damit sie nicht mehr an diese Tat erinnerten.

Die toten Kinder wurden auf dem Friedhof der neuen Pfarrkirche Weiler beigesetzt, die 1925 ihren Vorgänger am Georgshof ersetzt hatte. Die letzte Ruhe der Opfer des Brandanschlags auf dem kleinen Dorffriedhof sollte 1982 laut Ratsbeschluss der Stadt ein Ende finden: Am 18. Mai wurde beschlossen, dass der Friedhof geschlossen und in eine Grünanlage umgewandelt werden solle.[281] Der Protest der Pfarre und der Bürger führte jedoch dazu, dass der Ortsfriedhof erhalten blieb. Der Rat nahm seine Entscheidung am 28. April 1983 zurück.

Schließlich dürfen zwei Bauwerke in Volkhoven/Weiler nicht ungenannt bleiben, die weit über die Ortsgrenzen hinaus bedeutend sind: Zum einen bezog der Bundesverfassungsschutz 1988 in Weiler sein neues Domizil. Der riesige Bürokomplex bietet heute über 2.200 Menschen einen Arbeitsplatz. Das zweite Gebäude stammt aus dem Jahr 1925 und galt damals als das technisch und architektonisch modernste europaweit: Das Wasserwerk Weiler mit seinen damals rund 30 Mitarbeitern versorgt bis heute den Kölner Norden mit Wasser. Der technische Fortschritt hat jedoch dazu geführt, dass nur noch ein Mitarbeiter benötigt wird. Er kontrolliert die Maschinen und Computeranlagen.

Auch wenn der offizielle Name »Wasserwerk Weiler« lautet, so befindet es sich nicht in Weiler. Der Blick auf die Stadtteilgrenzen zeigt, dass der Bau in der äußersten südöstlichsten Ecke von Roggendorf/Thenhoven liegt.

Wahn

hat, ob Bahnhof oder Flughafen, die Nase vorn!

Wahn hatte in den 50er Jahren des 19. Jahrhunderts eindeutig die Nase vorn und gewann die Schlacht um den Bau eines Bahnhofes. Auf der Strecke von Deutz nach Gießen war bis Siegburg ein Halt geplant. Dieser sollte entweder in Wahn oder in Porz an der Grenze zu Urbach gebaut werden. Für einen Bahnhof zwischen Porz und Urbach sprach unter anderem der Rhein. Im Porzer Hafen, so wurde argumentiert, würden »täglich 100 Personen per Nachen nach Köln befördert«, außerdem »findet in gleicher Weise ein nicht unbedeutender Gütertransport, bestehend in hier fabrizierten Mauer- und Dachziegeln, Kohlen sowie an Produkten der hiesigen sehr bedeutenden landwirtschaftlichen Etablissements statt.«[282]

Man sah in Porz einen Knotenpunkt von Straße, Wasser und, sofern es den Bahnhof dort gäbe, zu Schiene. Landrat Danzier erlaubte sich bei den zuständigen Behörden noch »den gehorsamsten Vorschlag«, er wolle der

Eisenbahnstation den Namen Porz geben, auch wenn die Station zwischen Porz und Urbach liege, »da dieser auf allen Rheinkarten eingetragene Ort als Dampfschiffahrts-Station und Stapelplatz überall bekannt ist und auch einen guten historischen Klang hat.«[283]

All diese Argumente sollten jedoch nichts nutzen; auf einer Versammlung aller Interessenten der umliegenden Dörfer entschieden sich alle Vertreter des Siegkreises für einen Bahnhof in Wahn. Des Weiteren stellte Baron von Eltz für diese Entscheidung Land im Werte von 2.000 Talern zur Verfügung, mit der Bedingung, die Bürgermeisterei Wahn solle ihrerseits 3.000 Taler zum Eisenbahnbau beisteuern.

Damit war die Entscheidung auf der Versammlung vom 18. Mai 1857 getroffen worden; gut eineinhalb Jahre später, am 1. Januar 1859, wurde der Eisenbahnverkehr von Deutz über Wahn nach Siegburg und Hennef aufgenommen.[284] Porz musste nach dieser Entscheidung noch gut 15 Jahre auf einen Bahnhof warten; 1874 wurde die Strecke von Troisdorf über Porz und Kalk nach Mülheim und Opladen eingeweiht.

Wahn hatte in Sachen Verkehr auch in den 50er Jahren des 20. Jahrhunderts die Nase vorn; diesmal schlugen die Wahner den Kölner Stadtteil Ossendorf aus dem Rennen. Der Flughafen am Butzweiler Hof wurde nach dem Zweiten Weltkrieg von den Militärbehörden der Besatzungsmächte genutzt. Da der Wirtschaftsraum Köln einen Flugplatz benötigte, fiel die Wahl sehr schnell auf das Wahner Gelände, da es hier bereits seit 1904 einen Ballonstartplatz gab. Außerdem hatte man eine Luftschiffhalle gebaut und das Areal während des Krieges als Feldflugplatz genutzt.

Ausschlaggebend für den Standort Wahn war schließlich die Nähe zur ehemaligen Bundeshauptstadt Bonn und deren große Entfernung zum Düsseldorfer Flughafen; am 8. Dezember 1950 wurde in Porz die »Köln-Bonner Flughafen Wahn GmbH zu Porz« gegründet.[285]

Diese Wahl sollte sich als günstig erweisen, denn das Areal in der Wahner Heide entpuppte sich als relativ nebelfrei. Im Vergleich zu anderen deutschen Flughäfen herrscht hier meist klare Sicht. Auch die Windverhältnisse im Kölner Süden werden von Experten als günstig eingestuft.[286] Im Jahr 1968 wurde der Flughafen zu Ehren des ehemaligen Bundeskanzlers und Kölner Oberbürgermeisters in »Konrad Adenauer Flughafen« umbenannt. Trotz der guten Voraussetzungen in Köln und dem Optimismus, der über Jahrzehnte verbreitet wurde, ist der Köln/Bonner Flughafen doch nicht zur Nummer eins in Deutschland geworden.

Doch zurück zum Stadtteil Wahn: Sein Name reicht bis in das Jahr 1100 zurück (»wande«); Sprachwissenschaftler haben drei mögliche Ansätze zur Hand, um ihn zu erhellen.[287] »Wande« kann Kehre, eine »Grenze zwischen zwei Marken«, bedeuten; man kann Wahn aber auch auf »wanda« und damit auf Wirbel oder Strudel zurückführen; außerdem ist Wasser als Übersetzung möglich. Da Wahn in einer Senke liegt, die zu einem alten Rheinarm gehören könnte, zumindest aber auf einen Bach hinweist, sind die Anklänge an Wasser und Strudel wahrscheinlicher.

Wahnheide

Freud und Leid mit den Soldaten auf dem Truppenübungsplatz

W as auf den ersten Blick vielleicht offensichtlich ist, scheint beim zweiten Blick nicht mehr so klar. Einerseits ist der Name Wahnheide aus der Verkürzung von Wahner Heide *(siehe Wahn)* entstanden und bedarf damit an dieser Stelle keiner Erklärung mehr, andererseits hieß Wahnheide zunächst gar nicht Wahnheide, sondern wurde bis zum Ersten Weltkrieg auch »Biesel« oder »An der Biesel«[288] genannt. Wahnheide konnte sich als Name jedoch innerhalb von drei Jahrzehnten gegen seinen Konkurrenten durchsetzen; hilfreich wird dafür der Truppenübungsplatz gewesen sein, der nicht nur Wahnheide, sondern auch alle angrenzenden Ortschaften im letzten Jahrhundert einerseits stark förderte, andererseits negativ beeinträchtigte.

Das ursprüngliche Gebiet von Wahnheide lag an der heutigen Heidestraße, die damals noch Wahner Viehgasse hieß. Die Anfänge müssen in der ersten Hälfte des 19. Jahrhunderts gelegen haben, als begonnen wurde, die Wahner Heide als Truppenübungsplatz zu nutzen. Händler und Gastleute sahen in den Soldaten eine Kundschaft, für die es sich lohnte, ein Geschäft zu eröffnen. Damit kann man – sieht man einmal von ganz wenigen Hütten und Häusern ab, die es zuvor schon gab – die Anfänge des heutigen Stadtteils Wahnheide nach dem Jahr 1817 vermuten. Erstmals erwähnt wird der Name Wahner Heide allerdings schon im Jahr 1757, weniger in der Verbindung mit Häusern als vielmehr in der Bezeichnung einer Heidelandschaft. Matthias Ehmanns gab seiner damaligen Karte den Titel »Karte der Wahner Heide vom 24.12.1757 mit Jagd, Grundbesitz und sonsten Gerechtsamen des Hauses Wahn«.[289] Neben dem Namen Wahner Heide findet sich auch die Bezeichnung »Das Freidadelige Beisseler Gut« auf dem Plan. Es ist genau dort zu finden, wo knapp einhundert Jahre später die ersten Menschen nahe dem Truppenübungsplatz ihr Quartier aufschlugen. Das Militärgelände wurde nach seiner Premiere von 1817 im Laufe der Jahre auf die angrenzenden Gebiete von Eil, Grengel und Lind ausgedehnt. Zwar hatte der Gemeinderat Wahn die einzelnen Besitzer für die Bereitstellung des Geländes entschädigt, doch waren die Soldaten, wie schon angesprochen, ein ständiger Anlass für Ärger. Die übenden Staatsdiener mussten des Abends verpflegt und untergebracht werden. Teilweise geschah dies mit Zelten und später auch durch einfache Barackenbauten, hauptsächlich wurden die Staatsdiener jedoch »privat« bei der Bevölkerung in den umliegenden Ortschaften untergebracht.

In den Jahren 1870/71 verschärfte sich die Situation anlässlich des Deutsch-Französichen Krieges; in Zelten wurden auf dem Gelände der Wahner Heide mehrere tausend französische Kriegsgefangene untergebracht. Die Bewachungsmannschaften mussten in den umliegenden Ortschaften bei den Bürgern einen Unterschlupf finden. Der Bürgermeister von Urbach reichte am 18. Dezember 1870 wegen der übermäßigen Einquartierungen in Urbach und Elsdorf Beschwerde ein:

> »Seit Anfang des Monats ist diese Belastung mit Einquartierung der bis dahin auf der Heide gelagerten Infanterie um das Dreifache noch erhöhet worden, so daß – abgesehen von der Überfüllung der Wohnstätten dieser beiden Ortschaften, falls diese Einquartierung den ganzen Winter über anhalten sollte – unter den Bewohnern derselben gegen das kommende Frühjahr ein großer Notstand eintreten wird.«[290]

Dieser befürchtete Notstand hieß Hunger. Im Juni des gleichen Jahres hatte ein Hagelschlag für die Vernichtung des Getreides und für Einbußen bei der Kartoffelernte gesorgt. Das so genannte Quartiergeld, das war die Entschädigung für Kost und Logis, reichte nicht aus, um die Kosten für Unterkunft und Essen der Soldaten zu decken.

Einige Bürger verdienten jedoch auch an den Wachmannschaften. Die Soldaten brachten den Geschäften und Wirtschaftsbetrieben großen Aufschwung. Als nach dem Krieg die Zelte des Gefangenenlagers abgebrochen waren, blieb die Wahner Heide weiterhin als Übungsplatz erhalten. Auch als solcher bestimmte er seitdem das Leben in der Wahner Heide und um sie herum.

Aus der Zeit vor dem Ersten Weltkrieg stammt auch das so genannte

Bleilesen, das den Menschen Geld einbrachte. Wenn die Soldaten ihre
Übungen beendet hatten und das Gelände wieder begehbar war, stürmten
die Bleisammler mit leeren Säcken auf den Übungsplatz:

> *»Sie rafften mit Hast und Gier zuerst die Messingzünder und Führungs-*
> *ringe, dann die Bleikugeln und dann erst das Eisen. Sie mußten*
> *das gesammelte Metall im Lager abliefern gegen Bezahlung, aber*
> *die Althändler boten doppelt soviel, und deshalb schlugen sich die*
> *Sammler seitlich in die Büsche.«[291]*

Weiden

Ein wenig bekannter, aber bedeutender Fund aus römischer Zeit

W er in und um Köln herum in der Erde gräbt, muss damit rechnen,
dass er auf römische Hinterlassenschaften stößt. So ging es auch
dem Fuhrmann Ferdinand Singer in Weiden. Als er im April 1843
neben seinem Haus ein Wirtschaftsgebäude errichten wollte, stieß er beim
Ausheben des Erdreiches auf große Steine. Danach fand er eine Treppe,
die abwärts zu einer großen Steinplatte führte. In Erwartung eines Schat-
zes rückte er mit einigen Helfern und spitzer Hacke der Platte zu Leibe
und zertrümmerte sie. Statt Gold und Edelsteine fanden die Entdecker jedoch nur »eine äußerst kompakte zähe Erdmasse aus Mergel mit Ziegeln
und Steinen«.[292] Bevor der Fund wieder zugeschüttet werden konnte, hatte der Bürgermeister von der Unternehmung gehört und sich gemeldet. Er
und ein Gutsbesitzer schlossen mit dem Fuhrmann einen Vertrag, wonach
Ferdinand Sieger für die Freilegung der römischen Grabkammer nicht aufkommen brauchte, wohl aber an einem Erfolg des archäologischen Unter-
fangens beteiligt werden sollte. Dieses Abkommen und die Forderungen
des Grundstückeigners hätten fast dazu geführt, dass der antike Fund ins
Ausland verkauft worden wäre. In letzter Minute wurde aber der Verbleib
des römischen Erbes an Ort und Stelle erreicht.

Die besagte Grabkammer stammt aus dem 2. bis 3. Jahrhundert n. Chr.
und »zählt unstreitig zu den bedeutendsten Denkmälern römischer Zeit
im ganzen Norden; denn nördlich der Alpen gibt es nichts, das an Vortreff-

lichkeit der Erhaltung und der Vollständigkeit der Ausstattung mit ihr verglichen werden könnte.«[293]

Wie das Römergrab lagen auch die Anfänge Weidens an der alten Straße in Richtung Aachen, südlich der Straße lag Üsdorf, nördlich Lövenich und zu beiden Seiten Weiden.

Die Geschichte von Üsdorf, das heute ganz im Stadtteil Weiden aufgegangen ist, reicht bis ins 13. Jahrhundert zurück. Üsdorf oder – wie es 1230 heißt – Oynstorp kann einerseits vom althochdeutschen »ouwa« abgeleitet worden sein, was dann so viel wie Dorf am Wasser oder auch Dorf im Wiesenland bedeuten würde, andererseits kann auch ein Personenname wie »Oyns« dem Üs- zugrunde liegen.[294]

Aufgrund einiger Höfe, deren Felder und Äcker bis zur und über die Aachener Straße hinaus reichten, kann angenommen werden, dass Üsdorf über Jahrhunderte der bestimmende der beiden Orte gewesen sein muss. Die Üsdorfer Gutsherren besaßen sozusagen die »Weide«.[295]

Als Flurname findet man »In den Weiden«/»Zur Wyden«, was sich noch heute im mundartlichen Namen für den Stadtteil Weiden wiederfindet – »en d'r wick«. Mit Weide(n) ist anscheinend eher das Land als der gleichnamige Baum gemeint.

Weiden war bis zum Ende des 19. Jahrhunderts eher unbedeutend und klein, auch wenn die Einwohnerzahl der Bürgermeisterei Lövenich, zu der Weiden gehörte, im 19. Jahrhundert von 956 im Jahr 1798 um mehr als das Fünffache auf 5253 im Jahr 1905 anstieg. Dieser Zuwachs für die Dörfer rund um Köln ist im Vergleich eher gering. Erst im 20. Jahrhundert sollte auch im Kölner Westen die Bevölkerungszahl schneller zunehmen.

Zunächst entstanden zu Beginn des Jahrhunderts an der Eichendorff-, der Goethe- und der Schillerstraße einige großzügige Einfamilienhäuser, die der Gegend recht bald den Namen Villenkolonie einbrachten. Diese Siedlungsbauten einerseits, aber sicherlich auch die Eröffnung der Straßenbahn von Köln über Weiden nach Lövenich im Jahr 1912, zogen weitere Bautätigkeiten nach sich. Mitte der 1920er Jahre war Weiden zum größten Ort der Bürgermeisterei Lövenich geworden, zählte mit knapp 2.500 Einwohnern rund zehnmal so viele wie Üsdorf.

Bis zum Jahr 2000 ist Weiden längst der größte Ort der ehemaligen Gemeinde Lövenich geworden. Mit über 16.000 zählt Weiden doppelt so viele Einwohner wie Lövenich. Üsdorf ist 1975 mit der Eingemeindung nach Köln von den Karten Kölns verschwunden.

Die Ursprünge für das große Wachsen von Weiden sind auch in den 1960er Jahren zu suchen. Die Gemeinde Lövenich sah sich gezwungen, in zentraler Lage einen Gemeindemittelpunkt zu bauen: Man wollte damit seine Eigenständigkeit beweisen und festigen, denn damals wurde über eine kommunale Gebietsreform diskutiert und diese vorbereitet. Deshalb legte die Gemeinde Lövenich 1970 Pläne für ein Gemeinde-, ein Bildungs-, ein Einkaufs- sowie ein Sport- und Freizeitzentrum vor. Außerdem sollte südlich der Aachener Straße und der Ostlandstraße der Wohnpark Weiden entstehen. Bereits 1971 wurde dieses Wohn-, Gemeinde- und Dienstleistungsprojekt in Angriff genommen und Mitte der 1970 Jahre fertig gestellt.

Doch die Expansion hat weder Weiden, geschweige denn der Gemeinde Lövenich, geholfen. Während Groß- und Kleinkönigsdorf in die Stadt Frechen eingegliedert wurden, gehören Junkersdorf, Lövenich und Weiden seit 1975 zu Köln.

Weidenpesch

und die Geschichte von genervten Postboten

dass Weidenpesch 1952 überhaupt gegründet wurde, liegt an der Post. Täglich sollen es etwa 40 bis 50 Briefe, Päckchen und Pakete gewesen sein, die falsch geliefert wurden.[296] Für die Post war die Unterscheidung Merheim rechtsrheinisch und Merheim linksrheinisch nicht eindeutig genug. Die Briefträger wussten immer mal wieder nicht, wohin mit der Post, und die Bürger waren von den verzögerten Lieferungen schlicht genervt.

Die Industrie- und Handelskammer machte deshalb zu Beginn der 1950er Jahre den Vorschlag, die beiden Orte in Ost- und Westmerheim umzubenennen. Nicht eindeutig genug, kritisierte die Post, diese Umbenennung würde die Missverständnisse ebenso wenig wie die Unterscheidung rechtsrheinisch/linksrheinisch aus dem Weg räumen. Deshalb sollte besser ein neuer Name her. Bei der Suche ließ man sich von der Geschichte leiten; im Bereich der Neusser Straße lagen nicht nur das alte Merheim, das wie sein Namensvetter auf der anderen Rheinseite auf ein seichtes, stehendes Gewässer hindeutet, sondern auch einige sehr alte Höfe. Einer davon war der Weidenpescher Hof, der erstmals 1610 auf einer Karte verzeichnet wurde. Während der erste Teil des Namens, Weiden-, zunächst nur des Hinweises bedarf, dass es sich entweder um das Land oder den

Baum handeln kann, ist der zweite Teil des Namens ungleich schwieriger
zu fassen. Pesch lässt sich aus dem lateinischen »pascuum« ableiten, was
so viel bedeutet wie Weide(land) oder Trift.

Unter einer Trift versteht man laut Lexikon einen vom Vieh benutzten
Weg von der Wiese zum Stall oder zum Tränkplatz. In dieser Verbindung
wird es sich bei Weiden- als erster Teil des Namens wohl eher um Bäume
handeln: also die Weidenbäume, die den Weg von der Wiese zum Stall säu-
men. Handelt es sich in der Übersetzung von Pesch um die Weide und
nicht die Trift, erscheint die Anspielung auf die Weiden(bäume) am Wei-
de(land) ebenfalls schlüssig.

Für den Stadtrat war entscheidend, dass es den Namen Weidenpesch
auf den alten Flurkarten überhaupt gab. In seiner Sitzung vom 26. März
1952 beschloss er sodann die Umbenennung von Merheim linksrheinisch
in Weidenpesch. Bevor dieser Schritt vollzogen werden konnte, musste die
Ratsvorlage jedoch noch geändert werden. Da hieß es nämlich zunächst,
dass das andere Merheim den Namen beibehalten dürfe. Das sei nicht
richtig, schließlich, so wurde argumentiert, würde dieser Name ja auch geändert, das rechtsrheinisch als Zusatz falle schließlich weg. Also wurde
die Vorlage umformuliert:

*»Die Stadtvertretung stimmt der Umbenennung des Ortsteiles Köln-Mer-
heim lrh. in Köln-Weidenpesch und der Ortsbezeichnung Köln-Merheim
für den rechtsrheinischen Ortsteil zu.«*[297]

Die Umbenennung in Weidenpesch darf als voller Erfolg betrachtet werden, denn der Name wird heute ohne Rücksicht auf Geschichte und Ver-
waltungsgrenzen für einen Wohnkomplex im benachbarten Niehl verwendet. Der Wohnpark Weidenpesch liegt an der Niehler Straße zwischen
Nesselrode- und Friedrich-Karl-Straße.

Zum Gebiet von Weidenpesch gehört die Pferderennbahn. Sie dürfte sich
mittlerweile endgültig als Aushängeschild des Stadtteils gemausert haben.
Man mag kaum glauben, dass das nicht immer so war. Jahrelang wurde sei-
tens der Stadt diskutiert, die Pferderennbahn in den Chorbusch zu verlegen und stattdessen eine Grünanlage in Weidenpesch einzurichten.[298]

Diese Pläne sind längst vom Tisch. Heute bietet die Pferderennbahn
»bedeutende sportliche Ereignisse für Köln«:[299] Neben dem Preis von Europa und dem Ostermann-Pokal wird unter anderem auch der Gerling-
Preis auf der Galopprennbahn ausgetragen. Der Startschuss für das erste
Rennen wurde am 3. März 1898 gegeben, damals war es selbstverständlich noch die Merheimer und nicht die Weidenpescher Pferderennbahn.

Weiß

Immer wieder Streit mit der Stadt Köln um die Rheinbefestigung

d er Wein war der Grund dafür, dass sich der Kölner Rat in den vergangenen Jahrhunderten immer wieder mit dem Tun und Treiben der Weißer auseinander setzte. Direkt am Rhein bauten die Nachbarn im Süden nämlich die Trauben an. Nicht, dass die Kölner in erster Linie scharf auf ein edles Tröpfchen waren, nein, sie fürchteten das Hochwasser. Die Menschen in Weiß hatten zum Schutz vor den Fluten das Ufer befestigt, sodass der Rhein verdrängt und der Wein geschützt war. Damit stieg andererseits die Gefahr für die Kölner. Floss das Wasser schneller an Weiß vorbei, dann … Im Grunde war es schon damals das Problem der Rheinbefestigung und -begradigung, das uns bis heute zu schaffen macht.

Die Weißer hatten allen Grund, den Rhein zu fürchten. Damals wie heute brachte das Hochwasser immer wieder in kurzen Abständen, etwa in den Jahren 1496 und 1497, 1776 und 1784 oder auch 1819 und 1820, große Schäden mit sich. Eine Hochwasserschutzmauer wurde erst im 20. Jahrhundert errichtet.

Bei den Flutkatastrophen von 1819 und 1820 setzte der Rhein mehrere Häuser sowie den Pflasterhof vollständig unter Wasser. Der Pflasterhof ist über die Jahrhunderte hinweg der bedeutendste Hof in Weiß gewesen und war im Besitz des Erzbischofs zu Köln, der ihn als ritterlichen Lehnbesitz vergab. Bei einem Streit im 14. Jahrhundert um den Hof zwischen Ritter Mathias vom Spiegel zum Irregang und Ritter Arnold Oberstolz von Efferen wurde der Hof zerstört. Ritter Mathias, Bürger und Schöffe der Stadt Köln, erreichte, dass nach einem Schiedsspruch des Rates von 1392 Ritter Arnold den Hof wieder aufbauen musste.

Um den Pflasterhof herum und an der Weißer Hauptstraße ließen sich die ersten Siedler nieder. Es waren nicht allzu viele. Aus dem Jahr 1669 ist bekannt, dass es gerade einmal 40 Häuser in Weiß gab. In der Regel wurden die Häuser im Schnitt von fünf bis sechs Menschen bewohnt, was demnach für die damalige Zeit in etwa einer Bevölkerung von 200 bis 240 Menschen entspricht. Etwa 150 Jahre später hatte sich die Einwohnerzahl gerade mal verdoppelt. Mehr als 1.000 Einwohner zählte man zu Beginn des 20. Jahrhunderts. Seitdem wuchs Weiß mit Rodenkirchen und Sürth flächenmäßig immer mehr zusammen.

Der älteste Hinweis auf Weiß stammt aus dem Jahr 1130;[300] die Schreibung des Namens reichte in der Folge von Uuise über Wishe, Wisa, Wise und Wisse bis hin zu Wijss und Wyß. Allen Schreibungen liegt nach Meinung der Sprachforscher die Bedeutung für Wiese zugrunde.[301] Das Wort »Wiese« umfasste damals aber mehr als bloß eine Fläche mit Gras, man verstand darunter auch »fruchtbares Land«.

Westhoven

ein Ort, der immer wieder zwischen die Fronten geriet

eines der ältesten Gebäude im Stadtbezirk Porz ist die Westhovener Nikolauskapelle, die im Jahr 1128 erbaut wurde. Bis heute streiten Fachleute noch darüber, ob das Gotteshaus nicht noch älter ist, denn in der Urkunde von 1128 wird über sie so geschrieben, als gäbe es sie schon länger.[302]

Dass gerade in Westhoven ein Gebäude Jahrhunderte überdauern konnte, verwundert vielleicht, denn dieses Dorf wurde besonders häufig Ziel kriegerischer Auseinandersetzungen. Zum Beispiel hatte Westhoven zu Beginn des 18. Jahrhunderts unter den Kämpfen der Spanischen Erbfolgekriege zu leiden; französische Truppen kamen in den Ort und trieben ihr Unwesen.

> *»Bei dem Einfall ist die Kirche ganz ausgeplündert worden, so daß weder Kelch, noch Meßgewand, noch Missale usw. darin verblieb(en), und sogar die Bänke der Kirche (wurden) entweder zerschlagen oder verbrannt (...)«[303]*

Noch schlimmer war es am Ende des 18. Jahrhunderts: In der Zeit der Französischen Revolution wurde Westhoven niedergebrannt, weil auf ein vorüberfahrendes Proviantschiff geschossen worden war. Den damals etwa 180 Westhovenern blieb nur die Flucht.

Wenige Jahre zuvor, im Februar 1784, hatte der Rhein das Dorf überschwemmt. Eisschollen hatten eine natürliche Staumauer in Höhe von Westhoven gebildet. Als diese brach, müssen sich die Fluten über Westhoven ergossen haben: Welche Schäden damals jedoch im Einzelnen entstanden sind, ist nicht bekannt. Mit Sicherheit waren sie immens, denn diese Flut ist als die bislang größte Naturkatastrophe des Rheinlandes in die Geschichte eingegangen. Die Überschwemmung führte dazu, dass zwischen Poll und Westhoven Anfang des 19. Jahrhunderts ein Damm gebaut wurde.

Auch während des Zweiten Weltkrieges war Westhoven in gewisser Weise ein bevorzugtes Ziel: Die Alliierten bombardierten vor allem den Verschiebebahnhof im benachbarten Gremberghoven. Häufig verfehlten die Sprengkörper die Bahnanlagen und trafen Westhoven und Ensen. Selbst nach dem Zweiten Weltkrieg trat in Westhoven keine Ruhe ein. So war das 1938 eingeweihte Kasernengelände am Nordrand des Stadtteils von einigen Bomben getroffen worden. Was danach noch brauchbar war, wurde von Menschen aus nah und fern abmontiert: Türen, Fenster, Böden, Bäder – selbst bloße Steine wurden weggeschleppt.

In die geplünderte Kaserne zogen später Bombengeschädigte aus dem Westen und Vertriebene aus dem Osten ein. Als Erstes behalfen sich die Neuankömmlinge mit Pappe und Säcken für die Fenster und Türen, als Möbel diente alles, was man dazu umfunktionieren konnte. Ihr provisorisches Wohnen fand 1951 durch Neubauten, unter anderem zwischen Porz und Urbach, ein Ende.[304] Belgische Truppen übernahmen noch im gleichen Jahr die Kaserne und prägten über Jahrzehnte das neue Bild Westhovens. Des Weiteren bestimmen heute den Stadtteilcharakter zum einen das Industriegebiet im nördlichen Teil des Ortes sowie zum anderen der bis zu 15 Stockwerke hohe Wohnpark an der Nikolaus- und der Oberstraße. Die Hochhäuser wurden in den Jahren 1973 bis 1975 vom Gerling Konzern gebaut.

Gemäß den Urkunden vergangener Tage gilt Westhoven nach Zündorf und Langel als das drittälteste Dorf im Bezirk Porz; Westhouuon wird erstmals im Jahr 1003 erwähnt. Da dem Namen häufig »Villicus« in den Schriftstücken beigefügt ist, muss man davon ausgehen, dass dieser Hof in der Gegend eine herausragende Rolle gespielt hat. Von diesem Hof könnte der seit 1975 zu Köln gehörende Stadtteil seinen Namen haben. Nicht unerwähnt bleiben soll, dass sich seit dem 17. Jahrhundert der Kielshof als wichtigster Hof des Ortes durchgesetzt hatte. Kiel war der Name der damaligen Pächterfamilie.

Die Bezeichnung Westhoven kann nicht eindeutig geklärt werden, auch wenn beide Teile des Namens offensichtlich sind: Das Wort »hoven« stammt aus der Zeit zwischen 500 und 800 n. Chr. und steht für eine bäuerliche Ansiedlung oder einen Hof. Mit West sei die Himmelsrichtung gemeint, so geben die Sprachforscher an. Doch weshalb war bei der Benennung des Dorfes der Westen entscheidend?

Vielleicht hat man sich damals an den Rhein gehalten, der genau in Höhe der kleinen Ansiedlung in westlicher Richtung fließt. Immerhin spielte der Rhein seit Menschengedenken als Nahrungsquelle eine wichtige Rolle. Wie in anderen Rhein nahen Stadtteilen lebten die Menschen auch hier lange Zeit vom Fischfang.

Widdersdorf

Ein Frollein heißt Frollein, weil es ein Frollein bleiben muss

bis in das Jahr 1920 galt in Deutschland für Lehrerinnen ein Eheverbot.[305] In Widdersdorf zog man daraus praktischen Nutzen: Als die Gemeinde mit dem Bau eines neuen Schulhauses im August 1871 begann, benötigte man eine große Wohnung für den Lehrer. Die weibliche Kollegin musste sich mit der Hälfte, mit drei Zimmern auf 45 Quadratmetern, begnügen. Sie würde schließlich allein dort wohnen.

Der Schulneubau war nötig geworden, weil sich die Zahl der schulpflichtigen Kinder im Laufe des 19. Jahrhunderts auf rund 150 verdreifacht hatte. Zuvor waren die Kinder in der Küsterwohnung oder einem Anbau im Pfarrgarten unterrichtet worden, das heißt, wenn sie überhaupt am Unterricht teilnahmen. Nur etwa die Hälfte der 51 schulpflichtigen Kinder kam 1826 regelmäßig zum Unterricht. Deshalb übernahm die Bürgermeisterei Freimersdorf, zu der Widdersdorf zu Beginn des 19. Jahrhunderts zählte, ab 1830 für sozial schwache Familien einen Teil des Schulgeldes.

Entscheidend war aber nicht nur das Geld, sondern auch die Arbeitskraft der Kinder. Zur Erntezeit mussten alle, die kräftig genug waren, anpacken. In Widdersdorf setzte man sich sogar über die Königliche Regierung in Köln hinweg. 1827 hatte diese einen Schulzwang angeordnet und Strafen angedroht. Jedes Kind, das nicht regelmäßig in der Schule erschien, sollte demnach gemeldet werden. Die Regierung zog ihre Strafen schließlich wieder zurück. Sie hatte ein Einsehen, dass sich die Widdersdorfer Familien wegen der Armut keine Gesetzestreue leisten konnten.[306]

Von der Armut war im 18. und 19. Jahrhundert auch der Lehrerstand nicht verschont; um genug zum Überleben zu haben, betrieb Lehrer Rudger Hoffzimmer nebenbei eine kleine Landwirtschaft, besaß eine Kuh und verdingte sich zudem als Küster. Nur so konnte er seine siebenköpfige Familie ernähren. Neben diesen Arbeiten führte der Lehrer ab 1745 die Schulchronik, die eine wichtige Quelle zur Sozialgeschichte von Widdersdorf werden sollte.

Aus dieser Chronik ist bekannt, dass der Lehrer auch Schulfeste organisierte, bei denen patriotische Gedichte und Lieder vorgetragen wurden; man feierte den Geburtstag des Kaisers oder auch den Sieg über die französischen Truppen. Und es wurden Fahrten von Widdersdorf nach Brühl unternommen, wenn sich der Kaiser dort zum Herbstmanöver aufhielt. Ein Ausflug am 13. September 1877 galt als besonders erfolgreich, denn in der Chronik heißt es über die Kinder, dass sie bei der Rückfahrt »›patriotische Lieder anstimmten und (…) in der freudigsten und begeistertsten Stimmung in Widdersdorf ankamen‹«.[307]

In gewisser Weise war dies vorauseilender Gehorsam; der Widdersdorfer Lehrkörper hielt sich bei seiner Arbeit über die Jahre hinweg stringent an die Vorgaben der Regierenden. Zwölf Jahre nach dem erwähnten Ausflug nahm Kaiser Wilhelm II. die Erzieher ausdrücklich in die Pflicht, sie sollten der »›Ausbreitung sozialistischer und kommunistischer Ideen durch Pflege der Gottesfurcht und der Liebe zum Vaterland‹ entgegenwirken.«[308]

Die Treue zur politischen Ideologie war auch im 20. Jahrhundert vorhanden. Zurzeit des Nationalsozialismus organisierte Schulleiter Hans Cremer gemeinsam mit der Lehrerin Maria Pfeiffer die Feier zum Tage der Reichsgründung (30. Januar) oder auch zum Geburtstag des Führers (20. April), ferner zahlreiche einmalig nationalsozialistische Feste (Gedenkstunde des Versailler Diktates, 27. Mai 1933; Enthüllung der Führerbilder in der festlich geschmückten Schule, 9. November 1933). »In der Schulchronik wies Lehrer Cremer ausdrücklich darauf hin, daß in der Widdersdorfer Schule ›das Jungvolk … mit 100% organisiert ist.‹«[309]

Anhand der Widdersdorfer Schulchronik ist es auch möglich, eine Vorstellung von den Kriegsjahren (1914/18 sowie 1939/45) zu bekommen. Wenn es allgemein heißt, die meisten Bombenangriffe seien auf die Kölner Innenstadt geflogen worden, dann bedeutet das nicht, dass die Menschen in den Außenbezirken und Dörfern sicher waren. Betrachtet man die Eintragungen in der Chronik, muss einen allein schon die Häufigkeit der Sprengkörper über Widdesdorf erschrecken.

Die Schule blieb von den Zerstörungen verschont, und im September 1945 wurde der Unterricht wieder aufgenommen, die Schulchronik jedoch nicht fortgesetzt. Das alte Gebäude aus dem Jahr 1872 tat seinen Dienst noch bis zur Einweihung der neuen Grundschule 1964; sie wurde nach dem von den Nationalsozialisten hingerichteten Jesuitenpater Alfred Delp benannt.

Zwei Möglichkeiten gibt es, den Namen Widdersdorf zu deuten: Zum einen kann der Personenname »Wither« dem erstmals 1109 urkundlich erwähnten Wedersdorp zugrunde liegen.[310] Zum anderen besteht aber auch die Auffassung, dass der Name Wedersdorp mit dem Widder, dem Schafbock, in Verbindung zu bringen ist. Diese zweite Begriffsbestimmung ist vor allem deshalb wahrscheinlicher, weil in der ganzen Region viele Tiernamen bei der Namensgebung verwendet wurden: Ossendorf (Ochsen), Marsdorf (Pferde) oder Bickendorf (Schweine).[311]

Worringen

Die kleine Schlacht mit der Jauchekanone

nicht unerwähnt bleiben darf im Zusammenhang mit Worringen – drum sei sie an erster Stelle genannt –, die Schlacht bei Worringen im Jahr 1288. Schließlich hatte sie eine immense Bedeutung für ... Düsseldorf! Graf Adolf von Berg zeichnete nämlich aus Dankbarkeit für die bergischen Bauern das Dorf an der Düssel mit den Stadtrechten aus. Düsseldorf bekam also etwas und Köln seinerseits verlor etwas – den Erzbischof.

Worringen selbst schaute mehr oder weniger zu: Zwar war das Fischerdorf am Rhein im Laufe der Jahrhunderte immer wieder Schauplatz blutiger Auseinandersetzungen, doch eine aktive Rolle spielte Worringen in der Regel nicht.

Doch Ausnahmen bestätigen die Regel, zumindest einen Hauch Revolution erlebte Worringen im Jahr 1848. Da Köln selbst zu dieser Zeit Garnisonsstadt war, konnten sich die Führer der Volksbewegung nicht in Köln versammeln. Man zog nach Worringen, um die revolutionären Ideen auf den Rheinwiesen vor rund 8.000 Menschen zu verkünden. Darunter sollen auch einige wenige Worringer Zuhörer gewesen sein. Die meisten standen den Versammlungen allerdings skeptisch und wenig interessiert gegenüber. Dennoch marschierte eine Handvoll Worringer mit alten Flinten, rostigen Säbeln und Sensen im September 1848 gegen Köln.

So hatte Worringen, wohl zu Unrecht, schnell den Ruf weg, Herd revolutionärer Umtriebe zu sein. Folglich zogen deshalb am Südeingang des Dorfes Patrouillen und Soldaten auf, Kanonen wurden aufgestellt. Doch es blieb ruhig. Zwischenfälle wurden bis auf einen nicht bekannt: So hatten humorvolle Worringer aus einem Holzpflug und einem Rohr eine Kanone gebaut. Als Kanonenfutter diente Jauche. Wie viel von dem Futter verschossen wurde, ist nicht bekannt. Überliefert ist jedoch ein Vierzeiler, den die Jugend damals sang:

> *»Heissa, vivat Republik!/Wöre mer doch die Preuße quick./Jon se nit jedöldig fott,/trecke mer inne et Fell üvver der Kopp!«*[312]
> *»Heissa, vivat Republik/Wären wir doch Preußen los./Gehen Sie nicht geduldig weg,/ziehen wir Ihnen das Fell über die Ohren (den Kopf)!«*

Da nun mal Musik die Menschen verbindet, konnten bald auch die Soldaten nicht anders und stimmten mit in das Lied ein.

Wenig humorvoll hingegen ging die Eingemeindung Worringens vor sich. Die Worringer lebten seit jeher von der Landwirtschaft. Diese brachte spätestens seit der Industrialisierung nur wenigen ein ausreichendes Einkommen. In den 1920er Jahren hatte sich die Lage der Gemeinde dermaßen verschärft, dass man dringend Unterstützung benötigte. Die Gunst der Stunde sehend, bot die Stadt Köln Hilfe an und versprach den großen Aufschwung. Viele Arbeitsplätze wollte man zum Beispiel durch den Bau eines Hafens einrichten. Außerdem sollte auf den Feldern Industrie angesiedelt werden. Kenner belächelten damals diese Versprechungen.

Was die Worringer schließlich frei Haus bekamen, war der berühmte kölsche Klüngel. So soll der damalige Worringer Bürgermeister einen Geheimvertrag mit der Stadt Köln abgeschlossen haben, der in erster Linie seinem privaten Vorteil Genüge tat.[313] Diese Rechnung ging auf, die Eingemeindung[314] wurde vorangetrieben und nach wenigen Monaten war es so weit. Seit dem 1. April 1922 gehört Worringen zu Köln.

Mit der Eingemeindung schloss sich, wenn man so will, ein Kreislauf. Von Köln auf dem Weg in Richtung Neuss bauten die Römer auf dem linken Rheinufer zur Sicherung des Weges viele Kastelle. Eines davon, im Jahr 302 erstmals erwähnt, war das »Castrum Boruncum«. Aus diesem Namen entwickelte sich im Laufe der Jahre über Worunc, Worunch, Worinc, Wuring, Woringen schließlich das heutige Worringen. In dem alten Namen für das Kastell steckt, so die Lateinkenner, das Wort »bor«, das gleichbedeutend mit »Nord, nördlich« ist.[315]

So haben die Römer in gewisser Weise die Neuzeit vorweggenommen. Das nördliche Kastell ist heute der nördlichste Kölner Stadtteil.

Zollstock

Ein kleiner Unterstand und der große Unbekannte

W ie es genau gewesen ist, wie es sich herumgesprochen hat, das wird man wohl nie erfahren, doch vielleicht kann man es sich folgendermaßen vorstellen: Es muss wohl im 18. Jahrhundert gewesen sein, als ein Bauer mit einer ganzen Karre voller Mehlsäcke seinen holprigen Weg vom heutigen Gottesweg nach Köln unternahm. In der Höhe der heutigen Sechtemer Straße blieb er verwundert stehen: Da befand sich doch unverhofft ein kleines Häuschen, das gerade mal einem Menschen Unterschlupf gegen Wind und Wetter bot. Außerdem versperrte eine Schranke dem Bauern den Weg.[316] Plötzlich vernahm der Bauer eine Stimme. »Ich bin Beamter der Stadt Köln und verlange Zoll für den Weg in die Reichsstadt.« Der Bauer schüttelte den Kopf, palaverte, argumentierte und wütete. Es half nicht, er musste an diesem provisorisch errichteten Übergang Zoll zahlen, ansonsten war kein Durchkommen möglich. Wieder zu Hause sprach sich die Neuigkeit auf den Feldern und in den wenigen Häusern auf dem heutigen Gebiet des Stadtteils Zollstock herum. Geld wollen sie haben, die Kölner, dabei haben die noch nicht mal ein ordentliches Zollhaus, lediglich eine Schranke und einen Unterstand, einen *Zollstock*.

Der Ärger muss ebenso groß wie anhaltend gewesen sein. Die wenigen Bauern sprachen von sich nur noch als die, die am Zollstock wohnen.[317] Das änderte sich auch nicht im Laufe des letzten Jahrhunderts, als überall Kiesgruben ausgehoben, Ziegel gebrannt und nach Köln geliefert wurden. Siedlungen für die Arbeiter wurden nach und nach gebaut und die Bauernhöfe verschwanden; der Name Zollstock blieb für die Menschen jedoch zum Ärger der Kölner bestehen. Dort, wo einmal lange Jahre der Zollstock gestanden hatte, eröffnete später ein Lokal unter dem Namen »Zum alten Zollhaus«.

Selbst nach der Eingemeindung im Jahr 1888 hatten die Kölner für ihren neuen Stadtteil nicht allzu viel übrig. Gut 200 Menschen lebten hier; Kiesgruben, Ziegelbrennereien und Arbeitersiedlungen prägten das Bild. Wer als Kölner dorthin ziehen wollte, wurde sofort gefoppt – »Was? Du gehst zu den Ziegelbäckern?«

Wie stark die Vorbehalte dem ungeliebten Kind gegenüber waren, zeigt unter anderem auch der Straßenbahnanschluss. So mussten die Zollstocker als einzige Kölner für die Schienen in ihrem Stadtteil bezahlen. Erst nachdem die Bürger und Firmen insgesamt 50.000 Reichsmark aufgebracht hatten, wurden die Gleise verlegt.[318] Umso größer war dann im Jahr 1904 die Enttäuschung. Auf der Straßenbahn war der Name Zollstock als Straßenbahnschild nur ganz klein zu lesen. Volksgarten stand groß da. Schließlich, so argumentierten die Kölner, führe bloß jede zweite Bahn in den neuen Stadtteil. Als die Straßenbahn dann wenige Jahre später von der Kalscheurer Straße bis zum Südfriedhof verlängert wurde, änderte dies die Bezeichnung. Ganz groß stand nun Südfriedhof statt Volksgarten auf dem Schild, der Name Zollstock hingegen blieb weiterhin klein beigefügt.

Mittlerweile ist die Fehde vergangener Tage längst vergessen und vorbei. Zumindest beinah. Das so genannte Zugzielschild über dem Führerstand in Richtung Zollstock weist nach wie vor die beiden Bezeichnungen Südfriedhof und Zollstock auf, doch heute wird Zollstock groß geschrieben und Südfriedhof klein.

Zündorf

und der Streit um eine Schifffahrtslinie auf dem Rhein

U do und Matthias haben die Geschicke von Zündorf maßgeblich bestimmt. Während Udo die ersten Jahrhunderte prägte, hat Matthias das 19. und 20. Jahrhundert beeinflusst.

Der Forscher Heinrich Dittmaier leitet den Namen Zündorf von dem Personennamen Udo ab. Seinen Angaben zufolge geht Zündorf auf Udendorp (922) sowie Zudendorp (1009) und Zuh'udendorph (1100) zurück.[319] Wahrscheinlich haben die *Udendorps*, sozusagen die *Zündorfs*, am Rhein, an der Groov, im 14. Jahrhundert den Wehrturm errichtet. Der älteste Beleg für das Bauwerk reicht bis ins Jahr 1380 zurück; man geht aber davon aus, dass es bereits vorher entstanden ist.[320] Von den Zündorfs ist abgesehen von der Namensgebung und dem Wehrturm schon im Jahr 1167 als »Dienstmannen der Erzbischöfe von Köln«[321] die Rede. Auch wenn es mehrere verschiedene Familien mit dem Namen Zündorf gegeben haben muss und die einzelnen nur schwer von einander abgegrenzt werden können, so spielt die Unterscheidung heute und an dieser Stelle keine Rolle mehr.

Neben den Zündorf-Familien spielten seit Mitte des 17. Jahrhunderts erstmals Mitglieder der Familie Weber eine wichtige Rolle für Zündorf. Ein Familienmitglied, Matthias Weber, sollte zu Beginn der 1870er Jahre Zündorf über die Dorfgrenzen hinaus bekannt machen. Er kaufte ein Dampfschiff und richtete die erste planmäßige Route zwischen Bonn und Köln ein. Da sich das Angebot direkt an die Landwirte und ihre Waren für den Markt richtete, wurde die regelmäßige Fahrt des Dampfers »Niederzündorf – Köln« auch Marktfahrt genannt. Mit diesem Schritt zur neuen Technik war Matthias Weber seinem alten Konkurrenten Heinrich Nannenhorn, ebenfalls aus Zündorf, um Längen voraus. Nannenhorn gab sich nicht geschlagen, sondern ersetzte seine Nachen ebenfalls durch ein modernes Dampfboot, dem er den Namen »Drachenfels« gab. Damit begann ein Kampf zu Wasser, der sich über Jahre hinzog. Schließlich sollten beide Boote, die »Niederzündorf-Köln« und die »Drachenfels«, auch noch gemeinsam für einen regelmäßigen Fahrplan sorgen; sie fuhren in einem Abstand von einer halben Stunde nach Köln und zurück.[322]

Wie aus zahlreichen Dokumenten ersichtlich ist, funktionierte der Plan nicht. Die beiden Kapitäne versuchten, sich gegenseitig die Ladung und die Passagiere abspenstig zu machen. Der Konkurrenzkampf führte so weit, dass eine Strafe verhängt wurde: Der Kapitän der »Drachenfels«, Michael Rath, wurde am 3. Dezember 1873 zu einer Geldbuße in Höhe von 50 Talern verurteilt, oder er sollte 14 Tage ins Gefängnis gehen. Die Strafe wurde verhängt,

> *»(…) weil er im August das der Familie Weber zu Zündorf gehörige Lokal-Dampfschiff ›Zündorf-Cöln‹ teils wiederholt vorsätzlich und rechtwidrig beschädigt, teils dieses Schiff zu beschädigen versucht hat. Wie aus den von uns eingesehenen gerichtlichen Untersuchungs-Akten sich ergibt, befuhren beide Schiffe im verflossenen Sommer zum Teil dieselben Stromstrecken (…) Wegen Gefährdung des Lebens der Passagiere soll Rath evtl. das Patent entzogen werden.«[323]*

Der erbitterte Streit auf dem Rhein fand sechs Jahre nach seinem Beginn im Herbst 1878 ein vorläufiges Ende. Nannenhorn musste seine »Drachenfels« aufgeben, denn er hatte Prozesse gegen einen Teilhaber führen müssen, der ihm Geld schuldete. Nannenhorn konnte jedoch unter dem neuen Eigner, dem Lokalbootunternehmer Christoph Musmacher aus Mülheim am Rhein, Kapitän der »Drachenfels« bleiben. Selbst jetzt noch versuchte er, seinem Konkurrenten Matthias Weber und nachfolgend dessen Söhnen zu schaden.

Matthias Weber hatte sich aus der Firma zurückgezogen, seine Söhne Simon, Franz und Theodor bauten das Unternehmen weiter aus; neben den Marktfahrten gab es das Schleppgeschäft sowie später auch Ausflugsfahrten. Im Jahr 1917, mittlerweile führten die Enkel von Matthias Weber den Betrieb, mussten allerdings die so genannten Marktfahrten eingestellt werden, woran nicht nur der Krieg, sondern vor allem die neuen Transportmöglichkeiten mit Eisenbahn und Auto Schuld hatten.

Nach dem Ersten Weltkrieg wurde vergeblich versucht, die Schifffahrtslinie wieder aufleben zu lassen. Das Familienunternehmen gab nicht auf und suchte sich weitere Betätigungsfelder, man verkaufte Schiffszubehör, betrieb weiterhin Personen- und Schleppschifffahrt oder organisierte Ferienfahrten. 1927 arbeiteten insgesamt 16 erwachsene Söhne und Töchter namens Weber in verschiedenen Bereichen der Firma.

Erstaunlicherweise liest man in der Familienchronik der Webers[324] nicht einmal den Vornamen Udo. Als einflussreiche Familie hätte sie so dem Namensgeber ihres Heimatdorfes die Ehre erweisen können. Doch womöglich haben die Familienmitglieder davon nichts gewusst, denn offensichtlich ist die Verbindung der Namen Udo und Zündorf nicht die, die Namensforscher in mühevoller Arbeit freigelegt haben.

Stadtteile, die offiziell keine sind

In der Hauptsatzung der Stadt Köln sind alle Stadtteile aufgelistet, einige allerdings in Klammern, so genannte Wohnplätze. Sie sind vergleichbar mit Stadtvierteln oder Teilen von Stadtteilen. Merkenich umfasst beispielsweise die Wohnplätze Langel, Rheinkassel, Feldkassel und Kasselberg *(siehe Merkenich)*.

Eine zweite Quelle für weitere Namen ist die »Gemarkungs- und Flurübersicht« des Amtes für Liegenschaften, Vermessung und Kataster der Stadt Köln. Sie basiert auf den historischen Ein- und Aufteilungen. Während einerseits viele heutige Stadtteilnamen dort nicht angeführt sind, werden andererseits sechs alte Namen verwendet. Die ehemaligen Dörfer sind entweder mit anderen zu einem neuen Stadtteil verschmolzen oder gänzlich verschwunden.

Eine dritte Quelle für vermeintliche Stadtteilnamen sind unter anderem die Kölner Verkehrsbetriebe. Da fahren Busse und Bahnen nach Thielenbruch, Deckstein oder in den Königsforst, obwohl es keine Stadtteile mit diesen Namen gibt.

Die »Wohnplätze« in der Hauptsatzung der Stadt Köln: Kreuzfeld, Broich, Bergheimerhöfe, Horbell, Marsdorf, Hochkirchen, Höningen, Konraderhöhe

Der für Köln heute wohl wichtigste nicht existierende Stadtteilname dürfte Kreuzfeld sein, denn sollte es je einen 86. Stadtteil geben, wird er vermutlich so heißen. In der Hauptsatzung der Stadt Köln findet man den Namen in Klammern neben Blumenberg. Er würde sich, wenn er gegründet werden sollte, über den ganzen westlichen Teil von Blumenberg erstrecken.

Kreuzfeld ist der letzte Teil des Projektes »Neue Stadt« im Kölner Norden, das 1957 beschlossen wurde. Nach Heimersdorf, Seeberg, Chorweiler und dem noch nicht fertig gestellten Blumenberg soll zum Abschluss Kreuzfeld entstehen. Geplant sind hauptsächlich Einfamilien- und Mehrfamilienhäuser in moderater und abwechslungsreicher Bauweise. Insgesamt sind 700 Einfamilienhäuser und 1.800 Wohnungen für rund 5.000 Menschen vorgesehen.

Ein preisgekrönter Architektenentwurf für Kreuzfeld liegt seit 1994 vor. Fachleute schätzen jedoch, dass in Kreuzfeld niemals so viele Kinder wohnen werden wie in Blumenberg, denn die Einfamilienhäuser werden wohl nicht unter 425.000 Euro (Stand Anfang 2003) zu haben und damit für kinderreiche Familien zu teuer sein.

Bis zur Verwirklichung des Bauvorhabens und einer Benennung Kreuzfelds werden aber noch Jahre ins Land gehen, so die Angaben des Stadtplanungsamtes. Der Name Kreuzfeld stammt von den Bauern der Umgebung. Sie benannten das Feld so. Ob hier mal tatsächlich ein Kreuz aufgestellt war und ob es sich um eine Grenzmarkierung nach geistlicher oder weltlicher Ordnung gehandelt hat, ist unklar.

Dem Namen Blumenberg ist noch ein weiterer Name zugeordnet: Broich. Für ihn entschied sich der Rat am 7. Oktober 1963 bei der Neuordnung des Kölner Nordens. Der Wohnplatz wurde beibehalten und nicht in Bruch (Bruchlandschaft, worauf er sich bezieht) geändert, weil man ihn in der alten Schreibweise schöner fand.[325]

Wie wichtig der Aspekt »etwas schöner finden« als Argument bei Namensgebungen sein kann, zeigt ein Ergebnis des Sprachforschers Adolf Bach:

> »Nicht selten sind Namen gewählt worden in der Absicht, Siedler anzulocken, oder auch in dem Wunsch, dass die neue Heimat dem Namen entsprechen möge. (…) Die moderne Fremdenindustrie hat deutsche Landschaftsnamen zur Anlockung von Reisenden und Touristen entsprechend gestaltet.«[326]

Im linksrheinischen Kölner Norden sind neben dem neuen Namen Chorweiler als Wohnplatz in der Hauptsatzung noch Hoven (siehe Volkhoven/Weiler und Chorweiler) sowie unter Seeberg der Name Bergheimerhöfe ausgewiesen. Den Namen Bergheim(erhöfe) lehnten die Stadtverordneten vor allem wegen der Doppelung zur nicht weit entfernt gelegenen Kreisstadt Bergheim ab (Ratsbeschluss vom 7. Oktober 1963). Die Anhöhe, die den Berg im Namen Seeberg begründete, dürfte der Ursprung für den Namen Bergheimerhöfe bilden.

Für den Kölner Westen sind seit den Eingemeindungen von 1975[327] zwei Wohnplätze unter Junkersdorf angegeben, zum einen Marsdorf, zum anderen Horbell. Das Rittergut Horbell wird erstmals im Jahr 1340 erwähnt. 1713 wurde das heute noch erhaltene Herrenhaus errichtet. Ende der 1990er Jahre ist die Anlage zu Wohnungen umgebaut worden, in der rund 60 Menschen leben.

Der Name geht zum einen auf das mitteldeutsche »hor« zurück, was so viel wie »Sumpf, Morast« bedeutet.[328] In Anlehnung an Buschbell [329] (Stadt Frechen) soll sich der Namensteil -bell auf die Landschaft beziehen und eine Anhöhe bezeichnen. Der Name des Nachbarortes Marsdorf kann zwei Bedeutungen haben. Zum einen kann es sich um einen Personennamen handeln. Demnach hätte einmal ein gewisser »Mari« eine entscheidende Rolle für das Dorf gespielt.[330] Zum anderen kann Mars- auch auf das althochdeutsche Wort »mahar« zurückgeführt werden, das mit Pferd zu übersetzen ist.[331] Auch Stotzheim (Hürth) und Stüttgenhof gehören in diese Reihe. Sie werden ebenfalls aus dem Althochdeutschen abgeleitet. »Stod« und »stuot« werden synonym zu »mahar« mit der Bezeichnung »Herde von Pferden« übersetzt.

Im linksrheinischen Kölner Süden findet man schließlich noch unter Rondorf die Wohnplätze Hochkirchen, Höningen und Konraderhöhe. Hochkirchen soll seinen Ursprung an der ehemaligen Bonner Landstraße haben, genau dort, wo heute die Autobahn nach Süden führt. Damit liegt der Ursprung am Rand des heutigen Siedlungsgebietes. Hochkirchen wird auf den Namen eines Mannes zurückgeführt, der dort in der Mitte des 18. Jahrhunderts einen Hof kaufte.[332]

Das westlich von Hochkirchen gelegene Höningen ist wesentlich kleiner, dafür aber umso älter. Bis ins Jahr 941 kann der Name zurückverfolgt werden. Im Lauf der Zeit erwies er sich als recht wandlungsfähig: Hohingesdorp, Horinge, Hoinche, Hoingin oder auch Haeghingen.[333] Allen Formen soll »hon«[334] zugrunde liegen, was so viel wie Anhöhe bedeutet.

An der Grenze zu Hürth-Kalscheuren findet man entlang der Kalscheurener Straße ein Gewerbegebiet, das Konraderhöhe genannt wird. Der Name dürfte auf den Konraderhof zurückgehen. Wer dieser Konrad war, ist jedoch ungewiss.

Im rechtsrheinischen Köln gibt es nach der Hauptsatzung der Stadt Köln nur einen einzigen Wohnplatz. Im Stadtbezirk Porz ist neben Grengel noch Flughafen angegeben. Als selbstständige Stadt hatte die Porzer Stadtverwaltung den Stadtteil einst auf dem Gebiet von Wahnheide gegründet.

Die Namen der »Gemarkungs- und Flurübersicht«: Kriel, Thurn, Strunden, Hagedorn, Schnellweide, Wichheim, Schweinheim

Neben den Angaben der Hauptsatzung ist die »Gemarkungs- und Flurübersicht« für die Stadtteilnamen in Köln wichtig. Die heute auf dem Stadtplan unbekannten alten Flur- und ehemaligen Ortsnamen befinden sich alle mit Ausnahme von Kriel im rechtsrheinischen Köln.

Bei dem Namen Kriel mag der eine oder die andere an die lautliche Ähnlichkeit zu Riehl und Niehl denken. Hat da vielleicht jemand reimend Stadtteilnamen erfunden? Einfach einen Buchstaben ausgetauscht und schon war ein zweiter und ein dritter Name da, der Geschichte machte. Das klingt zwar absurd, ist jedoch nicht von der Hand zu weisen. Der Gleichklang von Namen spielte im Laufe der Jahrhunderte sehr wohl eine Rolle, das besagt zumindest eine Theorie.[335]

Inwieweit Niehl, Riehl und Kriel nun wirklich zusammenhängen, sei einmal dahingestellt. Auf der einen Seite sind zwar Niehl und Riehl seit jeher Nachbarorte gewesen, was bedeuten könnte, dass der eine auf den anderen Namen gereimt ist, doch diese räumliche Nähe ist auf der anderen Seite zu dem ehemaligen Kriel, das einige Kilometer südwestlich von den beiden anderen Orten lag, nicht gegeben. Gegen ein reines Wortspiel spricht auch der Wortsinn. Wie zu Niehl und Riehl lässt sich auch eine Übersetzung zu Kriel finden. Es kann »am Rande gelegen«[336] bedeuten, was man bei einer bloßen lautlichen Bildung nicht erwarten würde. Dieses »am Rande gelegen« passt im Übrigen zur Topographie: Kriel lag am Rande einer leicht ansteigenden Landschaft.

Im 9. Jahrhundert gab es im Kölner Westen eine Holzkirche, die mit einem Gutshof verbunden war und Crele genannt wurde.[337] 1610 fand man in der Nachbarschaft von Crele – mittlerweile Kreyll geschrieben – unter anderem Lind *(siehe Lind, Lindenthal, Lindweiler)*, Deckstein *(siehe weiter unten)* und den Stüttger Hof. Mit der ersten großen Eingemeindung 1888 verschwand Kriel und wurde wie die umliegenden Höfe und Orte zu dem neuen Vorort Lindenthal zusammengefasst. An Kriel erinnern neben der »Gemarkungs- und Flurübersicht« heute noch der Krieler Dom zwischen Zülpicher Straße und Gleueler Straße sowie der Name »Krieler Straße«.

Im Linksrheinischen sind es neben Langenbrück *(siehe Brück)* die beiden Stadtteile Dellbrück und Holweide, die aus mehreren Orten entstanden sind. 1905 wurden Thurn, Strunden, Hagedorn und Dellbrück als Dellbrück zusammengefasst; aus Wichheim, Schweinheim, Schnellweide und Holweide wurde 1910 das neue Dorf Holweide.

Thurn lässt sich auf das lateinische »turris« sowie das mittelhochdeutsche »turn« zurückführen. Welche Ableitung man bevorzugt, ist gleichgültig, denn in beiden Fällen ist damit der Turm gemeint.

Strunden hingegen ist nicht eindeutig. Einerseits könnte es mit »strunt« zusammenhängen, was so viel wie Schmutz oder Kot bedeutet. Da es aber den gleichnamigen Bach gibt, scheint die zweite Begriffsbestimmung näher zu liegen. Demnach steht der Name Strunden mit dem Wort »fließen« in Verbindung.[338]

Eine Bestimmung des Namens Hagedorn haben die Sprachforscher bisher nicht vorgelegt. Aus den einschlägigen Wörterbüchern kann man jedoch Folgendes schließen: Der erste Teil könnte aus dem Althochdeutschen stammen, »hagan«, der »Dornstrauch« oder der »Zaun«.[339] »Dorn« kann mit »dürr, wenig Wasser« oder auch als »Tor, Tür« übersetzt werden.[340] Demnach wäre Hagedorn der Eingang, die Tür zu einem abgegrenzten Gebiet. Möglich wäre aber auch, dass der Name ein abgegrenztes, trockenes Land bezeichnen sollte. Das ehemalige Dorf lag am westlichen Rand von Dellbrück. Der Hagedorns Kamp und die Hagedornstraße erinnern noch heute an den Namen.

Wie Hagedorn ist auch Schnellweide heute nur noch als Straßenname im Kölner Stadtplan zu finden. »Zur Schnellen Weiden« heißt das ehemalige Dorf bei der Erstnennung 1623. Da der Name noch recht jung ist, ist man geneigt, ihn als heutiges Deutsch aufzufassen. Dass jedoch ein Baum schnell ist, macht nur einen Sinn, wenn man das Wort in der alten Verwendung im Sinne von »schnell = steil« versteht. Dies wiederum würde entweder auf einen steil (hoch gewachsenen) Baum hinweisen oder auf einen steilen Platz (Böschung). Andere Orte mit dem Namensteil Schnell- werden auch schon mal auf den althochdeutschen Personennamen »Snello« zurückgeführt. Das würde allerdings voraussetzen, dass es den Ort Schnellweide schon vor seiner ersten heute bekannten urkundlichen Erwähnung gegeben hat.

Wichheim kann auf eine rund achthundertjährige Geschichte[341] bis zur Zusammenlegung mit Schnellweide, Schweinheim und Holweide 1910 zurückblicken. Heute findet man diesen Namen nur noch als Haltestelle der KVB, als Straßenname und als Bezeichnung für eine Wohnanlage (Wichheimer Mühle) in den Stadtplänen wieder.

Zwei Deutungen kann man für Wichheim anführen. Einerseits könnte es einen Wicherus gegeben haben, der dem Dorf seine Bezeichnung gab. Andererseits kann »wich« auch mit »heilig« übersetzt werden. Demnach wäre Wichheim das »heilige« Heim.[342]

Fast hätten die Bürokraten 1910 Schweinheim gar nicht in die Dorfgemeinschaft Holweide integrieren können, denn rund 250 Jahre vorher wäre die Gemeinde fast schon einmal verschwunden – unter unendlich schlimmeren Umständen. 1666 wütete im wahrsten Sinne des Wortes die Pest in der kleinen Siedlung zwischen den heutigen KVB-Haltestellen Maria-Himmelfahrt- und Neufelder Straße derart, dass lediglich zwei Frauen und fünf Männer die Katastrophe überlebten.

Die Legende begründet die verheerende Krankheit mit der Gottlosigkeit der Schweinheimer, denn

»sie hätten keine Herrjott mi nüdig – un süch do, kaum hatte se ange-
fange sich ze bessere, leiht die Nut schon noh, un alles kräht widder
su ne herrliche Jlanz«.[343]
(Sie hatten keinen Gott mehr nötig – und siehe da, kaum hatten sie
begonnen sich zu bessern, ließ die Not nach und alles bekam wieder
einen herrlichen Glanz.)

Die Besserung ließe sich am besten durch eine Bußprozession zeigen, dachte man wohl. Am 20. Juli des Katastrophenjahres zogen die Schweinheimer zu Ehren der unbefleckten Jungfrau Maria und Gottesmutter von Merheim zum Gut Iddelsfeld.

Die Erklärung des Namens Schweinheim ist simpel, denn in Schweinheim spielte sicherlich die »Schweinezucht« eine entscheidende Rolle. Diese Erklärung für die Namensgebung findet man in der Forschungsliteratur zumindest für das Schweinheim in der Eifel, sodass für das im Jahr 1199 erstmals erwähnte Schweinheim bei Köln wohl Ähnliches zu gelten hat.[344]

Ziele der Kölner Verkehrsbetriebe: Arnoldshöhe, Thielenbruch, Hohenlind, Deckstein, Königsforst

Diese fünf Namen sind denen, die häufiger den öffentlichen Personennahverkehr nutzen, gewiss geläufig: Arnoldshöhe, Deckstein, Hohenlind, Königsforst und Thielenbruch.

Die Anfänge der Arnoldshöhe lassen sich bis zur Mitte des 19. Jahrhunderts zurückverfolgen. An der Ecke Bonner Straße/Schönhauser Straße wurde als erstes Haus in dieser Gegend ein Bauernhof gebaut. An der Hauswand war eine Steintafel angebracht, die besagte: »Arnoldshöhe, gegründet und benannt von Max Josef Laurenz und dem ersten Bewohner Joh. Jos. Weiser 1845«.[345]

Damit ist klar, wer den Namen festlegte, jedoch ist nicht klar, wer die Person namens Arnold einmal war. Es kann sich sowohl um einen Arnold Weiser wie auch um einen Arnold Laurenz handeln. Nachbarn berichten, ihre Vorfahren hätten erzählt, die Arnoldshöhe wäre nach Arnold Weiser benannt worden. Paul Heusgen forschte in seiner Familienchronik und führt den Namen hingegen auf seinen Ururgroßvater Arnold Laurenz zurück.[346] Welcher Arnold von beiden tatsächlich Pate für den Namen stand, muss offen bleiben.

Thielenbruch ist in zweifacher Hinsicht für Köln bedeutend. Zum einen ist seit 1997 das Straßenbahnmuseum der Kölner Verkehrsbetriebe im ehemaligen Betriebshof eingerichtet, zum anderen spielt Thielenbruch – auch wenn das nicht sehr bekannt ist – als Naturschutzgebiet eine nicht unbedeutende Rolle. Nördlich der S-Bahnlinie und südwestlich vom Stadtgebiet Bergisch Gladbach liegt das so genannte Flachmoor Thielenbruch, das 1969 unter Schutz gestellt wurde.

> *»Den besonderen Reiz und biologischen Wert machen aus, daß hier feuchte bis sumpfige, nährstoffreiche Bodenstrecken eng verzahnt sind mit sauren kalkarmen Böden der Mittelterrasse. Dadurch hat sich ein Pflanzenmosaik gebildet, wie es in dieser Unterschiedlichkeit auf engstem Raum kaum wieder zu finden ist.«[347]*

Eine gesicherte Klärung des Namens Thielenbruch steht aus. Der zweite Teil des Namens bezieht sich aber wahrscheinlich auf *Bruch* als Landschaftsbezeichnung, der erste Teil könnte auf den Personennamen »Teylen« zurückzuführen sein. Dies legt zumindest die Erklärung des vergleichbaren Namens »Thielenhaus« nahe. Tatsächlich soll der Thielenbruch einem gewissen Herrn Thiel von Thurn im 15. Jahrhundert gehört haben.

Ebenfalls über die Kölner Verkehrsbetriebe, aber auch über das St. Elisabeth Krankenhaus, das am 29. Oktober 1932 eingeweiht wurde, ist der Name Hohenlind bekannt. Im Rechtsrheinischen gibt es einen Ort namens Lind, im Linksrheinischen kommt Lind-/-lind ebenfalls in Namen vor, zum Beispiel in Linderhöhe, Lindenburg, Lindenberg, Lindweiler und Lindenthal. Während der Name Lindenthal seine eigene Geschichte hat, so dürfte das Lind-/-lind in allen anderen Fällen gleich zu deuten sein *(siehe Lind, Lindenthal, Lindweiler).* Hohen(lind) ist als »höher gelegen« zu verstehen.

Auf eine erhöhte Lage und ein zumindest leichtes Gefälle am westlichen Rand des Stadtbezirks Lindenthal weist auch die Decksteiner Mühle hin. Das nötige Wasser für den Betrieb einer Mühle dürfte der Gleueler Bach geliefert haben. Neben der Mühle existierte seit seiner ersten Erwähnung am 12. Februar 1316 der Decksteiner Hof, der Ende des 19. Jahrhunderts völlig niederbrannte. An seiner Stelle wurde kurz nach der Jahrhundertwende ein Ausflugslokal gebaut, das den Namen Decksteiner Mühle erhielt. Der heutige Decksteiner Weiher geht in die zweite Hälfte der 1920er Jahre zurück. Im Rahmen des Projektes Äußerer Grüngürtel wurden die beiden eckigen Seen und sein langer Verbindungskanal angelegt, Spielwiesen und Sportplätze sowie das »Haus am See« gebaut.

Wie beim Namen Hagedorn gibt es in der Forschung auch zum Namen Deckstein keine Erklärung. Man kann sich vielleicht mit dem ähnlichen, rheinhessischen Namen Dexheim behelfen. Das »dex« wird entweder auf

den althochdeutschen Personennamen »Thaca« oder auf »dah«, gleichbedeutend mit »Decke, Bedeckung, Schutz«, zurückgeführt. Die Endung
-stein entspricht dem neuhochdeutschen Wort »Stein«. Mit Steinen, die
Schutz bieten oder bedecken, könnte demnach ein Steinhaus gemeint sein.

Der Name Königsforst geht bis in das Jahr 1003 zurück, der Wald selbst
besteht jedoch schon seit Urzeiten. Es verbirgt sich hinter »Königs«forst
das althochdeutsche »Cuning«, was dem neuhochdeutschen Wort »König«
entspricht.

Was sich heute die Städte Köln, Rösrath und Bergisch Gladbach teilen,
war bereits an den Randlagen in der Steinzeit besiedelt. Dies nimmt man
an, da man dort neben den Siedlungsresten auch zahlreiche Hügelgräber
gefunden hat.

Viele Geschichten sind über den Wald überliefert – und viel Geschichte. Eine Anekdote soll hier nacherzählt werden. Der Kurfürst und bergische Herzog Johann Wilhelm II. (1679–1716) – auch als Jan Wellem bekannt – soll sich bei einer Jagd im Königsforst verlaufen haben. Nach
Stunden der Wanderung erreichte er endlich eine ärmliche Hütte, in der
er eine Bauersfrau antraf. Diese nahm den verirrten, hungrigen Jäger auf
und servierte ihm Speck und Erbsen. Jan Wellem verspeiste die Kost nicht
nur mit großem Hunger, sondern vor allem mit großem Appetit. Als er wieder zu Hause in Düsseldorf war, mussten seine Köche Speck und Erbsen
zubereiten. Doch die Gaumenfreuden kehrten nicht zurück. Selbst die Bäu-
erin, die er eigens nach Düsseldorf zitierte, schaffte es nicht, ein zweites
Mal ein solch leckeres Essen aus Speck und Erbsen wie bei seinem unfreiwilligen Waldspaziergang herzurichten. Irgendwann erkannte er, dass das
Mahl nur deshalb so gut geschmeckt hatte, weil er übermäßig hungrig
war. Seit diesem Tag pries er nun die einfachen Leute und vor allem das
karge Leben. – Für ein armes Leben der Bauern soll er übrigens, auch wenn
er als Menschenfreund in die Geschichte einging, auf seine ganz persön-
liche Weise gesorgt haben, denn Jan Wellem scheint besonders einfalls-
reich gewesen zu sein, wenn es darum ging, höhere Steuern und Abgaben
zu erlassen. – Die Chronisten und Geschichtenschreiber fanden für den
Speck- und Erbsenesser später den Spruch: »Wer sich vor Arbeit nicht tut
schrecken, dem soll es wie Jan Wellem schmecken.«

Literatur/Quellen

1000 Jahre Rodenkirchen – Streifzüge durch die Geschichte. Hrsg. von der
Bezirksvertretung Köln-Rodenkirchen. Köln, 1988

1000 Jahre Müngersdorf 980–1080 Chronik eines Ortes. Festschrift zur 1000-
Jahr-Feier. Hrsg. vom Bürgerverein Köln-Müngersdorf e.V. Köln, o.J. (1980)

1025 Jahre Junkersdorf. Hrsg. von der Dorfgemeinschaft Junkersdorf. Köln, 1987

20 Jahre Köln-Bocklemünd/Mengenich. Im alten Ort – ein neuer Stadtteil. 1987.
Redaktion: Sigi Höhle, Ossi Urchs, Jochen Schülpke, Michael Kehr

20 Jahre Stadt Porz am Rhein. Hrsg. von der Stadt Porz am Rhein. Porz, o.J. (1971)

60 Jahre im Schatten des Krieler Dömchens. Hrsg. vom Kleingärtner Verein Köln.
Lindenthal. Köln, 1980

850 Jahre Pfarre St. Cosmas und Damian. Köln-Volkhoven/Weiler 1135–1985.
Hrsg. von der Kirchengemeinde St. Cosmas und Damian. O.O., o.J. (Köln,
1985)

Aden, Herbert: Der Wald im Gebiet der ehemaligen Bürgermeisterei Merheim im
Wandel der Zeit. Köln, 1977

Adenauer, Konrad; Gröbe, Volker: Lindenthal. Köln, 1987

Ausführliches lateinisch-deutsches Wörterbuch. Hrsg. von Karl-Ernst Georges. –
8. Aufl. – Hannover, 1983

Bach, Adolf: Deutsche Namenskunde II, Teil 2. Heidelberg, 1954

Bahlow, Hans: Deutschlands geographische Namenswelt. Frankfurt/Main, 1965

Bahlow, Hans: Lexikon deutscher Fluß- und Ortsnamen alteuropäischer
Herkunft. Neustadt an der Aisch, 1981

Becker, Hans-Michel: Äbte, Kies und Duffesbach. Zur Geschichte der Kölner
Vororte Sülz und Klettenberg. Köln, 1987

Beenen-Fuchs, Marlies; Blömer, Marco: Die Chronik von Rheinkassel.
http://rheinkassel.com/Chronik/Heimatkunde.html

Bendel, Johann: Die Stadt Mülheim am Rhein. Mülheim, 1913

Bendel, Johann: Heimatbuch des Landkreises Mülheim am Rhein. Köln-Mülheim,
1925

Beyfuß, Jörg; Geuhs, Hans-Peter: Vor 26 Jahren, wer erinnert sich noch?
In:»Esch Aktuell«. Hrsg, von der Dorfgemeinschaft »Greesberger.«
Nr. 100/Dezember 2000

Brandt, August: Dünnwald. Dorf und Kloster von 1643 bis 1803. Wermelskirchen,
o.J.

Brülls, Holger: St. Remigius Köln Sürth. München, 1990

Die Bürgermeisterei Merheim. Im Wandel der Zeit. Hrsg. vom Heimatverein
Köln-Dellbrück »Ahl Kohlgasser«, Köln, 1974f. Bd. I–III

Bützeler, Heinrich: Geschichte von Kalk und Umgebung. Bilder aus alter und
neuer Zeit. Kalk, 1910

Chorweiler: Hier hält man zusammen. In: Express. 16.11.2001. S. 33

Christ, Robert; Dollhoff, Josef: Niehl. Vom Fischerdorf zum Kölner Industrievorort. Köln, 1989

Clemens, Hans: Die Gemeinde Lövenich. Im Spiegel der Geschichte. Köln, 1975

Cramer, Franz: Rheinische Ortsnamen aus vorrömischer und römischer Zeit. Düsseldorf, 1901

Dellbrück von ländlicher Idylle zum Vorort von Köln. Hrsg. v. Heimatverein Köln Dellbrück e.V., Köln, o.J.

Denkschrift betr. Neueinteilung des Stadtgebietes. Hrsg. vom Oberstadtdirektor der Stadt Köln. O.O., o.J. (Köln, 1954)

Deutz 1888–1988. 100 Jahre Eingemeindung. Hrsg. vom Bürgerverein Deutz. Köln, o.J.

Dietmar, Carl: Die Chronik Kölns. Dortmund, 1991

Dittmaier, Heinrich: Siedlungsnamen und Siedlungsgeschichte des Bergischen Landes. In: Zeitschrift des Bergischen Geschichtsvereins. Bd. 74. Neustadt an der Aisch, 1956

Dittmaier, Heinrich: Die linksrheinischen Dorfnamen auf -dorf und -heim. Sprachliche und sachliche Auswertung der Bestimmungswörter. Bonn, 1979

Dünnwald – damals und heute. Hrsg. von Karl E. Quirl und Hermann Grün. Köln, 1993 (Bd. II)

Eine Großsiedlung aus der Sicht ihrer Bürger. Bewohnerbefragung in Chorweiler-Mitte/Seeberg-Nord. Hrsg. vom Oberstadtdirektor der Stadt Köln. Köln, 1991 (Kölner Statistische Nachrichten)

Eine neue Stadt in Köln. Hrsg. von der Stadt Köln. Köln, 1958

Esch am Griesberg 989–1989. Hrsg. von der Katholischen Kirchengemeinde St. Martinus Esch und der Dorfgemeinschaft »Greesberger« Esch. Köln, 1988

Fendel, Ute: Kulturpfade Köln-Lindenthal. Köln, 2000

Festschrift – 60 Jahre Sankt-Sebastianus-Schützenbruderschaft. Hrsg. von der Sankt-Sebastianus-Schützenbruderschaft Köln-Holweide e.V. Köln, 1987

Flittard von A–Z. Hrsg. von Borscheid, Meyer, Schmitz. Köln, 1989

Förstemann, Ernst: Altdeutsches Namensbuch. Ortsnamen. München, 1967

Fremersdorf, Fritz: Das Römergrab in Weiden bei Köln. Köln, 1957

Gäßler, Ewald: Zur Entwicklungsgeschichte ländlich-agrarer Siedlungen im Kölner Norden. Düsseldorf, 1976

Geschichte von Köln-Brück. Hrsg. von Heinrich Neu und Josef Zepp. Bonn, 1964. Menschen – Häuser – Straßen (Bd. II). Köln, 1992

Gesetz zur Neugliederung der Gemeinden und Kreise des Neugliederungsraumes Köln (Köln-Gesetz). 5.11.1974. In: Gesetz- und Verordnungsblatt für das Land Nordrhein-Westfalen. 28. Jg., Nr. 67, ausgegeben am 18.11.1974

Große Bürgerhäuser – Freizeit- und Begegnungsstätten im Stadtquartier. Wirkungsanalyse am Beispiel der Einrichtungen in Köln-Chorweiler und Dortmund-Innenstadt-Nord im Rahmen des Versuchsprogramms des Landes Nordrhein-Westfalen. Hrsg. vom Institut für Landes- und Stadtentwicklungsforschung des Landes Nordrhein-Westfalen. Bearb. von Werner Heye, Ernst Kratzsch, Wolfgang Speil. Dortmund, 1985

Das Großzentrum Köln und seine Verflechtungen – Dokumentation zur Kommunalen Gebietsreform. Hrsg. von der Stadt Köln. Köln, 1972

Das Großzentrum Köln. Neuordnungsvorschlag der Stadt Köln zur kommunalen Gebietsreform. Hrsg. von der Stadt Köln. Köln, 1972

Das Großzentrum Köln. Planung und Gliederung. Hrsg. von der Stadt Köln. Köln, 1973

Ghise-Beer, Anka: Das Werk des Architekten Peter Neufert. Dissertation. Wuppertal, 2000

Hagspiel, Wolfram: Großbauten und Privathäuser 1927–1933. In: Hall, Heribert: Köln, seine Bauten 1928–1988. Köln, 1991

Hagspiel, Wolfram: Köln: Marienburg. Bauten und Architekten eines Villen-vorortes. Köln, 1996 (Stadtspuren – Denkmäler in Köln. Hrsg. von der Stadt Köln; Bd. 8,1)

Hardt, Hans-J.: Was ist Dünnwald? Köln, 1965

Hauptsatzung der Stadt Köln vom 20.4.2001. In: Kölner Stadtrecht. Ortsrecht und sonstige allgemein gültige Regelungen der Stadt Köln. Hrsg. von der Stadt Köln. Köln, Loseblattsammlung

Heimatbuch Holweide: 75 Jahre Holweide. Hrsg. vom Bürgerverein Köln-Holweide (1. Vors. Christian Oßdorf). Köln, o.J.

Heimersdorf. Vom Hof zum Kölner Stadtteil. Hrsg. von der Geschichtswerkstatt des Bürgerzentrums Chorweiler. Köln, 1998

Heinen, Werner; Pfeffer, Anne-Marie: Köln: Siedlungen 1938–1988. Köln, 1988. (Stadtspuren – Denkmäler in Köln. Hrsg. von der Stadt Köln; Bd. 10, II)

Holweide einst … jetzt. Hrsg. von der Bürgervereinigung Köln-Holweide e.V. Köln, o.J.

Jägers, Toni: Köln-Worringen in Geschichte und Geschichten. Dormagen, 1985

Kaspers, Wilhelm: Ortsnamenkundliches aus der Kölner Gegend. In: Zeitschrift für Namensforschung. Hrsg. von Josef Schnetz; Bd. 17 und 19, Berlin, 1941/1943

Kaufmann, Henning: Westdeutsche Ortsnamen mit unterschiedlichen Zusätzen. 1. Teil. Heidelberg, 1958

Kier, Hiltrud: Die Kölner Neustadt. Planung, Entstehung, Nutzung. Düsseldorf, 1978. (Beiträge zu den Bau- und Kunstdenkmälern im Rheinland; Bd. 23)

Kier, Hiltrud; Schäfke Werner: Die Kölner Ringe. Geschichte und Glanz einer Straße. Köln, 1987

Kisters, J.: Vorstadt in Köln. Siedlung Neurath in Höhenhaus. Köln, 1990. Hrsg. von W. Jorzik, J. Kisters, S. Schatz

Köln: Bauliche Entwicklung 1888–1927. Hrsg. v. Architekten- und Ingenieurs-verein für Niederrhein & Westfalen & Köln. Köln, 1927

Köln: Dörfer im linksrheinischen Süden. Hrsg. von Hiltrud Kier. Köln, 1990 (Stadtspuren – Denkmäler in Köln; Bd. 12)

Köln Mauenheim. Ein Geschichtsbild in Bildern und Geschichten. Hrsg. von der Geschichtswerkstatt Mauenheim. Köln, 1993

Kremp, Alfred: Köln-Höhenhaus zwischen damals und gestern. Köln, o.J. (1996)

Kübbeler, Jakob: Sürth – Gestern und heute. Hürth, 1992

Kürten, Franz Peter: Höhenhaus und Weidenbruch. Köln, 1950

Kuth, Aloys: Die Gemeinde Vingst in ihrer Entwicklung bis zur Vereinigung mit Cöln am 1. April 1910 unter besonderer Berücksichtigung der letzten 10 Jahre. Köln, 1910

Kutschke, Reinhard; Müller, Heinrich: Rath-Heumar. Ein Doppelort erzählt in Wort und Bild. Rheinau Verlag. O.O., o.J.

Ludmann, Harald; Riedel, Joachim: Neue Stadt Köln-Chorweiler. Stuttgart, 1967

Merheim. Ein Dorf zwischen Heide und Bruch. Streifzüge durch die Merheimer Geschichte. Hrsg. vom Merheimer Geschichtskreis. O.O., o.J. (Köln, 1997)

Meschenich, gestern – heute. Hrsg. von der Geschichtswerkstatt Meschenich/ VHS Köln. Köln, 1990

Meynen, Henriette: Köln: Kalk und Humboldt-Gremberg. Köln, 1990. (Stadtspuren – Denkmäler in Köln. Hrsg. von der Stadt Köln; Bd. 7)

Michels, Hans: Die Gründerzeit Dellbrücks 1900–1914. Die geschichtliche Entwicklung eines Kölner Vorortes von der Jahrhundertwende bis zur Eingemeindung in die Großstadt anhand von Zeitungsberichten. Hrsg. vom Heimatverein Köln-Dellbrück e.V. »Ahl Kohlgasser«. Köln, 1997

Mittelhochdeutsches Wörterbuch. Hrsg. von Matthias Lexer. 8. Aufl. Stuttgart, 1981

Mitzschke, Udo: Geschichte von Köln-Brück. Bonn, 1984

Mülheim im Museum. Die Bestände des Kölnischen Stadtmuseums. Bearb. von Michael Jäger. Köln, 1991

Neuer S-Bahnhaltepunkt in Köln-Blumenberg. Pressemitteilung der Deutschen Bahn AG vom 28.9.1997

Nippes gestern und heute. Eine Geschichte des Stadtbezirkes und seiner Stadtteile Nippes, Bilderstöckchen, Mauenheim, Weidenpesch. Hrsg. von Franz Irsfeld. Köln, 1983

Nur Köln ist Köln. Hrsg. von der Stadt Köln. Presse und Informationsamt. Köln, 1997

Opladen, Peter: Die Geschichte der Pfarre Flittard. Köln, 1989

Peikert, Harald: Braunsfeld. Ein Puzzle in 23 Teilen. Köln, 1989

Pfarrei und Pfarrkirche St. Jakobus in Köln-Widdersdorf. Hrsg. von Thomas Deutsch, Andrea Lietz, Wilfried Gebhardt. Pulheim, 1999. (Pulheimer Beiträge zur Geschichte und Heimatkunde; 13. Sonderveröffentlichung)

Platz, E.: Geschichte des jüngsten Vorortes der Stadt Köln, Köln–Buchforst. Köln, 1932

Pohl, Stefan; Mölich, Georg: Das rechtsrheinische Köln. Seine Geschichte von der Antike bis zur Gegenwart. Köln, 1994

Porz, die junge Stadt am Rhein. Festbuch zur Stadterhebung von Porz. Hrsg. von der Stadtverwaltung Porz. Porz, 1951

Rechtsrheinisches Köln. Jahrbuch für Geschichte und Landeskunde. Hrsg. von der Arbeitsgemeinschaft rechtsrheinischer Kölner Heimatvereine. Bd. 1. Köln, 1975

Rechtsrheinisches Köln. Jahrbuch für Geschichte und Landeskunde. Hrsg. vom Heimatverein Porz e.V. und anderen rechtsrheinischen Heimatvereinen. Bd. 2. Köln, 1976

Rechtsrheinisches Köln. Jahrbuch für Geschichte und Landeskunde. Hrsg. vom Heimatverein Porz e.V. mit Unterstützung des Förderkreises Rechtsrheinisches Köln. Bd. 3. Köln, 1977

Rechtsrheinisches Köln. Jahrbuch für Geschichte und Landeskunde. Hrsg. vom Heimatverein Porz e.V. Bd. 4. Köln, 1978

Rechtsrheinisches Köln. Jahrbuch für Geschichte und Landeskunde. Hrsg. vom Heimatverein Köln-Porz e.V. Bd. 5. Köln, 1979

Rechtsrheinisches Köln. Jahrbuch für Geschichte und Landeskunde. Hrsg. vom Heimatverein Köln-Porz e.V. Bd. 6. Köln, 1980

Rechtsrheinisches Köln. Jahrbuch für Geschichte und Landeskunde. Hrsg. vom Geschichts- und Heimatverein Rechtsrheinisches Köln e.V. Bd. 7. Köln, 1981

Rechtsrheinisches Köln. Jahrbuch für Geschichte und Landeskunde. Hrsg. vom Geschichts- und Heimatverein Rechtsrheinisches Köln e.V. Bd. 8. Köln, 1982

Rechtsrheinisches Köln. Jahrbuch für Geschichte und Landeskunde. Hrsg. vom Geschichts- und Heimatverein Rechtsrheinisches Köln e.V. Bd. 9/10. Köln, 1983/1984

Rechtsrheinisches Köln. Jahrbuch für Geschichte und Landeskunde. Hrsg. vom Geschichts- und Heimatverein Rechtsrheinisches Köln e.V. Bd. 11. Köln, 1985

Rechtsrheinisches Köln. Jahrbuch für Geschichte und Landeskunde. Hrsg. vom Geschichts- und Heimatverein Rechtsrheinisches Köln e.V. Bd. 12. Köln, 1986

Rechtsrheinisches Köln. Jahrbuch für Geschichte und Landeskunde. Hrsg. vom Geschichts- und Heimatverein Rechtsrheinisches Köln e.V. Bd. 14. Köln, 1988

Rechtsrheinisches Köln. Jahrbuch für Geschichte und Landeskunde. Hrsg. vom Geschichts- und Heimatverein Rechtsrheinisches Köln e.V. Bd. 16. Köln, 1990

Rechtsrheinisches Köln. Jahrbuch für Geschichte und Landeskunde. Hrsg. vom Geschichts- und Heimatverein Rechtsrheinisches Köln e.V. Bd. 17. Köln, 1991

Rechtsrheinisches Köln. Jahrbuch für Geschichte und Landeskunde. Hrsg. vom Geschichts- und Heimatverein Rechtsrheinisches Köln e.V. Bd. 19. Köln, 1993

Rechtsrheinisches Köln. Jahrbuch für Geschichte und Landeskunde. Hrsg. vom Geschichts- und Heimatverein Rechtsrheinisches Köln e.V. Bd. 20. Köln, 1994

Rechtsrheinisches Köln. Jahrbuch für Geschichte und Landeskunde. Hrsg. vom Geschichts- und Heimatverein Rechtsrheinisches Köln e.V. Bd. 22. Köln, 1996

Rechtsrheinisches Köln. Jahrbuch für Geschichte und Landeskunde. Hrsg. vom Geschichts- und Heimatverein Rechtsrheinisches Köln e.V. Bd. 25. Köln, 1999

Rosenzweig, Josef: Zwischen Judenbüchel und Sauacker. Im Süden Kölns an Bonner und Brühler Straße. Köln, o.J.

Rosenzweig, Josef: Zollstock – wie es war und wie es wurde. Köln, 1976

Rothäuser, Paul: Zwischen Faulbach und Strunde. Bilder aus dem rechtsrheinischen Köln. Köln, 1969

Reykers, Hans: Zur Geschichte der Gemeinde Lövenich. In: Mitteilungen der Industrie- und Handelskammer zu Köln. 22. Jg., 11/1967. S. 335–338

Schmidtke, Reiner: Porz. Gesichter eines Kölner Stadtteils. Köln, 1988. (Kleine Schriften zur Kölner Stadtgeschichte 8)

Schreiber, Peter: Mauenheim einst und jetzt. Köln, 1962

Schroeder, Richard: Höhenberger Chronik. Köln, 1985

Signon, Helmut: Alle Straßen führen durch Köln. Köln, 1975

Schüssel, Peter: Entwicklungen im Einflußbereich der Großstadt dargestellt am Beispiel der Stadtrandgemeinde Lövenich bei Köln. Wiesbaden, 1972. (Kölner Geographische Arbeiten)

Simons, Peter: Illustrierte Geschichte von Deutz, Kalk, Vingst und Poll. Köln, 1913

Sitzungsunterlagen des Ausschusses Allgemeine Verwaltung. 13.4.1963. Historisches Archiv der Stadt Köln: Abt. 5, Nr. 2392

Die Stadt Cöln im ersten Jahrhundert unter Preußischer Herrschaft 1815–1915. Hrsg. von der Stadt Cöln. Bd. I,2. Cöln, 1915

Stammheim. Ein Ort im Wandel der Zeit. Hrsg. Bürgerverein Köln-Stammheim. Köln, o.J.

Sturmfels Wilhelm; Bischof, Heinz: Unsere Ortsnamen im ABC erklärt nach Herkunft und Bedeutung. Bonn, 1961

Thomas, Frank; Trümper, Sofie: Bayenthal-Marienburg – 150 Jahre Leben und Arbeiten am Rhein. Köln, 1985

Tucholski, Friedrich: Köln-Dünnwald. Neuß, 1962

Unser Porz. Beiträge zur Geschichte von Amt und Stadt. Heft 1. Hrsg. vom Heimatverein Porz in Verbindung mit dem Stadtarchiv Porz. Porz, 1960

Unser Porz. Beiträge zur Geschichte von Amt und Stadt. Heft 5,1. Hrsg. vom Heimatverein Porz in Verbindung mit dem Stadtarchiv Porz. O.O., o.J.

Unser Porz. Beiträge zur Geschichte von Amt und Stadt. Heft 7. Hrsg. vom Heimatverein Porz e.V. in Verbindung mit dem Stadtarchiv Porz. Porz, 1965

Unser Porz. Beiträge zur Geschichte von Amt und Stadt. Heft 8. Hrsg. vom Heimatverein Porz e.V. in Verbindung mit dem Stadtarchiv Porz. Porz, 1966

Unser Porz. Beiträge zur Geschichte von Amt und Stadt. Heft 9. Hrsg. vom Heimatverein Porz e.V. in Verbindung mit dem Stadtarchiv Porz. Porz, 1967

Unser Porz. Beiträge zur Geschichte von Amt und Stadt. Heft 11. Hrsg. vom Heimatverein Porz e.V. in Verbindung mit dem Stadtarchiv Porz. Porz, 1969

Vente, Ines; Vente, Rolf: Nippes in Köln. Beschreibung eines deutschen Habitates. Köln, 1986

Verhandlungen der Stadtverordneten-Versammlung, 33. Sitzung, 21.10.1887. In: Sitzungsprotokolle, 1887

Verhandlungen des Rates der Stadt Köln. 7. Sitzung vom 7.10.1963. In: Sitzungsprotokolle, 1963

Verhandlungen des Rates der Stadt Köln. 6. Sitzung vom 23. Juli 1964. In: Sitzungsprotokolle, 1964

Vonknechten, Heinz: Immendorf. Chronik eines alten Dorfes in Köln. O.O., o.J. (Köln, 1983)

Weihrauch, Hans-Josef: Fühlinger Bilderbogen. O.O., o.J. (Köln, 1990)

Weiler, Oskar: Heimatgeschichte der Orte Rondorf, Höningen, Hochkirchen. O.O., o.J.

Wilczek, Gerhard: Ehrenfeld – Bilder von damals und heute. Köln, 1983

Wilczek, Gerhard: Ehrenfeld einst und jetzt. Köln, 1967

Wirtz, Alexander: Porz das Tor. Porz, o.J.

Wirtz, Josef: Die Gemeinde Rodenkirchen. Bonn, 1967

www.buergerverein-blumenberg.de/Entwurf_Verkehrskonzept_V3.pdf

www.bvpesch.de

www.derton.de/derton/b_413.htm

www.stadt-koeln.de/bezirke/chorweiler

www.koeln-lindweiler.de/chronik/chronik.html

www.koeln-merkenich.de/chronik/chronik.html

www.stadt-koeln.de

ZuHause in Köln; Offizielles Stadthandbuch. Hrsg. von der Stadt Köln. Ausgabe 1997/1998. Köln

ZuHause in Köln; Offizielles Stadthandbuch. Hrsg. von der Stadt Köln. Ausgabe 1999/2000. Köln

Anmerkungen

1 Hauptsatzung der Stadt Köln vom 20.4.2001. In: Kölner Stadtrecht. Ortsrecht und sonstige allgemein gültige Regelungen der Stadt Köln. Hrsg. von der Stadt Köln. Köln, Loseblattsammlung. § 1 Stadtgebiet und Stadtbezirke.

2 Vgl.: ZuHause in Köln; Offizielles Stadthandbuch: Hrsg. von der Stadt Köln. Ausgabe 1997/1998. Köln. S. 22.

3 Vgl.: Verhandlungen der Stadtverordneten-Versammlung zu Köln. Köln, 1887. Hier: 35. Sitzung, 28.10.1887.

4 Verhandlungen der Stadtverordneten-Versammlung zu Köln. Köln, 1887. Hier: 33. Sitzung, 21.10.1887, S. 365.

5 Die Stadt Cöln im ersten Jahrhundert unter Preußischer Herrschaft 1815–1915. Hrsg. von der Stadt Cöln. Bd. I, 2. Cöln, 1915. S. 220. Und: Verhandlungen der Stadtverordneten-Versammlung zu Köln. Köln, 1909. Hier: Sitzung vom 10.5.1909.

6 Vereinigungsvertrag Mülheim und Köln. In: Bendel, Johann: Die Stadt Mülheim am Rhein. Mülheim, 1913. S. 257ff.

7 Vertrag über die Eingemeindung der Landgemeinde Worringen. In: Jägers, Toni: Köln-Worringen in Geschichte und Geschichten. Köln, 1985. S. 64ff.

8 Gesetz zur Neugliederung der Gemeinden und Kreise des Neugliederungsraumes Köln (Köln-Gesetz). 5.11.1974. In: Gesetz- und Verordnungsblatt für das Land Nordrhein-Westfalen. 28. Jg., Nr. 67, herausgegeben am 18.11.1974.

9 Dietmar, Carl: Die Chronik Kölns. Dortmund, 1991. S. 341.

10 Vgl.: Dietmar, Carl: Die Chronik Kölns. Dortmund, 1991. S. 327, 341.

11 ZuHause in Köln; Offizielles Stadthandbuch: Hrsg. von der Stadt Köln. Ausgabe 1999/2000. Köln. S. 22.

12 Thomas, Frank; Trümper, Sofie: Bayenthal-Marienburg – 150 Jahre Leben und Arbeiten am Rhein. Köln, 1985. S. 9.

13 Thomas, Frank; Trümper, Sofie: Bayenthal-Marienburg – 150 Jahre Leben und Arbeiten am Rhein. Köln, 1985. S. 10.

14 Kaspers, Wilhelm: Ortsnamenkundliches aus der Kölner Gegend. In: Zeitschrift für Namensforschung. Hrsg. von Josef Schnetz. Bd. 17 und 19, Berlin, 1941/1943. S. 238.

15 Vgl.: Wilczeck, Gerhard: Ehrenfeld einst und jetzt. Köln, 1967. S. 151.

16 Wilczeck, Gerhard: Ehrenfeld einst und jetzt. Köln, 1967. S. 155.

17 Kaspers, Wilhelm: Ortsnamenkundliches aus der Kölner Gegend. In: Zeitschrift für Namensforschung. Hrsg. von Josef Schnetz. Bd. 17 und 19, Berlin, 1941/1943. S. 235f.

18 Schuster, Günther: Bilderstöckchen. Von der Randsiedlung zum Stadtteil am Rande des Stadtbezirks Nippes. In: Nippes gestern und heute. Hrsg. von Franz Irsfeld. Köln, 1983. S. 46.

19 Schuster, Günther: Bilderstöckchen. Von der Randsiedlung zum Stadtteil am Rande des Stadtbezirks Nippes. In: Nippes gestern und heute. Hrsg. von Franz Irsfeld. Köln, 1983. S. 47.

20 Schuster, Günther: Bilderstöckchen. Von der Randsiedlung zum Stadtteil am Rande des Stadtbezirks Nippes. In: Nippes gestern und heute. Hrsg. von Franz Irsfeld. Köln, 1983. S. 48.
21 Neuer S-Bahnhaltepunkt in Köln-Blumenberg. Pressemitteilung der Deutschen Bahn AG vom 28.9.1997.
22 www.buergerverein-blumenberg.de/Entwurf_Verkehrskonzept_V3.pdf.
23 www.buergerverein-blumenberg.de/Entwurf_Verkehrskonzept_V3.pdf.
24 Nach Informationen des Amtes für Stadtentwicklung und Statistik der Stadt Köln.
25 www.derton.de/derton/b_413.htm.
26 Wilczek, Gerhard: Ehrenfeld einst und jetzt. Köln, 1967. S. 159.
27 Wilczek, Gerhard: Ehrenfeld einst und jetzt. Köln, 1967. S. 157.
28 Wilczek, Gerhard: Ehrenfeld einst und jetzt. Köln, 1967. S. 159. Und: Kaspers, Wilhelm: Ortsnamenkundliches aus der Kölner Gegend. In: Zeitschrift für Namensforschung. Hrsg. von Josef Schnetz. Bd. 17 und 19, Berlin, 1941/1943. S. 231.
29 Kaspers, Wilhelm: Ortsnamenkundliches aus der Kölner Gegend. In: Zeitschrift für Namensforschung. Hrsg. von Josef Schnetz. Bd. 17 und 19, Berlin, 1941/1943. S. 231.
30 Kaspers, Wilhelm: Ortsnamenkundliches aus der Kölner Gegend. In: Zeitschrift für Namensforschung. Hrsg. von Josef Schnetz. Bd. 17 und 19, Berlin, 1941/1943. S. 233.
31 Denkschrift betr. Neueinteilung des Stadtgebietes. Hrsg. vom Oberstadtdirektor der Stadt Köln. O.O., o.J. (Köln, 1954) S. 68.
32 Peikert, Harald: Braunsfeld. Ein Puzzle in 23 Teilen. Köln, 1982. S. 42.
33 Mitzschke, Udo: Geschichte von Köln-Brück. Bonn, 1984. S. 11.
34 Mitzschke, Udo: Geschichte von Köln-Brück. Bonn, 1984. S. 11.
35 Vertrag über die Eingemeindung von Merheim. In: Heimatbuch Holweide: 75 Jahre Holweide. Hrsg. vom Bürgerverein Köln-Holweide (1. Vors. Christian Oßdorf). Köln, o.J. S. 41–48.
36 Platz, E.: Geschichte des jüngsten Vorortes der Stadt Köln, Köln-Buchforst. Köln, 1932. S. 5.
37 Platz, E.: Geschichte des jüngsten Vorortes der Stadt Köln, Köln-Buchforst. Köln, 1932. S. 5.
38 Platz, E.: Geschichte des jüngsten Vorortes der Stadt Köln, Köln-Buchforst. Köln, 1932. S. 13.
39 Platz, E.: Geschichte des jüngsten Vorortes der Stadt Köln, Köln-Buchforst. Köln, 1932. S. 8.
40 Rothäuser, Paul: Zwischen Faulbach und Strunde. Bilder aus dem rechtsrheinischen Köln. Köln, 1969. S. 23.
41 Platz, E.: Geschichte des jüngsten Vorortes der Stadt Köln, Köln-Buchforst. Köln, 1932. S. 8.
42 Vgl.: Platz, E.: Geschichte des jüngsten Vorortes der Stadt Köln, Köln-Buchforst. Köln, 1932. S. 9.
43 Platz, E.: Geschichte des jüngsten Vorortes der Stadt Köln, Köln-Buchforst. Köln, 1932. S. 20.

44 Rothäuser, Paul: Zwischen Faulbach und Strunde. Bilder aus dem rechtsrheinischen Köln. Köln, 1969. S. 34.

45 Rechtsrheinisches Köln. Jahrbuch für Geschichte und Landeskunde. Hrsg.
vom Geschichts- und Heimatverein Rechtsrheinisches Köln e.V. Bd. 14. Köln,
1988. S. 145.

46 Vgl.: Bahlow, Hans: Deutschlands geographische Namenswelt. Frankfurt/M.,
1965. S. 274f.

47 www.stadt-koeln.de/bezirke/chorweiler.

48 Chorweiler: Hier hält man zusammen. In: Express. 16.11.2001. S. 33.

49 Vgl.: Heimatbuch Holweide: 75 Jahre Holweide. Hrsg. vom Bürgerverein
Köln-Holweide (1. Vors. Christian Oßdorf). Köln, o.J., S. 45.

50 Vgl.: Michels, Hans: Die Gründerzeit Dellbrücks 1900–1914. Köln, 1997.
S. 116

51 Die Bürgermeisterei Merheim im Wandel der Zeit. Hrsg. vom Heimatverein
Köln-Dellbrück e.V.»Ahl Kohlgasser«. Köln, 1974. S. 145.

52 Vgl.: Bendel, Johann: Heimatbuch des Landkreises Mülheim am Rhein. Köln-
Mülheim, 1925.

53 Deutz 1888–1988. 100 Jahre Eingemeindung. Hrsg. vom Bürgerverein Deutz.
Köln, o.J. S. 10ff.

54 Deutz 1888–1988. 100 Jahre Eingemeindung. Hrsg. vom Bürgerverein Deutz.
Köln, o.J. S. 173.

55 Hardt, Hans-J.: Was ist Dünnwald? Köln, 1965. S. 52.

56 Hardt, Hans-J.: Was ist Dünnwald? Köln, 1965. S. 16.

57 Hardt, Hans-J.: Was ist Dünnwald? Köln, 1965. S. 16, 25.

58 Hardt, Hans-J.: Was ist Dünnwald? Köln, 1965. S. 25.

59 Wilczek, Gerhard: Ehrenfeld einst und jetzt. Köln, 1967. S. 22.

60 Wilczek, Gerhard: Ehrenfeld – Bilder von damals und heute. Köln, 1983.
S. 31.

61 Wilczek, Gerhard: Ehrenfeld einst und jetzt. Köln, 1967. S. 28.

62 Unser Porz. Beiträge zur Geschichte von Amt und Stadt Porz. Hrsg. vom
Heimatverein Porz e.V. in Verbindung mit dem Stadtarchiv Porz. Heft 5,
Teil 1. Porz, o.J. S. 67.

63 Vgl.: Rechtsrheinisches Köln. Jahrbuch für Geschichte und Landeskunde.
Hrsg. vom Geschichts- und Heimatverein Rechtsrheinisches Köln e.V.
Bd. 9/10. Köln, 1983/1984. S. 189.

64 Unser Porz. Beiträge zur Geschichte von Amt und Stadt Porz. Hrsg. vom
Heimatverein Porz e.V. in Verbindung mit dem Stadtarchiv Porz. Heft 5,
Teil 1. Porz, o.J. S. 67.

65 Rechtsrheinisches Köln. Jahrbuch für Geschichte und Landeskunde. Hrsg.
vom Geschichts- und Heimatverein Rechtsrheinisches Köln e.V. Bd. 3. Köln,
1977. S. 17.

66 Dittmaier, Heinrich: Siedlungsnamen und Siedlungsgeschichte des
Bergischen Landes. In: Zeitschrift des Bergischen Geschichtsvereins. Bd. 74.
Neustadt an der Aisch, 1956. S. 19.

67 Unser Porz. Beiträge zur Geschichte von Amt und Stadt Porz. Hrsg. vom
Heimatverein Porz e.V. in Verbindung mit dem Stadtarchiv Porz. Heft 5,
Teil 1. Porz, o.J. S. 68.

68 Unser Porz. Beiträge zur Geschichte von Amt und Stadt Porz. Hrsg. vom
    Heimatverein Porz e.V. in Verbindung mit dem Stadtarchiv Porz. Heft 5,
    Teil 1. Porz, o.J. S. 63.

69 Unser Porz. Beiträge zur Geschichte von Amt und Stadt Porz. Hrsg. vom
    Heimatverein Porz e.V. in Verbindung mit dem Stadtarchiv Porz. Heft 5,
    Teil 1. Porz, o.J. S. 64.

70 Porz, die junge Stadt am Rhein. Festbuch zur Stadterhebung von Porz. Hrsg.
    von der Stadtverwaltung Porz. Porz, 1951. S. 50.

71 Vgl.: Unser Porz. Beiträge zur Geschichte von Amt und Stadt. Heft 9. Hrsg.
    vom Heimatverein Porz e.V. in Verbindung mit dem Stadtarchiv Porz. Porz,
    1967. S. 113ff.

72 Vgl. Beyfuß, Jörg; Geuhs, Hans-Peter: Vor 26 Jahren, wer erinnert sich noch?
    In »Esch Aktuell«. Hrsg. von der Dorfgemeinschaft »Greesberger.«
    Nr. 100/Dezember 2000.

73 Vgl.: Esch am Griesberg 989–1989. Hrsg. von der Katholischen Kirchenge-
    meinde St. Martinus Esch und der Dorfgemeinschaft »Greesberger« Esch.
    Köln, 1988.

74 Dittmaier, Heinrich: Siedlungsnamen und Siedlungsgeschichte des
    Bergischen Landes. In: Zeitschrift des Bergischen Geschichtsvereins. Bd. 74.
    Neustadt an der Aisch, 1956. S. 43.

75 Sturmfels Wilhelm; Bischof, Heinz: Unsere Ortsnamen im ABC erklärt nach
    Herkunft und Bedeutung. Bonn, 1961. S. 23.

76 Flittard von A–Z. Hrsg. von Borscheid, Meyer, Schmitz. Köln 1989. S. 37.

77 Opladen, Peter: Die Geschichte der Pfarre Flittard. Köln, 1989. S. 19. Und:
    Hardt, Hans J.: Was ist Dünnwald? Köln, 1965. S.27.

78 Vgl.: Bahlow, Hans: Deutschlands geographische Namenswelt. Frankfurt/M.,
    1965. S. 134, S. 151.

79 Vgl.: Weihrauch, Hans-Josef: Fühlinger Bilderbogen. O.O., o.J. (Köln, 1990).

80 Weihrauch, Hans-Josef: Fühlinger Bilderbogen. O.O., o.J. (Köln, 1990). S. 51.

81 Vgl.: Weihrauch, Hans-Josef: Fühlinger Bilderbogen. O.O, o.J. (Köln, 1990).
    S. 51.

82 Köln: Dörfer im linksrheinischen Süden. Hrsg. von Hiltrud Kier. Köln, 1990.
    (Stadtspuren – Denkmäler in Köln; Bd. 12). S. 85.

83 Köln: Dörfer im linksrheinischen Süden. Hrsg. von Hiltrud Kier. Köln, 1990.
    (Stadtspuren – Denkmäler in Köln; Bd. 12). S. 85.

84 Zitiert nach: Unser Porz. Beiträge zur Geschichte von Amt und Stadt. Heft 13:
    Gremberghoven – Urbach – Amt Porz. Hrsg. vom Heimatverein Porz e.V. in
    Verbindung mit dem Stadtarchiv Porz. Porz, 1971. S. 47.

85 Zitiert nach: Unser Porz. Beiträge zur Geschichte von Amt und Stadt. Heft 13:
    Gremberghoven – Urbach – Amt Porz. Hrsg. vom Heimatverein Porz e.V. in
    Verbindung mit dem Stadtarchiv Porz. Porz, 1971. S. 47f.

86 Vgl.: Unser Porz. Beiträge zur Geschichte von Amt und Stadt. Heft 13:
    Gremberghoven – Urbach – Amt Porz. Hrsg. vom Heimatverein Porz e.V. in
    Verbindung mit dem Stadtarchiv Porz. Porz, 1971. S. 50.

87 Vgl.: Porz, die junge Stadt am Rhein. Festbuch zur Stadterhebung von Porz.
    Hrsg. von der Stadtverwaltung Porz. Porz, 1951. S. 165ff.

88 Porz, die junge Stadt am Rhein. Festbuch zur Stadterhebung von Porz. Hrsg. von der Stadtverwaltung Porz. Porz, 1951. S. 163.
89 Wirtz, Josef: Die Gemeinde Rodenkirchen. Bonn, 1967. S. 41.
90 Hagspiel, Wolfram: Großbauten und Privathäuser 1927–1933. In: Hall, Heribert: Köln, seine Bauten 1928–1988. Köln, 1991. S. 75.
91 Vgl.: Heinen, Werner; Pfeffer, Anne-Marie: Köln: Siedlungen 1938–1988. Köln, 1988. (Stadtspuren – Denkmäler in Köln. Hrsg. von der Stadt Köln; Bd. 10, II) S. 153.
92 Verhandlungen des Rates der Stadt Köln. 7. Sitzung vom 7.10.1963. Sitzungsprotokolle, 1963. S. 261.
93 Heimersdorf. Vom Hof zum Kölner Stadtteil. Hrsg. von der Geschichtswerkstatt des Bürgerzentrums Chorweiler. Köln, 1998. S. 63.
94 Dittmaier, Heinrich: Die linksrheinischen Dorfnamen auf -dorf und -heim. Bonn, 1979. S. 45.
95 Vgl. Tabelle: Schroeder, Richard: Höhenberger Chronik. Köln, 1985. S. 9.
96 Schroeder, Richard: Höhenberger Chronik. Köln, 1985. S. 7.
97 Vgl.: Heimatbuch Holweide: 75 Jahre Holweide. Hrsg. vom Bürgerverein Köln-Holweide (1. Vors. Christian Oßdorf). Köln, o.J. Eingemeindungsvertrag S. 41–48.
98 Kürten, Franz Peter: Höhenhaus und Weidenbruch. Köln, 1950. S. 15.
99 Vgl.: Kremp, Alfred: Köln-Höhenhaus zwischen damals und gestern. Köln, (1996). S. 19.
100 Vgl.: Kremp, Alfred: Köln-Höhenhaus zwischen damals und gestern. Köln, (1996). S. 4.
101 Vgl.: Kremp, Alfred: Köln-Höhenhaus zwischen damals und gestern. Köln, (1996). S. 16.
102 Vgl.: Kremp, Alfred: Köln-Höhenhaus zwischen damals und gestern. Köln, (1996). S. 34.
103 Vgl.: Kremp, Alfred: Köln-Höhenhaus zwischen damals und gestern. Köln, (1996). S. 48.
104 Vgl.: Kürten, Franz Peter: Höhenhaus und Weidenbruch. Köln, 1950. S. 16.
105 Holweide einst … jetzt. Hrsg. von der Bürgervereinigung Köln-Holweide e.V. Köln?, o.J. S. 11.
106 Vgl.: Heimatbuch Holweide: 75 Jahre Holweide. Hrsg. vom Bürgerverein Köln-Holweide (1. Vors. Christian Oßdorf). Köln, o.J., Tabelle – S. 33.
107 Vgl.: Heimatbuch Holweide: 75 Jahre Holweide. Hrsg. vom Bürgerverein Köln-Holweide (1. Vors. Christian Oßdorf). Köln, o.J., S. 34 & Eingemeindungsvertrag S. 41–48.
108 Vgl.: Meynen, Henriette: Zur Geschichte der Humboldtkolonie. In: Stadtspuren – Denkmäler in Köln. Hrsg. von Hiltrud Kier. Bd. 7. Köln, 1990. S. 23ff.
109 Vgl.: Rechtsrheinisches Köln. Jahrbuch für Geschichte und Landeskunde. Hrsg. vom Heimatverein Porz e.V. und anderen rechtsrheinischen Kölner Heimatvereinen. Bd. 2. Köln, 1976. S. 109.
110 Köln: Dörfer im linksrheinischen Süden. Hrsg. von Hiltrud Kier. Köln, 1990. (Stadtspuren – Denkmäler in Köln; Bd. 12). S. 115.
111 Köln: Dörfer im linksrheinischen Süden. Hrsg. von Hiltrud Kier. Köln, 1990. (Stadtspuren – Denkmäler in Köln; Bd. 12). S. 115.

112   Vgl.: 1025 Jahre Junkersdorf. Hrsg. von der Dorfgemeinschaft Junkersdorf.
      Köln, 1987.

113   Vgl.: Dittmaier, Heinrich: Die linksrheinischen Dorfnamen auf -dorf und
      -heim. Bonn, 1979. S.44. Und: Schüssel, Peter: Entwicklungen im Einfluß-
      bereich der Großstadt dargestellt am Beispiel der Stadtrandgemeinde Löve-
      nich bei Köln. Wiesbaden, 1972. (Kölner Geographische Arbeiten). S.69.

114   Dittmaier, Heinrich: Die linksrheinischen Dorfnamen auf -dorf und -heim.
      Bonn, 1979. S.44.

115   1025 Jahre Junkersdorf. Hrsg. von der Dorfgemeinschaft Junkersdorf. Köln,
      1987. S. 28.

116   Zitiert nach: 1025 Jahre Junkersdorf. Hrsg. von der Dorfgemeinschaft
      Junkersdorf. Köln, 1987. S. 25.

117   Vgl.: 1025 Jahre Junkersdorf. Hrsg. von der Dorfgemeinschaft Junkersdorf.
      Köln, 1987. S. 17/20 (Zeittafel).

118   Zitiert nach: Simons, Peter: Illustrierte Geschichte von Deutz, Kalk, Vingst
      und Poll. Köln, 1913. S. 189.

119   Vgl.: Simons, Peter: Illustrierte Geschichte von Deutz, Kalk, Vingst und
      Poll. Köln, 1913. S. 189.

120   Die Stadt Cöln im ersten Jahrhundert unter Preußischer Herrschaft
      1815–1915. Hrsg. von der Stadt Cöln. II. Bd. Cöln, 1915. S. 220. Und:
      Verhandlungen der Stadtverordneten-Versammlung zu Köln. Köln, 1887.
      Hier: Sitzung vom 10.5.1909.

121   Meynen, Henriette: Köln: Kalk und Humboldt-Gremberg. Köln, 1990.
      (Stadtspuren – Denkmäler in Köln; Bd. 7) S. 11.

122   Meynen, Henriette: Köln: Kalk und Humboldt-Gremberg. Köln, 1990.
      (Stadtspuren – Denkmäler in Köln; Bd. 7) S. 11.

123   Vgl. Köln: 85 Jahre Denkmalschutz und Denkmalpflege 1912–1997. Bd. 9. II:
      Texte von 1980–1997. Hrsg. vom Stadtkonservator. Köln, 1998. S. 151.

124   Vgl. Becker, Hans-Michel: Äbte, Kies und Duffesbach. Zur Geschichte der
      Kölner Vororte Sülz und Klettenberg. Köln, 1987. S. 84.

125   Bahlow, Hans: Lexikon deutscher Fluß- und Ortsnamen alteuropäischer
      Herkunft. Neustadt an der Aisch, 1981. S. 65.

126   Förstemann, Ernst: Altdeutsches Namensbuch. Ortnamen. München, 1967.
      Bd. I, S. 1692.

127   Unser Porz. Beiträge zur Geschichte von Amt und Stadt. Heft 7. Hrsg. vom
      Heimatverein Porz in Verbindung mit dem Stadtarchiv Porz. Porz, 1965.
      S. 117.

128   Unser Porz. Beiträge zur Geschichte von Amt und Stadt. Heft 7. Hrsg. vom
      Heimatverein Porz in Verbindung mit dem Stadtarchiv Porz. Porz, 1965.
      S. 242f.

129   Unser Porz. Beiträge zur Geschichte von Amt und Stadt. Heft 7. Hrsg. vom
      Heimatverein Porz in Verbindung mit dem Stadtarchiv Porz. Porz, 1965.
      S. 17.

130   Unser Porz. Beiträge zur Geschichte von Amt und Stadt. Heft 7. Hrsg. vom
      Heimatverein Porz in Verbindung mit dem Stadtarchiv Porz. Porz, 1965.
      S. 16.

131 Kaspers, Wilhelm: Ortsnamenkundliches aus der Kölner Gegend. In: Zeit-schrift für Namensforschung. Hrsg. von Josef Schnetz. Bd. 17 und 19, Berlin, 1941/1943. S. 242.

132 Dittmaier, Heinrich: Siedlungsnamen und Siedlungsgeschichte des Bergi-schen Landes. In: Zeitschrift des Bergischen Geschichtsvereins. Bd. 74. Neustadt an der Aisch, 1956. S. 44

133 Vgl.: Rechtsrheinisches Köln. Jahrbuch für Geschichte und Landeskunde. Hrsg. vom Geschichts- und Heimatverein Rechtsrheinisches Köln e.V. Bd. 11. Köln, 1985. S. 173.

134 Vgl.: Rechtsrheinisches Köln. Jahrbuch für Geschichte und Landeskunde. Hrsg. vom Geschichts- und Heimatverein Rechtsrheinisches Köln e.V. Bd. 11. Köln, 1985. S. 174f.

135 Rechtsrheinisches Köln. Jahrbuch für Geschichte und Landeskunde. Hrsg. vom Geschichts- und Heimatverein Rechtsrheinisches Köln e.V. Bd. 11. Köln, 1985. S. 177.

136 Vgl.: Rechtsrheinisches Köln. Jahrbuch für Geschichte und Landeskunde. Hrsg. vom Geschichts- und Heimatverein Rechtsrheinisches Köln e.V. Bd. 11. Köln, 1985. S. 180f.

137 Das Porz Buch. Hrsg. von Schwochert, Joachim, Dank, Ralf. Köln, 1990. S.109.

138 Das Porz Buch. Hrsg. von Schwochert, Joachim, Dank, Ralf. Köln, 1990. S.109.

139 Unser Porz. Beiträge zur Geschichte von Amt und Stadt. Heft 9. Hrsg. vom Heimatverein Porz in Verbindung mit dem Stadtarchiv Porz. Porz, 1967. S. 9.

140 Vgl.: Unser Porz. Beiträge zur Geschichte von Amt und Stadt. Heft 9. Hrsg. vom Heimatverein Porz in Verbindung mit dem Stadtarchiv Porz. Porz, 1966. S.74ff.

141 Porz, die junge Stadt am Rhein. Festbuch zur Stadterhebung von Porz. Hrsg. von der Stadtverwaltung Porz. Porz, 1951. S. 32.

142 60 Jahre im Schatten des Krieler Dömchens. Hrsg. vom Kleingärtner Verein Köln Lindenthal. Köln, 1980. S. 19.

143 Heimersdorf. Vom Hof zum Kölner Stadtteil. Hrsg. von der Geschichtswerk-statt des Bürgerzentrums Chorweiler. Köln, 1998. S. 33.

144 Clemens, Hans: Die Gemeinde Lövenich. Im Spiegel der Geschichte. Köln, 1975. S. 44.

145 Schüssel, Peter: Entwicklungen im Einflußbereich der Großstadt dargestellt am Beispiel der Stadtrandgemeinde Lövenich bei Köln. Wiesbaden, 1972. S. 60. Und: Reykers, Hans: Zur Geschichte der Gemeinde Lövenich. In: Mitteilungen der Industrie- und Handelskammer zu Köln. 22. Jg., 11/1967, S. 335.

146 Clemens, Hans: Die Gemeinde Lövenich. Im Spiegel der Geschichte. Köln, 1975. S. 98.

147 Sturmfels, Wilhelm; Bischof, Heinz: Unsere Ortsnamen im ABC erklärt nach Herkunft und Bedeutung. Bonn, 1961. S. 153.

148 Nippes gestern und heute. Hrsg. von Franz Irsfeld. Köln, 1983. S. 93.

149 Nippes gestern und heute. Hrsg. von Franz Irsfeld. Köln, 1983. S. 83.

150 Kaspers, Wilhelm: Ortsnamenkundliches aus der Kölner Gegend. In: Zeitschrift für Namensforschung. Hrsg. von Josef Schnetz. Bd. 17 und 19, Berlin, 1941/1943. S. 228.

151 Kaspers, Wilhelm: Ortsnamenkundliches aus der Kölner Gegend. In: Zeitschrift für Namensforschung. Hrsg. von Josef Schnetz. Bd. 17 und 19, Berlin, 1941/1943. S. 229.

152 Hagspiel, Wolfram. Köln: Marienburg. Bauten und Architekten eines Villenvorortes. Köln, 1996. S. XXX (Stadtspuren – Denkmäler in Köln. Hrsg. von der Stadt Köln. Bd. 8,1).

153 Zitiert nach: Hagspiel, Wolfram: Köln: Marienburg. Bauten und Architekten eines Villenvorortes. Köln, 1996. S. XXX (Stadtspuren – Denkmäler in Köln. Hrsg. von der Stadt Köln Bd. 8,1).

154 Köln: Bauliche Entwicklung 1888–1927. Hrsg. v. Architekten- und Ingenieursverein für Niederrhein & Westfalen & Köln. Köln, 1927. S. 70.

155 Dittmaier, Heinrich: Die linksrheinischen Dorfnamen auf -dorf und -heim. Bonn, 1979. S. 85.

156 Schreiber, Peter: Mauenheim einst und jetzt. Köln, 1962. S. 12.

157 Nippes gestern und heute. Eine Geschichte des Stadtbezirkes und seiner Stadtteile Nippes, Bilderstöckchen, Mauenheim, Weidenpesch, Longerich, Niehl, Riehl. Hrsg. von Franz Irsfeld. Köln, 1983. S. 12.

158 Köln Mauenheim. Ein Geschichtsbild in Bildern und Geschichten. Hrsg. von der Geschichtswerkstatt Mauenheim. Köln, 1993. S. 45.

159 Vgl.: Rechtsrheinisches Köln. Jahrbuch für Geschichte und Landeskunde. Hrsg. vom Geschichts- und Heimatverein Rechtsrheinisches Köln e.V. Bd. 22. Köln, 1996. S. 126.

160 Merheim. Ein Dorf zwischen Heide und Bruch. Streifzüge durch die Merheimer Geschichte. Hrsg. vom Merheimer Geschichtskreis. O.O., o.J. (Köln, 1997). S. 26.

161 Denkschrift betr. Neueinteilung des Stadtgebietes. Hrsg. vom Oberstadtdirektor der Stadt Köln. O.O., o.J. (Köln, 1954?). S. 68.

162 Verhandlungen des Rates der Stadt Köln. 7. Sitzung vom 7.10.1963. Sitzungsprotokolle, 1963. S. 261.

163 Vgl.: Beenen-Fuchs, Marlies; Blömer, Marco: Die Chronik von Rheinkassel. http://rheinkassel.com/Chronik/Heimatkunde.html.

164 Vgl.: www.stadt-koeln.de/bezirke/chorweiler/index.html.

165 Meschenich, gestern – heute. Hrsg. von der Geschichtswerkstatt Meschenich/VHS Köln. Köln, 1990. S. 98.

166 Meschenich, gestern – heute. Hrsg. von der Geschichtswerkstatt Meschenich/VHS Köln. Köln, 1990. S. 98.

167 Meschenich, gestern – heute. Hrsg. von der Geschichtswerkstatt Meschenich/VHS Köln. Köln, 1990. S. 1.

168 Meschenich, gestern – heute. Hrsg. von der Geschichtswerkstatt Meschenich/VHS Köln. Köln, 1990. S. 2.

169 Rotthäuser, Paul: Zwischen Faulbach und Strunde. Bilder aus dem rechtsrheinischen Köln. Köln, 1969. S. 34.

170 Vereinigungsvertrag Mülheim und Köln. In: Bendel, Johann: Die Stadt Mülheim am Rhein. Mülheim, 1913. S. 257ff.

171 Clemens, Hans: Müngersdorf im Spiegel der Geschichte. Köln 1968. S. 87.
172 Vgl.: ZuHause in Köln; Offizielles Stadthandbuch: Hrsg. von der Stadt Köln. Ausgabe 1997/1998. Köln. S. 158.
173 Clemens, Hans: Müngersdorf im Spiegel der Geschichte. Köln 1968. S. 17.
174 Clemens, Hans: Müngersdorf im Spiegel der Geschichte. Köln 1968. S. 18f.
175 Vgl.: Amtsblatt der Stadt Köln. Hrsg. vom Oberstadtdirekter der Stadt Köln. Köln, 23.8.1982, Nr. 38. S. 227.
176 Beschlussvorlage des Kölner Rates vom 24.9.1992 – Drucksachen Nr. 1218/092.
177 Schreiben der FDP in der Bezirksvertretung Kalk. 15.6.1992
178 Vgl.: Wilczek, Gerhard: Ehrenfeld einst und jetzt. Köln, 1967. S. 14.
179 Vgl.: Wilczek, Gerhard: Ehrenfeld einst und jetzt. Köln, 1967. S. 34.
180 Denkschrift betr. Neueinteilung des Stadtgebietes. Hrsg. vom Oberstadtdirektor der Stadt Köln. O.O., o.J. (Köln, 1954?). S. 67.
181 Vgl.: Wilczek, Gerhard: Ehrenfeld einst und jetzt. Köln, 1967. S. 34.
182 Ghise-Beer, Anka: Das Werk des Architekten Peter Neufert. Dissertation. Wuppertal, 2000. S. 156.
183 Ghise-Beer, Anka: Das Werk des Architekten Peter Neufert. Dissertation. Wuppertal, 2000. S. 157.
184 Kier, Hiltrud: Die Kölner Neustadt. Planung, Entstehung, Nutzung. Düsseldorf, 1978. (Beiträge zu den Bau- und Kunstdenkmälern im Rheinland; Bd. 23) S. 16.
185 Vgl.: Kier, Hiltrud: Die Kölner Neustadt. Planung, Entstehung, Nutzung. Düsseldorf, 1978. (Beiträge zu den Bau- und Kunstdenkmälern im Rheinland; Bd. 23) S. 207.
186 Kier, Hiltrud: Die Kölner Neustadt. Planung, Entstehung, Nutzung. Düsseldorf, 1978. (Beiträge zu den Bau- und Kunstdenkmälern im Rheinland; Bd. 23) S. 207.
187 Kier, Hiltrud: Die Kölner Neustadt. Planung, Entstehung, Nutzung. Düsseldorf, 1978. (Beiträge zu den Bau- und Kunstdenkmälern im Rheinland; Bd. 23) S. 18.
188 Vgl.: Kier, Hiltrud; Schäfke, Werner: Die Kölner Ringe. Geschichte und Glanz einer Straße. Köln, 1987. Und: Die Stadt Cöln im ersten Jahrhundert unter Preußischer Herrschaft 1815–1915. Hrsg. von der Stadt Cöln. Bd. I,2. Cöln, 1915. S. 220.
189 Kier, Hiltrud: Die Kölner Neustadt. Planung, Entstehung, Nutzung. Düsseldorf, 1978. (Beiträge zu den Bau- und Kunstdenkmälern im Rheinland; Bd. 23) S. 70.
190 Kier, Hiltrud: Die Kölner Neustadt. Planung, Entstehung, Nutzung. Düsseldorf, 1978. (Beiträge zu den Bau- und Kunstdenkmälern im Rheinland; Bd. 23) S. 14.
191 Christ, Robert; Dollhoff, Josef: Niehl. Vom Fischerdorf zu Kölner Industrievorort. Köln, 1989. S. 11.
192 Schreiber, Peter: Mauenheim einst und jetzt. Köln, 1962. S. 25.

193 Schreiber, Peter: Mauenheim einst und jetzt. Köln, 1962. S. 26. Und: Vente, Ines; Vente, Rolf: Nippes in Köln. Beschreibung eines deutschen Habitats. Köln, 1986. S. 7. Und: Kaspers, Wilhelm: Ortsnamenkundliches aus der Kölner Gegend. In: Zeitschrift für Namensforschung. Hrsg. von Josef Schnetz. Bd. 17 und 19, Berlin, 1941/1943. S. 165.

194 Schreiber, Peter: Mauenheim einst und jetzt. Köln, 1962. S. 27.

195 Schreiber, Peter: Mauenheim einst und jetzt. Köln, 1962. S. 27.

196 Schreiber, Peter: Mauenheim einst und jetzt. Köln, 1962. S. 28.

197 Schreiber, Peter: Mauenheim einst und jetzt. Köln, 1962. S. 28.

198 Wilczek, Gerhard: Ehrenfeld – Bilder von damals und heute. Köln, 1983. S. 297.

199 Wilczek, Gerhard: Ehrenfeld einst und jetzt. Köln, 1967. S. 143.

200 Wilczek, Gerhard: Ehrenfeld einst und jetzt. Köln, 1967. S. 135.

201 Dittmaier, Heinrich: Die linksrheinischen Dorfnamen auf -dorf und -heim. Bonn, 1979. S. 87.

202 Wilczek, Gerhard: Ehrenfeld – Bilder von damals und heute. Köln, 1983. S. 297.

203 Rechtsrheinisches Köln. Jahrbuch für Geschichte und Landeskunde. Hrsg. vom Geschichts- und Heimatverein Rechtsrheinisches Köln e.V. Bd. 11. Köln, 1985. S. 104.

204 Dittmaier, Heinrich: Siedlungsnamen und Siedlungsgeschichte des Bergischen Landes. In: Zeitschrift des Bergischen Geschichtsvereins. Bd. 74. Neustadt an der Aisch, 1956. S. 13.

205 Rechtsrheinisches Köln. Jahrbuch für Geschichte und Landeskunde. Hrsg. vom Geschichts- und Heimatverein Rechtsrheinisches Köln e.V. Bd. 11. Köln, 1985. S. 105.

206 Rechtsrheinisches Köln. Jahrbuch für Geschichte und Landeskunde. Hrsg. vom Geschichts- und Heimatverein Rechtsrheinisches Köln e.V. Bd. 8. Köln, 1982. S. 152.

207 Nach eigenen Angaben des Bürgervereins.

208 www.bvpesch.de (Ziele).

209 Gäßler, Ewald: Zur Entwicklungsgeschichte ländlich-agrarer Siedlungen im Kölner Norden. Düsseldorf, 1976. S. 21.

210 Vgl.: Gäßler, Ewald: Zur Entwicklungsgeschichte ländlich-agrarer Siedlungen im Kölner Norden. Düsseldorf, 1976. S. 38.

211 Nach Angaben des Bürgervereins, Käthe Christukat.

212 Simons, Peter: Illustrierte Gesichte von Deutz, Kalk, Vingst und Poll. Köln, 1913. S. 176.

213 Simons, Peter: Illustrierte Gesichte von Deutz, Kalk, Vingst und Poll. Köln, 1913. S. 178.

214 Simons, Peter: Illustrierte Gesichte von Deutz, Kalk, Vingst und Poll. Köln, 1913. S. 180.

215 Nur Köln ist Köln. Broschüre. Hrsg. vom Oberstadtdirektor der Stadt Köln; Presse & Informationsamt. Köln, 1997. S. 3.

216 Schmidtke, Reiner: Porz. Gesichter eines Kölner Stadtteils. Köln, 1988. (Kleine Schriften zur Kölner Stadtgeschichte 8) S. 22.

217 Porz, die junge Stadt am Rhein. Festbuch zur Stadterhebung von Porz. Hrsg. von der Stadtverwaltung Porz. Porz, 1951. S. 25.

218 Wirtz, Alexander: Porz das Tor. Porz, o.J. S. 9. Und: Porz, die junge Stadt am Rhein. Festbuch zur Stadterhebung von Porz. Hrsg. von der Stadtverwaltung Porz. Porz, 1951. S. 13f.

219 Rechtsrheinisches Köln. Jahrbuch für Geschichte und Landeskunde. Hrsg. vom Geschichts- und Heimatverein Rechtsrheinisches Köln e.V. Bd. 22. Köln, 1996. S. 50.

220 Rechtsrheinisches Köln. Jahrbuch für Geschichte und Landeskunde. Hrsg. von der Arbeitsgemeinschaft rechtsrheinischer Kölner Heimatvereine. Bd. 1. Köln, 1975. S. 41.

221 Unser Porz. Beiträge zur Geschichte von Amt und Stadt. Heft 1. Hrsg. vom Heimatverein Porz in Verbindung mit dem Stadtarchiv Porz. Porz, 1960. S. 6.

222 Schmidtke, Reiner: Porz. Gesichter eines Kölner Stadtteils. Köln, 1988. (Kleine Schriften zur Kölner Stadtgeschichte 8) S. 7.

223 Rechtsrheinisches Köln. Jahrbuch für Geschichte und Landeskunde. Hrsg. von der Arbeitsgemeinschaft rechtsrheinischer Kölner Heimatvereine. Bd. 1. Köln, 1975. S. 47.

224 Rechtsrheinisches Köln. Jahrbuch für Geschichte und Landeskunde. Hrsg. von der Arbeitsgemeinschaft rechtsrheinischer Kölner Heimatvereine. Bd. 1. Köln, 1975. S. 48.

225 Rechtsrheinisches Köln. Jahrbuch für Geschichte und Landeskunde. Hrsg. von der Arbeitsgemeinschaft rechtsrheinischer Kölner Heimatvereine. Bd. 1. Köln, 1975. S. 124.

226 Schmidtke, Reiner: Porz. Gesichter eines Kölner Stadtteils. Köln, 1988. (Kleine Schriften zur Kölner Stadtgeschichte 8) S. 31.

227 Das Großzentrum Köln. Neuordnungsvorschlag der Stadt Köln zur kommunalen Gebietsreform. Hrsg. von der Stadt Köln. Köln, 1972. S. 5.

228 Gesetz zur Neugliederung der Gemeinden und Kreise des Neugliederungsraumes Köln (Köln-Gesetz). 5.11.1974. In: Gesetz- und Verordnungsblatt für das Land Nordrhein-Westfalen. 28. Jg., Nr. 67, Ausgegeben am 18.11.1974.

229 Rosenzweig, Josef: Zwischen Judenbüchel und Sauacker. Im Süden Kölns an Bonner und Brühler Straße. Köln, o.J. S. 23.

230 Zitiert nach: Rosenzweig, Josef: Zwischen Judenbüchel und Sauacker. Im Süden Kölns an Bonner und Brühler Straße. Köln, o.J. S. 29.

231 Zitiert nach: Rosenzweig, Josef: Zwischen Judenbüchel und Sauacker. Im Süden Kölns an Bonner und Brühler Straße. Köln, o.J. S. 40.

232 Zitiert nach: Rosenzweig, Josef: Zwischen Judenbüchel und Sauacker. Im Süden Kölns an Bonner und Brühler Straße. Köln, o.J. S. 68.

233 Zitiert nach: Rosenzweig, Josef: Zwischen Judenbüchel und Sauacker. Im Süden Kölns an Bonner und Brühler Straße. Köln, o.J. S. 43.

234 Kutschke, Reinhard; Müller, Heinrich: Rath-Heumar. Ein Doppelort erzählt in Wort und Bild. O.O., o.J. S. 13.

235 Kutschke, Reinhard; Müller, Heinrich: Rath-Heumar. Ein Doppelort erzählt in Wort und Bild. O.O., o.J. S. 9.

236 Kutschke, Reinhard; Müller, Heinrich: Rath-Heumar. Ein Doppelort erzählt in Wort und Bild. O.O., o.J. S. 9.

237 Nippes gestern und heute. Eine Geschichte des Stadtbezirkes und seiner Stadtteile Nippes, Bilderstöckchen, Mauenheim, Weidenpesch. Hrsg. von Franz Irsfeld. Köln, 1983. S. 123.

238 Zitiert nach: Nippes gestern und heute. Eine Geschichte des Stadtbezirkes und seiner Stadtteile Nippes, Bilderstöckchen, Mauenheim, Weidenpesch. Hrsg. von Franz Irsfeld. Köln, 1983. S.122.

239 Vgl.: ZuHause in Köln; Offizielles Stadthandbuch: Hrsg. von der Stadt Köln. Ausgabe 1999/2000. Köln. S. 151.

240 Wirtz, Josef: Die Gemeinde Rodenkirchen. Bonn, 1967. S. 12f.

241 Wirtz, Josef: Die Gemeinde Rodenkirchen. Bonn, 1967. S. 29f.

242 Köln: Dörfer im linksrheinischen Süden. Hrsg. von Hiltrud Kier. Köln, 1990. (Stadtspuren – Denkmäler in Köln; Bd. 12). S. 194.

243 Köln: Dörfer im linksrheinischen Süden. Hrsg. von Hiltrud Kier. Köln, 1990. (Stadtspuren – Denkmäler in Köln; Bd. 12). S. 192.

244 Wirtz, Josef: Die Gemeinde Rodenkirchen. Bonn, 1967. S. 16.

245 Wirtz, Josef: Die Gemeinde Rodenkirchen. Bonn, 1967. S. 26.

246 Bach, Adolf: Deutsche Namenskunde II, Teil 2. Heidelberg, 1954. S. 312.

247 Vgl.: Dittmaier, Heinrich: Die linksrheinischen Dorfnamen auf -dorf und -heim. Bonn, 1979. S. 88.

248 Jägers, Toni: Köln-Worringen in Geschichte und Geschichten. Dormagen, 1985. S. 118.

249 Jägers, Toni: Köln-Worringen in Geschichte und Geschichten. Dormagen, 1985. S. 118.

250 Weiler, Oskar: Heimatgeschichte der Orte Rondorf, Höningen, Hochkirchen. O.O., o.J. S.11.

251 Köln: Dörfer im linksrheinischen Süden. Hrsg. von Hiltrud Kier. Köln, 1990. (Stadtspuren – Denkmäler in Köln; Bd. 12). S. 301.

252 Sitzungsprotokolle. Verhandlungen des Rates der Stadt Köln. 7. Sitzung vom 7.10.1963. S. 261.

253 Sitzungsprotokolle. Verhandlungen des Rates der Stadt Köln. 7. Sitzung vom 7.10.1963. S. 261.

254 Sitzungsunterlagen des Ausschusses Allgemeine Verwaltung. 13.4.1963. Abt. 5, Nr. 2392.

255 Verhandlungen des Rates der Stadt Köln. 7. Sitzung vom 7.10.1963. In: Sitzungsprotokolle, 1963. S. 261.

256 Große Bürgerhäuser – Freizeit- und Begegnungsstätten im Stadtquartier. Wirkungsanalyse am Beispiel der Einrichtungen in Köln-Chorweiler und Dortmund-Innenstadt-Nord im Rahmen des Versuchsprogramms des Landes Nordrhein-Westfalen. Hrsg. vom Institut für Landes- und Stadtentwicklungsforschung des Landes Nordrhein-Westfalen. Bearb. von Werner Heye, Ernst Kratzsch, Wolfgang Speil. Dortmund, 1985. S. 20.

257 Eine Großsiedlung aus der Sicht ihrer Bürger. Bewohnerbefragung in Chorweiler-Mitte/Seeberg-Nord. Hrsg. vom Oberstadtdirektor der Stadt Köln. Köln, 1991 (Kölner Statistische Nachrichten) S. 77.

258 Vgl.: Eine Großsiedlung aus der Sicht ihrer Bürger. Bewohnerbefragung in Chorweiler -Mitte/Seeberg-Nord. Hrsg. vom Oberstadtdirektor der Stadt Köln. Köln, 1991 (Kölner Statistische Nachrichten) S. 73f.

259 Vgl. Opladen, Peter: Die Geschichte der Pfarre Flittard. Köln, 1989. S. 171.

260 Rothäuser, Paul: Zwischen Faulbach und Strunde. Bilder aus dem rechtsrheinischen Köln. Köln, 1969. S. 5.

261 Mittelhochdeutsches Wörterbuch. Hrsg. von Matthias Lexer. 8. Aufl. Stuttgart, 1981, S. 208

262 Stammheim. Ein Ort im Wandel der Zeit. Hrsg. Bürgerverein Köln-Stammheim. Köln, o.J. S. 32.

263 Stammheim. Ein Ort im Wandel der Zeit. Hrsg. Bürgerverein Köln-Stammheim. Köln, o.J. S. 46.

264 Becker, Hans-Michel: Äbte, Kies und Duffesbach. Zur Geschichte der Kölner Vororte Sülz und Klettenberg. Köln, 1987. S. 7.

265 *1059*: Kübbeler, Jakob: Sürth – Gestern und heute. Hürth, 1992. S. 22 – *1067*: Köln: Dörfer im linksrheinischen Süden. Hrsg. von Hiltrud Kier. Köln, 1990. (Stadtspuren – Denkmäler in Köln; Bd. 12). S. 343.

266 *Trockener Ort*: Köln: Dörfer im linksrheinischen Süden. Hrsg. von Hiltrud Kier. Köln, 1990. (Stadtspuren – Denkmäler in Köln; Bd. 12). S. 343 – *Sumpf, Morast*: Brülls, Holger: St. Remigius Köln Sürth. München, 1990. S. 2.

267 Hierzu gibt es widersprüchliche Angaben, einerseits wird das Jahr 1100, andererseits das Jahr 1300 genannt. Letzteres scheint wahrscheinlicher, denn die erste urkundliche Erwähnung von Urbach soll im Jahr 1166 erfolgt sein.

268 Porz, die junge Stadt am Rhein. Festbuch zur Stadterhebung von Porz. Hrsg. von der Stadtverwaltung Porz. Porz, 1951. S. 62.

269 Porz, die junge Stadt am Rhein. Festbuch zur Stadterhebung von Porz. Hrsg. von der Stadtverwaltung Porz. Porz, 1951. S. 62.

270 Dittmaier, Heinrich: Siedlungsnamen und Siedlungsgeschichte des Bergischen Landes. In: Zeitschrift des Bergischen Geschichtsvereins. Bd. 74. Neustadt an der Aisch, 1956. S.175.

271 Rechtsrheinisches Köln. Jahrbuch für Geschichte und Landeskunde. Hrsg. vom Heimatverein Porz e.V. und anderen rechtsrheinischen Kölner Heimatvereinen. Bd. 2. Köln, 1976. S. 110.

272 Rechtsrheinisches Köln. Jahrbuch für Geschichte und Landeskunde. Hrsg. vom Heimatverein Porz e.V. und anderen rechtsrheinischen Kölner Heimatvereinen. Bd. 2. Köln, 1976. S. 114.

273 Simons, Peter: Illustrierte Gesichte von Deutz, Kalk, Vingst und Poll. Köln, 1913. S. 183.

274 Simons, Peter: Illustrierte Gesichte von Deutz, Kalk, Vingst und Poll. Köln, 1913. S. 183.

275 Wilczek, Gerhard: Ehrenfeld einst und jetzt. Köln, 1967. S. 165.

276 Wilczek, Gerhard: Ehrenfeld einst und jetzt. Köln, 1967. S. 163.

277 Sturmfels, Wilhelm; Bischof, Heinz: Unsere Ortsnamen im ABC erklärt nach Herkunft und Bedeutung. Bonn, 1961. S. 217.

278 Denkschrift betr. Neueinteilung des Stadtgebietes. Hrsg. vom Oberstadtdirektor der Stadt Köln. O.O., o.J. (Köln, 1954). S. 68.

279 Dittmaier, Heinrich: Siedlungsnamen und Siedlungsgeschichte des
     Bergischen Landes. In: Zeitschrift des Bergischen Geschichtsvereins.
     Bd. 74. Neustadt an der Aisch, 1956. S. 43.

280 Vgl.: Verhandlungen des Rates der Stadt Köln. 6. Sitzung vom 23. Juli 1964.
     In: Sitzungsprotokolle, 1964. S. 210.

281 Vgl.: 850 Jahre Pfarre St. Cosmas und Damian. Köln-Volkhoven/Weiler
     1135–1985. Hrsg. von der Kirchengemeinde St. Cosmas und Damian. O.O.,
     o.J. (Köln, 1985). S. 75f.

282 Rechtsrheinisches Köln. Jahrbuch für Geschichte und Landeskunde. Hrsg.
     vom Heimatverein Porz e.V. mit Unterstützung des Förderkreises Rechts-
     rheinisches Köln. Bd. 3. Köln, 1977. S. 141.

283 Rechtsrheinisches Köln. Jahrbuch für Geschichte und Landeskunde. Hrsg.
     vom Heimatverein Porz e.V. mit Unterstützung des Förderkreises Rechts-
     rheinisches Köln. Bd. 3. Köln, 1977. S. 142.

284 Vgl.: Rechtsrheinisches Köln. Jahrbuch für Geschichte und Landeskunde.
     Hrsg. vom Heimatverein Porz e.V. mit Unterstützung des Förderkreises
     Rechtsrheinisches Köln. Bd. 3. Köln, 1977. S. 143.

285 Vgl.: Rechtsrheinisches Köln. Jahrbuch für Geschichte und Landeskunde.
     Hrsg. vom Heimatverein Porz e.V. Bd. 4. Köln, 1978. S. 133f.

286 Vgl.: Rechtsrheinisches Köln. Jahrbuch für Geschichte und Landeskunde.
     Hrsg. vom Heimatverein Porz e.V. Bd. 4. Köln, 1978. S. 136.

287 Dittmaier, Heinrich: Siedlungsnamen und Siedlungsgeschichte des
     Bergischen Landes. In: Zeitschrift des Bergischen Geschichtsvereins.
     Bd. 74. Neustadt an der Aisch, 1956. S. 157.

288 Unser Porz. Beiträge zur Geschichte von Amt und Stadt. Heft 11: Die Garni-
     sion. Hrsg. vom Heimatverein Porz e.V. in Verbindung mit dem Stadtarchiv
     Porz. Porz, 1969. S. 15.

289 Unser Porz. Beiträge zur Geschichte von Amt und Stadt. Heft 5,1. (Hrsg.
     vom Heimatverein Porz e.V. in Verbindung mit dem Stadtarchiv Porz) o.O.,
     o.J. S. 54ff.

290 Unser Porz. Beiträge zur Geschichte von Amt und Stadt. Heft 11: Die Garni-
     sion. Hrsg. vom Heimatverein Porz e.V. in Verbindung mit dem Stadtarchiv
     Porz. Porz, 1969. S. 17.

291 Rechtsrheinisches Köln. Jahrbuch für Geschichte und Landeskunde. Hrsg.
     vom Heimatverein Porz e.V. mit Unterstützung des Förderkreises Rechts-
     rheinisches Köln. Bd. 3. Köln, 1977. S. 159.

292 Fremersdorf, Fritz: Das Römergrab in Weiden bei Köln. Köln, 1957. S. 11.

293 Fremersdorf, Fritz: Das Römergrab in Weiden bei Köln. Köln, 1957. S. 9.

294 Reykers, Hans: Zur Geschichte der Gemeinde Lövenich. In: Mitteilungen
     der Industrie- und Handelskammer zu Köln. 22. Jg., 11/1967, S. 336.

295 Vgl.: Schüssel, Peter: Entwicklungen im Einflußbereich der Großstadt
     dargestellt am Beispiel der Stadtrandgemeinde Lövenich bei Köln. Wies-
     baden, 1972. S. 68. Und: Clemens, Hans: Die Gemeinde Lövenich. Im
     Spiegel der Geschichte. Köln, 1975. S. 116.

296 Verhandlungen der Stadtvertretung zu Köln. Hrsg. von der Stadt Köln.
     Köln, 1953. Hier 4. Sitzung vom 26. März 1952. S. 107.

297   Verhandlungen der Stadtvertretung zu Köln, 4. Sitzung vom 26. März 1952.

298   Nippes gestern und heute. Eine Geschichte des Stadtbezirkes und seiner Stadtteile Nippes, Bilderstöckchen, Mauenheim, Weidenpesch. Hrsg. von Franz Irsfeld. Köln, 1983. S. 68.

299   ZuHause in Köln; Offizielles Stadthandbuch: Hrsg. von der Stadt Köln. Ausgabe 1999/2000. Köln, S. 158.

300   Pfarrei und Pfarrkirche St. Jakobus in Köln-Widdersdorf. Hrsg. von Thomas Deutsch, Andrea Lietz, Wilfried Gebhardt. Pulheim, 1999. (Pulheimer Beiträge zur Geschichte und Heimatkunde; 13. Sonderveröffentlichung) S. 57.

301   Pfarrei und Pfarrkirche St. Jakobus in Köln-Widdersdorf. Hrsg. von Thomas Deutsch, Andrea Lietz, Wilfried Gebhardt. Pulheim, 1999. (Pulheimer Beiträge zur Geschichte und Heimatkunde; 13. Sonderveröffentlichung) S. 56.

302   Zitiert nach: Pfarrei und Pfarrkirche St. Jakobus in Köln-Widdersdorf. Hrsg. von Thomas Deutsch; Andrea Lietz, Wilfried Gebhardt. Pulheim, 1999. (Pulheimer Beiträge zur Geschichte und Heimatkunde; 13. Sonderveröffentlichung) S. 59.

303   Rechtsrheinisches Köln. Jahrbuch für Geschichte und Landeskunde. Hrsg. vom Geschichts- und Heimatverein Rechtsrheinisches Köln e.V. Bd. 20. Köln, 1994.

304   Porz, die junge Stadt am Rhein. Festbuch zur Stadterhebung von Porz. Hrsg. von der Stadtverwaltung Porz. Porz, 1951. S. 53.

305   Unser Porz. Beiträge zur Geschichte von Amt und Stadt. Heft 8. Hrsg. vom Heimatverein Porz in Verbindung mit dem Stadtarchiv Porz. Porz, 1972. S. 165f.

306   Pfarrei und Pfarrkirche St. Jakobus in Köln-Widdersdorf. Hrsg. von Thomas Deutsch, Andrea Lietz, Wilfried Gebhardt. Pulheim, 1999. (Pulheimer Beiträge zur Geschichte und Heimatkunde; 13. Sonderveröffentlichung) S. 59.

307   Pfarrei und Pfarrkirche St. Jakobus in Köln-Widdersdorf. Hrsg. von Thomas Deutsch, Andrea Lietz, Wilfried Gebhardt. Pulheim, 1999. (Pulheimer Beiträge zur Geschichte und Heimatkunde; 13. Sonderveröffentlichung) S. 86.

308   Dittmaier, Heinrich: Die linksrheinischen Ortsnamen auf -dorf und -heim. Sprachliche und sachliche Auswertung der Bestimmungswörter. Bonn, 1979 (Rheinisches Archiv) S. 54.

309   Kaspers, Wilhelm: Ortsnamenkundliches aus der Kölner Gegend. In: Zeitschrift für Namensforschung. Hrsg. von Josef Schnetz. Bd. 17 und 19, Berlin, 1941/1943. S. 233.

310   Köln: Dörfer im linksrheinischen Süden. Hrsg. von Hiltrud Kier. Köln, 1990. (Stadtspuren – Denkmäler in Köln; Bd. 12). S. 407.

311   Köln: Dörfer im linksrheinischen Süden. Hrsg. von Hiltrud Kier. Köln, 1990. (Stadtspuren – Denkmäler in Köln; Bd. 12). S. 407.

312   Jägers, Toni: Köln-Worringen in Geschichte und Geschichten. Dormagen, 1985. S. 57.

313   Jägers, Toni: Köln-Worringen in Geschichte und Geschichten. Dormagen, 1985. S. 62.

314   Der Eingemeindungsvertrag. In: Jägers, Toni: Köln-Worringen in Geschichte und Geschichten. Dormagen, 1985. S. 64ff.

315 Jägers, Toni: Köln-Worringen in Geschichte und Geschichten. Dormagen, 1985. S. 16.

316 Vgl.: Rosenzweig, Josef: Zwischen Judenbüchel und Sauacker. Im Süden Kölns an Bonner und Brühler Straße. Köln, o.J. S. 29.

317 Vgl.: Rosenzweig, Josef: Zollstock – wie es war und wie es wurde. Köln, 1976. S. 40.

318 Vgl.: Rosenzweig, Josef: Zollstock – wie es war und wie es wurde. Köln, 1976. S. 56.

319 Dittmaier, Heinrich: Siedlungsnamen und Siedlungsgeschichte des Bergischen Landes. In: Zeitschrift des Bergischen Geschichtsvereins. Bd. 74. Neustadt an der Aisch, 1956. S.21.

320 Rechtsrheinisches Köln. Jahrbuch für Geschichte und Landeskunde.Hrsg. vom Heimatverein Porz e.V. und anderen rechtsrheinischen Kölner Heimatvereinen. Bd. 2. Köln, 1976. S. 9.

321 Rechtsrheinisches Köln. Jahrbuch für Geschichte und Landeskunde. Hrsg. vom Heimatverein Porz e.V. und anderen rechtsrheinischen Kölner Heimatvereinen. Bd. 2. Köln, 1976. S. 2.

322 Vgl.: Rechtsrheinisches Köln. Jahrbuch für Geschichte und Landeskunde. Hrsg. von der Arbeitsgemeinschaft rechtsrheinischer Kölner Heimatvereine. Bd. 1. Köln, 1975. S. 16ff.

323 Rechtsrheinisches Köln. Jahrbuch für Geschichte und Landeskunde. Hrsg. von der Arbeitsgemeinschaft rechtsrheinischer Kölner Heimatvereine. Bd. 1. Köln, 1975. S. 19.

324 Rechtsrheinisches Köln. Jahrbuch für Geschichte und Landeskunde. Hrsg. von der Arbeitsgemeinschaft rechtsrheinischer Kölner Heimatvereine. Bd. 1. Köln, 1975.

325 Vgl.: Ratsunterlagen des Sitzung vom 7.10.1963, Historisches Archiv der Stadt Köln

326 Bach, Adolf: Deutsche Namenskunde II, Teil 2. Heidelberg, 1954. S. 522f.

327 Gesetz zur Neugliederung der Gemeinden und Kreise des Neugliederungsraumes Köln (Köln-Gesetz). 5.11.1974. In: Gesetz- und Verordnungsblatt für das Land Nordrhein-Westfalen. 28.Jg., Nr. 67, herausgegeben am 18.11.1974.

328 Kaufmann, Henning: Westdeutsche Ortsnamen mit unterschiedlichen Zusätzen. 1. Teil. Heidelberg, 1958. S. 219.

329 Förstemann, Ernst: Altdeutsches Namensbuch. Ortsnamen. München, 1967. 2. Bd., 1. Teil, S. 386.

330 Dittmaier, Heinrich: Die linksrheinischen Dorfnamen auf -dorf und -heim. Bonn, 1979. S. 67.

331 Kaspers, Wilhelm: Ortsnamenkundliches aus der Kölner Gegend. In: Zeitschrift für Namensforschung. Hrsg. von Josef Schnetz. Bd. 17 und 19, Berlin, 1941/1943. S. 235.

332 Vgl.: Weiler, Oskar: Heimatgeschichte der Orte Rondorf, Höningen, Hochkirchen. O.O., o.J. S. 62.

333 Wirtz, Josef: Die Gemeinde Rodenkirchen. Bonn, 1967. S. 9

334 Förstemann, Ernst: Altdeutsches Namensbuch. Ortsnamen. München, 1967. 2. Bd., 1. Teil, S. 1318.

335 Kaspers, Wilhelm: Ortsnamenkundliches aus der Kölner Gegend. In: Zeitschrift für Namensforschung. Hrsg. von Josef Schnetz. Bd. 17 und 19, Berlin, 1941/1943. S. 57.

336 Kaspers, Wilhelm: Ortsnamenkundliches aus der Kölner Gegend. In: Zeitschrift für Namensforschung. Hrsg. von Josef Schnetz. Bd. 17 und 19, Berlin, 1941/1943. S. 103.

337 60 Jahre im Schatten des Krieler Dömchens. Hrsg. vom Kleingärtner Verein Köln Lindenthal. Köln, 1980. S. 17.

338 Dittmaier, Heinrich: Siedlungsnamen und Siedlungsgeschichte des Bergischen Landes. In: Zeitschrift des Bergischen Geschichtsvereins. Bd. 74. Neustadt an der Aisch, 1956. S. 156.

339 Förstemann, Ernst: Altdeutsches Namensbuch. Ortsnamen. München, 1967. 2. Bd., 1. Teil, S. 1154.

340 Förstemann, Ernst: Altdeutsches Namensbuch. Ortsnamen. München, 1967. 2. Bd., 1. Teil, S. 734.

341 Vgl.: Heimatbuch Holweide: 75 Jahre Holweide. Hrsg. vom Bürgerverein Köln-Holweide (1. Vors. Christian Oßdorf). Köln, o.J. S. 60.

342 Holweide einst ... jetzt. Hrsg. von der Bürgervereinigung Köln-Holweide e.V. Köln, o.J. S. 11.

343 Heimatbuch Holweide: 75 Jahre Holweide. Hrsg. vom Bürgerverein Köln-Holweide (1. Vors. Christian Oßdorf). Köln, o.J. S. 239.

344 Kaspers, Wilhelm: Ortsnamenkundliches aus der Kölner Gegend. In: Zeitschrift für Namensforschung. Hrsg. von Josef Schnetz. Bd. 17 und 19, Berlin, 1941/1943. S. 235 *Erste Erwähnung Schweinheim*: Heimatbuch Holweide: 75 Jahre Holweide. Hrsg. vom Bürgerverein Köln-Holweide (1. Vors. Christian Oßdorf). Köln, o.J. S. 59 Und: Holweide einst ... jetzt. Hrsg. von der Bürgervereinigung Köln-Holweide e.V. Köln, o.J. S. 11.

345 Zitiert nach: Rosenzweig, Josef: Zwischen Judenbüchel und Sauacker. Im Süden Kölns an Bonner und Brühler Straße. Köln, o.J. S. 109.

346 Vgl.: Rosenzweig, Josef: Zwischen Judenbüchel und Sauacker. Im Süden Kölns an Bonner und Brühler Straße. Köln, o.J. S. 109.

347 Die Bürgermeisterei Merheim. Im Wandel der Zeit. Hrsg. vom Heimatverein Köln-Dellbrück »Ahl Kohlgasser«, Köln, 1977. Bd. III, S. 99.

Danksagung

Mein besonderer Dank gilt vor allem Bernd Wachsmuth, Esther Evers und Christian Kern, die mit sehr viel Geduld das Werden dieses Buches begleitet haben. Des Weiteren standen mir bei der Recherche die Bibliothekare und Bibliothekarinnen der Kölner Stadtbibliothek sowie des Stadtarchivs sehr hilfreich zur Seite. Nicht zuletzt gilt mein Dank der Lektorin Sylvia Gredig, die mit vielen Vorschlägen das Projekt bereichert hat.

Foto: Britta Schmitz

Christian Schuh, Jahrgang 1960, geboren in Köln. Studium der Germanistik, Bibliothekswissenschaft und Pädagogik, arbeitet seit 1986 als Hörfunkjournalist für verschiedene Sender in NRW und Stuttgart, heute freiberuflich für den WDR. Ob WDR oder Lokalradio, sein Interesse ist über die Jahrzehnte gleich geblieben: Köln und das Rheinland. Manchmal packt den leidenschaftlichen Radfahrer jedoch auch das Fernweh. Auf eigene Faust durchquerte er mit seinem Drahtesel 1999 die USA.